秦制两千年

封建帝王的权力规则

谌旭彬 著

浙江人民出版社

图书在版编目（CIP）数据

秦制两千年 ：封建帝王的权力规则 / 谌旭彬著. 杭州 ：浙江人民出版社，2025. 8. -- ISBN 978-7-213-11938-5

Ⅰ. D691

中国国家版本馆CIP数据核字第2025FX7133号

秦制两千年：封建帝王的权力规则

QINZHI LIANGQIAN NIAN：FENGJIAN DIWANG DE QUANLI GUIZE

谌旭彬 著

出版发行：浙江人民出版社（杭州市环城北路 177 号　邮编　310006）
市场部电话：（0571）85061682　85176516

责任编辑：方　程　魏　力

责任校对：朱　妍

责任印务：幸天骄

封面设计：高鹏博

电脑制版：北京之江文化传媒有限公司

印　　刷：杭州丰源印刷有限公司

开　　本：880 毫米 ×1230 毫米　1/32　　印　　张：14.125

字　　数：230 千字　　插　　页：4

版　　次：2025 年 8 月第 1 版　　印　　次：2025 年 8 月第 1 次印刷

书　　号：ISBN 978-7-213-11938-5

定　　价：88.00 元

前　言

先说三则故事。

一

西汉河平二年（公元前 27 年），汉宣帝的第四个儿子东平王刘宇来到长安，向他的侄子汉成帝“上疏求诸子及《太史公书》”，希望皇帝可以将宫中所藏诸子百家之书与太史公所写《史记》赐一份给自己，让自己带回封地慢慢研读。

汉成帝找来舅舅王凤商议此事。王凤坚决反对赐书给东平王，理由是“诸子书或反经术，非圣人，或明鬼神，信物怪；《太史公书》有战国纵横权谲之谋，汉兴之初谋臣奇策，天官灾异，地形厄塞：皆不宜在诸侯王。不可予”。[1]意思

① 班固:《汉书·宣元六王传》，中华书局 1962 年版，第 3324—3325 页。

是，诸子百家之书与朝廷宣扬的主流经义、褒奖的圣人行迹是唱反调的，《太史公书》记载了战国时期隐秘的纵横家权谋，披露了本朝开国的秘事，这样的书籍不能赐给诸侯王。

汉成帝采纳了舅舅的意见。他告诉叔父，"'五经'圣人所制，万事靡不毕载"，好好读朝廷推荐的"五经"就行了，那里面记载了天底下所有的事情。

皇帝拒绝赐书给诸侯王的背后潜藏着自秦汉至明清始终袭用的古老统治术，即公开宣扬的历史脉络与运行逻辑往往并不是真实的历史脉络与运行逻辑。王凤所谓的"汉兴之初谋臣奇策"，直白点说就是"刘氏夺取天下的真实手段"。真实的手段大多诡诈而残酷，无法拿上台面。只有"其先刘媪尝息大泽之陂，梦与神遇。是时雷电晦冥，太公往视，则见蛟龙于其上。已而有身，遂产高祖"这样的虚无故事与"四方归心"[①]之类的空洞言说，才可以写进官修史书。

东平王刘宇对诸子百家之书与《史记》的兴趣，换回的是汉成帝对他的更严密监视。

---

① 班固:《汉书·高帝纪上》，中华书局1962年版，第1、46页。

二

唐武后永昌元年（公元689年）闰九月，检校纳言魏玄同被酷吏周兴诬陷。武则天勒令他在家中自尽，由监刑御史房济现场监督执行。

闰九月十五日，魏玄同奉武后之命即将自裁。房济素来钦佩他的德行，忍不住劝他："丈人何不告密，冀得召见，可以自直。"意即，您可以说有事要向太后告密，太后一定召见（武则天几乎会召见所有告密大臣），如此就可以得到当面辩解、自证清白的机会。

魏玄同拒绝了房济的好意。他说："人杀鬼杀，亦复何殊，岂能做告密人邪！"[①] 被人杀死，被岁月杀死，没什么区别。我魏玄同岂能做一个告密之人？

武后时期，构陷与杀戮当道，坚持不做告密者并不是一件容易的事情。暗无天日的时代始于五年之前，也就是唐睿宗文明元年（公元684年）。那年春天，"有飞骑十余人"在洛阳坊间饮酒，其中一人喝醉了发牢骚，说早知道支持太后

---

① 司马光：《资治通鉴》卷二百四，中华书局1956年版，第6460—6461页。

并无额外的赏赐，当初还不如支持李显（年初，唐中宗李显被武则天废黜帝位）。其中一人当即离座，去洛阳宫告密。酒未喝完，众人已被羽林卫捕获，发牢骚者被处斩，同饮者以知情不报之罪遭绞杀，举报者赐官五品。宋朝历史学家司马光说，武后时期的告密之风“自此兴矣”。

为了鼓励天下人告密，武则天制定了详细的法律条文来优待告密者。比如，不许任何官员盘问告密者。地方官府须给告密者准备马匹，并负责将他们安全送到女皇跟前，途中按五品官的标准供给饮食（每日细米两升、面两升三合，酒一升半，羊肉三分，瓜两颗）。告密的内容若合武则天心意，告密者可以越级升官；若有不实，也不会受到惩罚。于是，“四方告密者蜂起，人皆重足屏息”。①

告密时代不需要正人君子。因为统治者追求的不是真相，而是恐惧。只有那些没有廉耻的人，才能源源不断地供给令人战栗的素材，让天下人胆战心惊，继而陷入思想与行为的自我审查中。所以，武则天重用的酷吏侯思止、来俊臣等都是些地痞流氓。侯思止“贫，懒不治业”，沦落到给人做家奴，告密时代一开始，就飞奔入京诬告本州刺史谋反。

① 司马光：《资治通鉴》卷二百三，中华书局1956年版，第6439页。

来俊臣的亲爹与养父都是赌徒，他成年后终日游手好闲、为非作歹，是告密之风将他从牢狱中“解救”了出来，他在狱中叫嚷要去京城告密，无人敢阻拦。

风潮所及，许多人的行为出现了扭曲。鱼保家本是一名发明家，却在告密时代的第三年选择了职业转型，决定将自己的发明天赋用在更有“前途”的告密事业上。鱼保家设计了一种叫作“铜匦”的工具，献给未来的女皇。这件四方形的器物分为东、南、西、北四格：东面的青色格子写着“延恩”，供人为女皇歌功颂德，求取功名，也可提出促进农业和人民福利的设想和计划；南面的红色格子写着“招谏”，供人对朝政提出批评；西面的白色格子写着“伸冤”，供有冤情者诉说冤屈，要求公正；北面的黑色格子写着“通玄”，供人报告自然灾害的消息和机密。简言之，它是一个意见箱，也是一件鼓励告密的利器。

未来的女皇武则天很满意这件作品，下令将它安放在朝堂之上。她要的是众人面对铜匦时的战战兢兢。

但鱼保家并没有迎来他预期中的光明前途。铜匦中很快就出现了一封针对他的告密信，信中说鱼保家给李敬业的叛军制造过兵器。不需要查证，也不需要审判，鱼保家被直接交给了酷吏索元礼。索元礼是一个胡人，在大唐全无根基，他的荣华富贵全系于武则天一身。为了配合告密时代，索元礼兢兢业业发明了许多惨绝人寰的刑具，有“凤凰展翅”“驴驹拔橛”“仙人献果”“玉女登梯”等多种名号。其中有一种铁圈，先套在头颅之上，再往圈中打入木橛，可致“脑裂髓出”。索元礼刚拿出他的刑具，鱼保家就招了供，认了罪，只求速死。

发明断头台的人死于自己的断头台，发明铜匦的鱼保家也死于自己的铜匦。对武则天而言，铜匦是有用的，鱼保家的死也是有用的，它们能带来恐惧，恐惧能带来自我审查。但活着的鱼保家没什么用。这是鱼保家想要加入告密者的队伍，求取功名利禄，却被告密时代吞噬的主要原因。

然而，在永昌元年，魏玄同用自己的死，否定了武则天一手构筑的黑暗时代。他以一句“岂能做告密人邪”，让那个时代仍存留着最后的道德底线，而没有堕落成百分之百的人间地狱。

三

北宋崇宁二年（1103 年），宋徽宗赵佶在位，权臣蔡京当道。在赵佶的授意下，蔡京亲笔书写，将司马光、苏轼、秦观、黄庭坚等三百余人列入了“奸党”名单。这么做的原因是这些人反对“新法”，批评朝廷以搜刮民财为要务。宋徽宗与蔡京“敕令诸州据以刊石”，命各州县根据名单刻成“元祐党籍碑”（即“奸党碑”）立遍全国。

要刻石碑，自然就需要石匠。

长安有一位石匠叫作常安民。朝廷让他刻碑，他接到任务后，跑去见负责此事的地方官。常安民说：“民愚人，不知朝廷立碑之意。但元祐大臣如司马相公者，天下称其正直，今谓之奸邪，民不忍镌也。”[①] 意思是，我常安民是个老百姓，理解不了朝廷立碑的深意，但像司马光这样的大人，大家都称赞他正直，如今朝廷却说他们是奸邪，我不忍将他们的名字刻在“奸党碑”上。

地方官闻言大怒，要治常安民的罪。常安民于是说：“被役不敢辞，乞不刻安民镌字于碑，恐后世并以为罪也。”他的意思是，自己只是一介草民，不敢推辞朝廷的任务，但是请求朝廷不要将自己的名字刻在碑上，告诉后世“奸党碑”是自己刻的。

常安民的故事最早见于《邵氏闻见录》，这本书的作者

① 邵伯温：《邵氏闻见录》，三秦出版社 2005 年版，第 208 页。

邵伯温生活在两宋之际。邵伯温在他的书中说，他愿意把这个庶民的故事写下来，是因为“一工匠耳，尚知邪正，畏过恶，贤于士大夫远矣”。意思是，石匠尚且知道是非和善恶，比许多士大夫强多了。

常安民是一位真实存在的陕西石匠。迄今仍有史料可查、署名由常安民镌刻的石碑尚有六七块之多，如《奉天县新修浑武忠公祠堂记》《宋故清河县君张氏夫人墓志铭》《京兆府学移石经记》《游师雄墓志铭》《孙昭谏墓志》等。[①]

常安民不是唯一不愿助纣为虐的石匠。江西九江的石匠李仲宁开了一间“琢玉坊”，崇宁二年，九江的地方官让他去刻“元祐党籍碑”。李仲宁委婉地拒绝了官府的征召：“小人家旧贫窭，止因开苏内翰、黄学士词翰，遂至饱暖。今日以奸人为名，诚不忍下手。”[②] 意思是，他告诉地方官，自己以前很穷，谋了份石匠的营生，将苏轼、黄庭坚的诗文刻在石碑上，才勉强得以温饱。如今，朝廷要我把他们的名字刻在“奸党碑”上，想到自己从前的工作，实在下不了手。

1970 年出土的《中书舍人曾巩墓志铭》与 1972 年出土

① 罗昌繁：《大历史与小人物：北宋晚期党争视域下的官私石工考察》，《浙江大学学报》（人文社会科学版）2019 年第 3 期。

② ［宋］王明清：《挥麈录》，上海古籍出版社 2012 年版，第 157 页。

的《刘元周妻易氏墓志铭》证明了李仲宁确有其人。他的故事出自《挥麈录》，这本书的作者王明清生活在南宋初年。王明清说，地方官很佩服李仲宁，满足了他的愿望，而自己也很佩服李仲宁，所以把他的故事记录了下来。

四

讲以上三则故事，是因为本书的内容大体相当于对这三则故事的一种回应。

今人常引用一句俗语说："历史给人的唯一教训，就是人类从未在历史中吸取过任何教训。"这话其实错得离谱。普通人见不到"战国纵横权谲之谋，汉兴之初谋臣奇策"，依赖不完整乃至错误的信息加工出来的往往会是"假的历史教训"。拿了"假的历史教训"去比对前人的言行，自然会常常生出"秦人不暇自哀，而后人哀之；后人哀之而不鉴之，亦使后人而复哀后人也"这样的感慨。而对汉高祖刘邦、光武帝刘秀、唐太宗李世民、明太祖朱元璋等"肉食者"而言，是存在着另一种"真的历史教训"的，他们也切切实实吸取了那些"真的历史教训"的精髓。光武帝们反思西汉及新莽亡国，成果是"三纲"的出炉。唐太宗反思隋亡的教训，得出的结论是“百姓无事则骄逸，劳役则易使”。朱元璋亲眼见识了元末流民组织成起义军的摧枯拉朽之势，得出的结论是“朕收平中国，非猛不可”，“猛”的极致是利用“知丁法”将明帝国的社会活力全部抽干，将每一个人重新打回原子状态。

遗憾的是，统治者对“真的历史教训”的精髓的吸取往往意味着普通人的灾难。所以，站在文明史的角度，魏玄同、常安民与李仲宁等人物其实远比秦皇汉武、唐宗宋祖更为重要。美国历史学家海斯有一段论述：“凡爱抽象的人类，而侮辱具体的个人者，或出口便是对人类应负的责任，而无暇为其邻居服务者，这类的人，我们有充足的理由不相信他。”① 苏联教育家瓦西里·亚历山德罗维奇·苏霍姆林斯基也有类似的感慨：“没有对人的同情心，就不可能有仁爱精神。爱全人类容易，爱一个人难。去帮助一个人，比宣称‘我爱人民’要困难得多。”② 宏大词汇里的慷慨激昂未必能够推动时代进步，具体而微的坚守与抗争才是文明生生不息的重要根源。

① ［美］海斯著，蒋廷黻译：《族国主义论丛》，新月书店1930年版，第322页。

② ［苏］B.A. 苏霍姆林斯基著，赵玮、王义亮、蔡兴文、纪强译：《帕夫雷什中学》，教育科学出版社1983年版，第242页。

最后，感谢为此书从酝酿到出版过程中提供帮助的所有人。感谢我的家人，尤其感谢我可爱的女儿谌大猫，她是我努力想要写一点有价值的文字的动力。

目 录

第一章
“理想国”与“理想民”

自秦汉至于明清，是为中国的“秦制时代”，或谓“秦政时代”。

“秦制”“秦政”皆是由来已久的词语。宋人欧阳修曾言：“秦既诽古，尽去古制。自汉以后，帝王称号，官府制度，皆袭秦故，以至于今虽有因有革，然大抵皆秦制也。”[①]至近代，则有谭嗣同在《仁学》中畅言：“二千年来之政，秦政也，皆大盗也。”[②]

所谓“秦制”，是一种古代东西方皆有的政治制度，而以中国延续的时间最为长久，发育最为成熟。它有两个基本特征：

---

① 欧阳修：《欧阳修集编年笺注》第三册，巴蜀书社 2007 年版，第 278 页。

② 谭嗣同：《谭嗣同全集》下册，中华书局 2007 年版，第 278 页。

1. 以官僚集团而非封建贵族作为政权统治的基础。封建贵族有可能与皇权正面博弈，形成较为稳固的契约或类契约关系，进而有可能诞生私有产权之类的概念。但官僚集团一方面是皇权的工具，另一方面又有自己的利益诉求，他们与皇权之间的冲突几乎不可能形成稳固的契约或类契约关系。秦制所追求的是“莫非王土”和“莫非王臣”。

2. 皇权与官僚集团在施政中的主要诉求，是尽可能提升汲取人力与物力的强度与总量。为了做到这一点，他们致力于消灭一切有影响力的人与组织（包括控制、消灭官僚集团内部的“朋党化”），追求散沙化与原子化的扁平社会结构。

秦制的萌芽、成型与西周分封制的衰落、崩溃大致同步。秦制的基本观点至迟可以追溯到《管子》。《管子》中记载了管仲的这样一种政治思想：

> 利出于一孔者，其国无敌；出二孔者，其兵不诎；出三孔者，不可以举兵；出四孔者，其国必亡。先王知其然，故塞民之养，隘其利途。故予之在君，夺之在君，贫之在君，富之在君。故民之戴

上如日月，亲君若父母。[1]

这段话的大意是：财富的流出渠道必须单一，必须由政府控制，也就是“利出一孔”，不能让百姓有多余的钱，不能让他们有发财的渠道。政府做到了“利出一孔”，就可以“予之在君，夺之在君，贫之在君，富之在君”，恩赐与剥夺、贫困与富有全由君王决定，百姓才会视官府为日月，爱君王如父母。

不过，作为齐国“稷下之学”的产物，《管子》一书带有强烈的杂烩气息。比如，它提出了“利出一孔”这样典型的秦制理念，但也强调“政之所兴，在顺民心。政之所废，在逆民心”[2]。提倡“利出一孔”，显然不能说是“顺民心”；提倡“顺民心”，就应该反对“利出一孔”。

秦制的成熟是由商鞅与韩非子完成的。

一、商鞅的“理想国”：国富而贫治，民愚则易治

商鞅的出身，历史资料的记载不够详尽，大略可以知道

① 管仲:《管子·国蓄》，上海古籍出版社 2015 年版，第 424 页。
② 管仲:《管子·牧民》，上海古籍出版社 2015 年版，第 2 页。

的是：商鞅姓姬，公孙氏，原是卫国贵族的远支，成年后投到魏国相国公叔痤门下，世称公孙鞅、卫鞅。商鞅是他在秦国受封于商后才有的称呼。

据说，公叔痤临终前，曾向魏王推荐商鞅，让他接替自己做相国。且告诫魏王，如果不能用之，就杀之。这大约不是史实，更像是商鞅入秦之后，为推销自己而编造出来的谎言。公叔痤死后，商鞅在魏国丢了饭碗。同时，新即位的秦孝公发布了招贤公告："宾客群臣有能出奇计强秦者，吾且尊官，与之分土。"① 商鞅遂决意西行，去碰碰运气。

商鞅在秦国两年时间毫无进展，直到通过贿赂秦王的宠臣景监，才见到了秦孝公。据《史记·商君列传》记载，商鞅三见秦孝公，分别谈了帝道、王道与霸道，秦孝公的选择是霸道。对于秦孝公的选择，《史记》保留了一段商鞅的"自述"：

> 吾说君以帝王之道比三代，而君曰："久远，吾不能待。且贤君者，各及其身显名天下，安能邑邑待数十百年以成帝王乎？"故吾以强国之术说君，

---

① 司马迁：《史记·秦本纪》，中华书局1959年版，第202页。

君大说之耳。然亦难以比德于殷周矣。[①]

大意是：我先拿出来献给秦君的是儒家的“帝王之道”，但秦君追求生前“显名天下”，不愿等待“数十百年”，于是我换了一套“强国之术”，获得秦君青睐。秦君的选择虽佳，却也将导致其国之“德”难以与尊奉“帝王之道”的殷周相提并论。

这段“自述”的来历相当可疑。“帝王之道”与“强国之术”的分野是汉儒喜欢讨论的话题，“难以比德于殷周”的感慨更像是事后诸葛亮刻意将自己的观点挂靠在了商鞅身上。

其实，商鞅是一个所学庞杂、并无固定思想体系之人。君王喜好“帝王之道”，他就献上“帝王之道”；君王喜好“强国之术”，他就提供“强国之术”。他可以在道、术之间自由切换，毫无思想压力。秦王选择霸道，于是就有了商鞅变法。

严格来说，商鞅变法其实有先后两次。第一次始于公元前356年，也就是商鞅见到秦王后的第三年。这一年商鞅

① 司马迁:《史记·商君列传》，中华书局1959年版，第2228页。

荣升左庶长，颁布了自己的第一份变法令，史书中一般称作“变法初令”。第二次是在公元前350年，这一年商鞅升任大良造，相当于国相，借迁都之机再次推行变法。

前后两次变法，主旨上并无太大差异。据《史记·商君列传》记载，第一次变法时颁布的“变法初令”的主要内容包括：

1. 将民众编为什伍，实施连坐之法。具体的办法是“不告奸者腰斩，告奸者与斩敌首同赏，匿奸者与降敌同罚”。即不举报奸人者腰斩，举报奸人者获赏等同于斩敌首，藏匿奸人者受罚等同于投敌。

2. “民有二男以上不分异者，倍其赋。”即家中有两个成年男性却不分家者，双倍征收赋税。

3. 鼓励公斗，按军功的大小授爵；禁止私斗，按情节轻重量刑。努力耕种、纺织之人可以免除本人的劳役和赋税，因懒惰而贫困者没为奴隶。

4. 宗室也得靠军功来谋取富贵，“宗室非有军功论，不得为属籍”。制定明确的爵位和俸禄制度，田宅与奴隶的多少与爵位直接相关。有军功才有社会地位，无军功之人再怎么富有也无法提高政治身份。

有说法认为，商鞅的变法措施打击了“顽固腐朽的秦国旧贵族势力”，为底层平民提供了一条上升的通道。

这样的效果或许确实是有一些，但商鞅的本意并不在此。强化对民众的控制（什伍、连坐与告奸），将有力量的大家族打散为无力量的小家庭（民有二男以上不分异者，倍其赋），打击阻碍国家直接管理百姓的封建贵族，将人的社会地位与军功直接挂钩。这一套变法措施的核心目的，都是提升秦国对资源（包括人力与物力）的汲取能力。

秦国致力于消灭国内的贵族。秦民存在的目的就是提供人力物力，给国家添砖加瓦。按《商君书》（该书虽未必是商鞅亲笔所写，却属于商鞅思想、言论的汇编无疑）的说法，要让百姓更好地为国家添砖加瓦，首要之务是消灭“六虱”。

“六虱”的概念见于《商君书·靳令》，具体是指六种危害国家的东西：礼乐、诗书、修善孝悌、诚信贞廉、仁义、非兵羞战。这些东西在今人眼中属于最基本的人类文明，但在商鞅眼中，却构成了对国家强盛的威胁。商鞅另有一套强国的逻辑：

> 国贫而务战，毒生于敌，无六虱，必强。国富

而不战，偷生于内，有六虱，必弱。[①]

大意是：国家贫穷，多搞扩张战争是有益的，既可以损害敌国的利益，也可以保证本国没有“六虱”，国家必强；反之，国家富足，却不对外扩张，百姓生活安逸了，就会追求诗书礼乐，就会讲究孝悌、诚信，就会倡导仁义，反对战争，“六虱”全跑了出来，国家必弱。

《商君书》还解释了国家为什么应该制定告密制度，让百姓互相监视：

刑加于罪所终，则奸不去；赏施于民所义，则过不止。刑不能去奸而赏不能止过者，必乱。故王者刑用于将过，则大邪不生；赏施于告奸，则细过不失。治民能使大邪不生、细过不失，则国治。国治必强。[②]

大意是：罪行发生后，再对犯罪者实施刑罚，不能起到“去奸”的效果；义举发生后，再来奖赏当事人，也起不

① 商鞅：《商君书·靳令》，上海人民出版社 1974 年版，第 43 页。

② 商鞅：《商君书·开塞》，上海人民出版社 1974 年版，第 32—33 页。

到“止过”的作用。刑罚不能“去奸”，奖赏不能“止过”，国家就会乱。所以，统治者必须在百姓违法之前，提前实施刑罚，如此才不会出现“大邪”；统治者必须赏赐告密的百姓，如此才不会忽略“细过”。统治百姓，能够做到“大邪不生”“细过不失”，国家就会强盛。

针对上述思想，商鞅有一句简练的总结：“杀刑之反于德，而义合于暴。”[①]——仁义只会抵达“暴”，杀戮反而会归于“德”。

在中国历史上，商鞅变法是第一次将“告密”纳入国家制度，也是第一次将“事前惩罚”制度付诸实施的变法。这种体制化的告密之风与秦国的兴亡相始终，直到汉文帝时代才得以改变。据《汉书·刑法志》记载：

> 及孝文即位……惩恶亡秦之政，论议务在宽厚，耻言人之过失。化行天下，告讦之俗易。吏安其官，民乐其业……选张释之为廷尉，罪疑者予民，是以刑罚大省，至于断狱四百，有刑错之风。[②]

① 商鞅：《商君书·开塞》，上海人民出版社 1974 年版，第 33 页。

② 班固：《汉书·刑法志》，中华书局 1962 年版，第 1097 页。

汉文帝与众臣吸取秦朝灭亡的教训，以宽厚为务，以告密为耻，上行下效数十年，才使得“告讦之俗易”，社会上的告密风气得到纠正。事前惩罚制度也不再存在，取而代之的是“罪疑者予民”（近似于疑罪从无）。

商鞅的变法思想里还有一条叫作“国富而贫治”，原话是这样说的：

> 民贫则力富，力富则淫，淫则有虱。故民富而不用，则使民以食出，各必有力，则农不偷。农不偷，六虱无萌。故国富而贫治，重强。[①]

百姓贫穷，就会有求富的上进心（力富）；富有之后，就会放纵、贪图安逸（淫），然后国家有“虱”，就不能强盛。所以，百姓富裕了，就不易役使，那就让他们拿出粮食来顶替外出服役。他们重新陷入贫穷，就不会怠惰，“六虱”就不会产生。所以，让国家富有，使百姓保持贫穷的政策，可以让国家强上加强。

也就是说，商鞅主张将百姓的生活水准控制在最低限度

① 商鞅：《商君书·弱民》，上海人民出版社 1974 年版，第 66 页。

的温饱线上。

上面这段话里的“虱”，前文已经说过，指的是礼乐、诗书、修善孝悌、诚信贞廉、仁义、非兵羞战六种危害国家的弊端。至于“淫”，《商君书》中有一段解释：

奚谓淫道？为辩知者贵，游宦者任，文学私名显之谓也。①

“淫”即淫逸。按商鞅的理解，“淫道”包括了靠能言善道得到富贵，靠游散求官进入体制，靠著书立说获取名声。也就是说，只有靠军功和耕作来获取社会地位才是正道，其他靠智慧、人脉资源、学识来提升阶层的做法都属于邪道，都对国家有害——尽管商鞅自己正是依靠着辩智和游宦而得到秦君的重用。

将国家与百姓对立起来，强调国家的富强必须建立在百姓的愚昧与贫穷之上，这是商鞅变法的核心理论。百姓越弱、越愚昧，国家就越强、越稳定，这是商鞅变法的核心逻辑。对此，《商君书》中有大量的陈述和解释。试举几例：

① 商鞅：《商君书·外内》，上海人民出版社 1974 年版，第 71 页。

“昔能制天下者，必先制其民者也；能胜强敌者，必先制其民者也。”[①]过去能够控制天下的人，一定是首先制服他的民众的人；能够战胜境外强敌的人，一定是首先制服他的民众的人。

“朴则强，淫则弱。弱则轨，淫则越志。弱则有用，越志则强。”[②]“朴”是“淫”的反义，意思是没有知识、人脉、温饱之外的追求。这句话的意思是：百姓甘于“朴”国家就强，追求“淫”国家就弱。百姓弱，就安分守己；百姓强，就会逾越本分，对抗朝廷（越志）。

“无以外权爵任与官，则民不贵学问，又不贱农。民不贵学则愚，愚则无外交；无外交，则勉农而不偷。民不贱农，则国安不殆。国安不殆，勉农而不偷，则草必垦矣。”[③]如何引导百姓不去追求知识，是商鞅在改革过程中深入思考过的问题。他给出的答案是：不要在战功与农耕的收成之外，以任何理由赐予官爵，尤其不可让百姓有机会通过知识来提升阶层。久而久之，百姓就会很自然地鄙视学问、专心务农。百姓不重视学问，就会愚昧。百姓愚昧，就不会与外

① 商鞅：《商君书·画策》，上海人民出版社 1974 年版，第 57—58 页。

② 商鞅：《商君书·弱民》，上海人民出版社 1974 年版，第 66 页。

③ 商鞅：《商君书·垦令》，上海人民出版社 1974 年版，第 5 页。

界有过多的思想交流。没有过多的思想交流，百姓就会一心务农。百姓一心务农，国家就会强盛。

“国之大臣、诸大夫，博闻、辨慧、游居之事，皆无得为，无得居游于百县，则农民无所闻变、见方。农民无所闻变、见方，则知农无从离其故事，而愚农不知，不好学问。愚农不知，不好学问，则务疾农。”① 国家不许大臣与士大夫去做任何展示其博学多闻、能言善辩的事情，不准外出游历、寄居他乡。这样的话，农民就没有机会听见“变”（通“辩”，论辩）与“方”（学问、道理）。“知农”（聪明的农民）没有机会结识大臣、士大夫，也就没有机会放弃农业生产；“愚农”无知，不喜欢学问，也就会积极务农。

为了彻底贯彻“民愚则易治”的理念，商鞅在变法过程中的一些做法相当极端。据《史记·商君列传》记载：

> 秦民初言令不便者有来言令便者，卫鞅曰“此皆乱化之民也”，尽迁之于边城。其后民莫敢议令。②

---

① 商鞅：《商君书·垦令》，上海人民出版社 1974 年版，第 8 页。

② 司马迁：《史记·商君列传》，中华书局 1959 年版，第 2231 页。

百姓反对变法时，商鞅曾把他们抓起来坐牢，甚至砍头；百姓转变立场，称赞变法，又被商鞅抓起来流放边关。反对不可以，歌颂也不可以，目的是造成一种“民莫敢议令”的氛围。百姓不能议论，就会减少思考。百姓只需要遵守变法推行的政策，不需要思考政策的好坏。

公元前338年，秦孝公去世，太子驷继位，是为秦惠文王。商鞅的生命也走到了尽头。对此，商鞅本人是有预感的。他的变法帮助秦孝公极大地提升了秦国的资源（人力与物力）汲取能力，但这种提升是以打压秦国的封建贵族为前提的——秦孝公想要掌控更多的人力、物力，就需要秦国的封建贵族吐出更多的人力、物力。如今，新君即位，首要之务不在汲取资源，而在君位的巩固。君位的巩固需要获得国内政治力量足够的支持，其中自然也包括势力仍盛的封建贵族。而取悦封建贵族、获取他们支持的最佳办法就是诛杀商鞅。

为了保全性命，秦孝公一死，商鞅就自请隐退，回归封地，希望利用封地的武装保护自己（削弱贵族力量恰恰是商鞅变法的核心诉求），并联络魏国权臣，欲以秦国的利益为筹码换取魏国的帮助（但魏国无意为了商鞅与秦国开战）。最终，秦军攻入商地，“灭商君之家”，商鞅被杀，他的尸体被带回秦都咸阳，公开车裂。

商鞅虽死，但他的强国之道保存了下来，被历代秦君奉为治国的圭臬。

二、韩非子的“理想民”：五蠹与六反

商鞅之后，将弱民、贫民、愚民之道进一步具体化，使之具有极强的可操作性的人是韩非子。

与商鞅一样，韩非子也是反民智的。他曾说过这样一段话：

> 民智之不可用，犹婴儿之心也。夫婴儿不剔首则腹痛，不揊痤则浸益。剔首、揊痤，必一人抱之，慈母治之，然犹啼呼不止。婴儿子不知犯其所小苦致其所大利也。今上急耕田垦草以厚民产也，而以上为酷；修刑重罚以为禁邪也，而以上为严；征赋钱粟以实仓库，且以救饥馑、备军旅也，而以上为贪；境内必知介而无私解，并力疾斗，所以禽虏也，而以上为暴。此四者，所以治安也，而民不知悦也。夫求圣通之士者，为民知之不足师用。昔

> 禹决江浚河，而民聚瓦石，子产开亩树桑，郑人谤訾。禹利天下，子产存郑，皆以受谤，夫民智之不足用亦明矣。[①]

韩非子说：民众的认识跟婴儿的心智一样靠不住。给婴儿剃头、剖疮，因为慈母抱在怀里的婴儿并不知道自己受的一点小苦将给他带来很大的好处，所以啼哭不休。如今国君勒令百姓去垦荒，他们认为太残酷；制定严刑峻法，他们觉得太严厉；征收赋税钱粮，他们认为太贪婪；要他们去服兵役，他们觉得太暴虐。其实，这些政策都是为百姓好，但百姓不领情、不高兴。以前的大禹、子产也有过类似的遭遇。所以，民智是靠不住的。

在《忠孝》篇里，韩非子还发过这样一番感慨：

> 古者黔首悗密蠢愚，故可以虚名取也。今民儇诇智慧，欲自用，不听上。[②]

大意是：上古之民好糊弄，随便鼓动几句就去流血、流

---

① 韩非：《韩非子·显学》，上海古籍出版社 2015 年版，第 561—562 页。

② 韩非：《韩非子·忠孝》，上海古籍出版社 2015 年版，第 567 页。

汗；今天的百姓有了智慧，懂得为自己的利益盘算，不肯听从君主的命令。

那怎么办呢？

韩非子说，常规的办法是“劝之以赏”，即用利益来诱惑百姓；“畏之以罚”，即用刑罚来恐吓百姓。但这样做还远远不够，在《五蠹》《六反》等篇章里，韩非子建议，应该对百姓实施改造。具体的改造方法如下：

首先，需要清除五种人。

这五种人是：学者（相当于战国末期的儒家）、言谈者（相当于纵横家）、带剑者（相当于游侠）、工商之民（商人和拥有各种技艺的人）和患御者（害怕承担耕役而去充当贵族的门客或权力掮客的人）。[①]

这些人或聚众讲学，或游走四方，他们有知识，也有资源，还懂得社会体制的运作规则，对国家是有害的。韩非子把他们合称“五蠹”，即五种会蛀蚀树心的虫子。

其次，有六种人需要被教育。

这六种人是：畏死远难之人、学道立方之人、游居厚养之人、语曲牟知之人、行剑攻杀之人、活贼匿奸之人。[②]

① 韩非：《韩非子·五蠹》，上海古籍出版社2015年版，第552页。

② 韩非：《韩非子·六反》，上海古籍出版社2015年版，第503页。

若仅从“畏死远难”等词语来看，上述六种人似乎算不得好人。但要注意的是，“畏死远难”等字眼只是韩非子个人的价值判断。为了让统治者更方便地分辨出这六种人，韩非子在文章中还写下了普通百姓对这六种人的看法。在百姓的眼中，他们依次是：贵生之士（珍惜自己性命的人）、文学之士（追求学问的人）、有能之士（相当于能出门远游、在外谋生的人）、辩智之士（相当于能用智力、口才谋生的人）、磏勇之士（相当于能提剑杀人的人）、任誉之士（敢违逆朝廷禁令，收容犯人的人）。

如此也就不难理解韩非子的逻辑了：这六种人有自己的追求，懂得维护自己的利益，对追求最大限度汲取人力、物力的秦制政权而言是有害的。

最后，有六种人必须得到奖赏、表彰，要树为模范。

这六种人是：赴险殉诚之人、寡闻从令之人、力作而食之人、嘉厚纯粹之人、重命畏事之人、挫贼遏奸之人。[①]

若仅从“赴险殉诚”等词语来看，上述六种人似乎都是极好的人。但要注意的是，“赴险殉诚”等字眼也只是韩非子个人的价值判断。根据韩非子的记载，普通百姓对这六种

---

① 韩非：《韩非子·六反》，上海古籍出版社2015年版，第503页。

人的看法依次是：失计之民（只知道为官府去死的蠢人）、朴陋之民（见识短浅，服从权力的愚民）、寡能之民（除了种地没别的本领的人）、愚戆之民（没有智慧，逆来顺受的人）、怯慑之民（不敢反抗，只懂尊上的人）、谄谗之民（给官府充当耳目的人）。

这六种人吃进去的是草，挤出来的是奶，被汲取疼了也不会叫唤，是韩非子心目中最理想的国民。

韩非子对百姓的筛选与改造，与商鞅的理念高度吻合。在商鞅看来，合格的秦民不应该具有思考的能力。所以，他先是杀了一堆反对变法者，后又流放了一批“有来言令便者”（跑来赞颂新法好的人），造成了一种“民莫敢议令”的氛围，从此再没人敢议论新法的好坏。反对者被杀，歌颂者被流放，看似矛盾的做法实质上正是不让百姓思考变法推行的政策的好坏。反对是一种思考，歌颂同样需要动脑子。百姓动脑子，不管是往哪个方向动，商鞅都不喜欢。

但百姓毕竟不是工蚁。正常情况下，正常智力的百姓绝不会主动愿意去做失计之民、朴陋之民、寡能之民、愚戆之民、怯慑之民与谄谗之民。那又该怎么办呢？

在《韩非子·说疑》篇里，韩非子提供了一套办法：“太上禁其心，其次禁其言，其次禁其事。”[①]禁事、禁言大致相当于不许游学经商和著书立说。“禁心”的意思，韩非子的解释是“远仁义，去智能”，具体说来就是一手控制资讯，一手灌输错误逻辑，二者结合可以做到无往不利。比如，东汉时期用五斗米道统治汉中的张鲁就深谙韩非子所述的“远仁义，去智能”的手段。五斗米道发展信徒的办法是让信徒“有病自首其过”[②]，但张鲁不会告诉信徒有些病是可以自愈的——这就是在控制资讯。只要有人在自我反省后病愈，单纯的先后关系就可以被张鲁渲染成因果关系。病好了是五斗米道的神力，病没好是自己反省不够，这就是在灌输错误的逻辑。

按《史记》的说法，秦始皇读到韩非子所写的《孤愤》与《五蠹》后，曾长叹道：“寡人得见此人与之游，死不恨矣！”[③]《三国志》也记载，刘备在遗诏中嘱咐太子刘禅，闲暇时要多读《商君书》，多向丞相请教《申子》《韩非子》《管子》中的道理。[④]及至北魏，又有博士公孙表，因向道武

① 韩非：《韩非子·说疑》，上海古籍出版社 2015 年版，第 485 页。

② 陈寿：《三国志·魏书·张鲁传》，中华书局 1959 年版，第 263 页。

③ 司马迁：《史记·老子韩非列传》，中华书局 1959 年版，第 2155 页。

④ 陈寿：《三国志·蜀书·先主传》，裴松之注引《诸葛亮集》“载先主遗诏”，中华书局 1959 年版，第 891 页。

帝进呈《韩非子》而获赏。[1] 再往后，则如明朝学者赵用贤所云：“三代而后，申、韩之说常胜。世之言治者，操其术而恒讳其迹。”[2]

用商鞅、韩非之道治国而讳言自己是商鞅、韩非的信徒，是中国两千年秦制时代的常态。

---

① 魏收:《魏书 · 公孙表传》，中华书局 1974 年版，第 782 页。

② 《管韩合刻四十四卷 ·韩非子书序》，见陈奇猷:《韩非子集释附录》，中华书局 1964 年版，第 1197 页。

第二章

胡亥亡国的技术分析

《史记·陈涉世家》里，陈涉说过一句话："天下苦秦久矣。"[①]

这里的"苦秦"一般解释为"苦于秦""为秦所苦"，即在秦的统治下深感痛苦。其实，"苦"的原义是一种味苦的野菜，在秦汉时代的引申义并非痛苦，而是厌恶与憎恨。典型的例子如《史记·李将军列传》里的"士卒亦多乐从李广而苦程不识"（士兵们喜欢追随李广而厌恶程不识），苦对应乐，即是憎恶、厌恶之意。[②]陈涉其实是在说：天下人痛恨秦帝国已经很久了。刘邦后来入关中说"父老苦秦苛法久

---

① 司马迁:《史记·陈涉世家》，中华书局 1959 年版，第 1950 页。

② 夏麟勋:《"天下苦秦久矣"别解》,《山东师范大学学报》(人文社会科学版）1991 年第 3 期。

矣”，也是相同的意思。

从商鞅变法算起，秦的统治者孜孜不倦，以汲取与控制为要务，将百姓牢牢地捆绑在耕种和战争的战车上，让他们挣扎在生存线的边缘，已有百余年之久。但在这漫长的时光里，秦民之恨并没有给秦王造成多少困扰。相反，秦国稳如泰山，且在与东方六国的战争中无往不利，不断开疆拓土，终至统一全国。陈涉与刘邦的“久矣”二字也足以说明，秦民之恨在很长一段时间里对秦王朝（国）的稳固并不构成真正的威胁。

然而，随着秦二世胡亥在公元前 210 年登基，原本看起来强盛无敌的秦王朝竟在短短三年之内就土崩瓦解了。

从统治之术的角度来审视，胡亥究竟做错了什么？

一、秦政的残暴在于制度化伤害

秦朝（国）是一个以商鞅之道与韩非之术为基础构筑起来的国家。它对内施政的核心诉求可以简单归纳为三点：1. 强化管控；2. 增加汲取；3. 减少乃至回避义务。

对于前两个核心诉求，即针对秦民的高强度管控与汲取，主要依赖两种手段——国家授田制度和与之配套的繁杂、细密的律法。

商鞅变法之后，秦国开始实施严格的国家授田制度。土地的所有权被国家垄断，秦民只能由国家赐予土地的使用权，而不能获得土地的所有权。“文献和出土资料都说明，秦朝的土地制度并非如董仲舒所云是土地私有制，而是土地国有制。全国统一实行授田制，农民有名于上即有田于下，基本标准是每户百亩，有军功爵者按照爵位高低增加授田。”[①]

国家授田制度的核心是将秦民牢牢地束缚在土地上，确保官府可以对秦民实施严苛的人身控制。该制度与其他律法条文配套，比如“令民为什伍，而相牧司连坐。不告奸者腰斩，告奸者与斩敌首同赏，匿奸者与降敌同罚”，就可以将秦民日常的生活、交往与生产全面置于官府的监控之下。正如湖北省云梦县睡虎地出土的秦国《田律》里规定，庄稼是否按时受到雨水的浇灌，被浇灌的田亩有多少，受到旱灾、涝灾、虫害的损伤有多少，秦民均需及时报给官府，且设置了报告文书的递送方法和日期。云梦龙岗秦简中写到的律法也规定：农民必须按照规定的时间从事生产活动，按时出

① 臧知非：《社会冲突的制度史考察：以秦汉土地赋役为例》，《史学月刊》2015年第12期。

门，按时归来，否则将会受到惩罚；基层官吏必须经常对不同种类和用途的土地进行登记、管理，若有某块土地因人力不足而耕种不到位，导致国家的收成减少，基层官吏的考核会受到严重影响，前途堪忧。[①]

正因为核心的谋生工具，也就是田地，被控制在国家手里，秦民并无所有权，所以睡虎地秦简《封诊式》中记载官府查封某里士伍甲的家产，将他的“家室、妻、子、臣妾、衣器、畜产”全部详细记录在册，连一条“牡犬”也没有漏下，却无只字提及他的田产。不提，自然是因为田产不属于他，没有提的必要。[②]

国家授田制度之下，秦民大体可以分为两类。一类是自耕农，这些人通过向官府“立户著籍”来换取官府的授田，而“户”和“籍”正是官府向他们汲取赋税和劳役的依据。另一类是完全丧失了人身自由，只能在由政府直接管理的田地中耕作，他们是国家的直接农奴，从住宅、衣食到耕作用具全部由官府分配，常年过着饥肠辘辘的生活。前者的地位虽然稍好，但其耕作同样要受到官府的严格考核。《史记》

---

① 臧知非:《龙岗秦简“行田”解:兼谈龙岗秦简所反映的田制问题》,《秦汉研究》2007 年第 1 期。

② 宋敏:《试论秦的土地国有制》,《求是学刊》1980 年第 4 期。

中说得很明白："事末利及怠而贫者，举以为收孥"[①]，不好好耕种政府授予的田地，去干别的或在家里偷懒，最后导致贫穷者，全家都会从自耕农降为农奴。如何算"贫"？自然是官府说了算。可想而知，若一个自耕农家庭交完官府摊派下来的种种赋税之后无法维持生计，或根本就无法缴足官府的摊派，官府必然会剥夺这个家庭的授田资格，将之打入农奴的行列，也就是由国家的间接农奴降格为国家的直接农奴。故此，当代史学家刘泽华将秦的国家授田制度概括为："国家通过'受田'把一部分土地分给农民耕耘，农民要负担沉重的赋税和徭役、兵役。这些农民都被详细地登记在户籍里，并派有专门的官吏管理，没有任何行动自由，如逃亡被捉住要施以严重的刑罚"，"'受田'制下的农民就是农奴"。[②]

自商鞅变法至秦始皇统一六国，这一百余年是一个秦民无处逃遁的时代。皇（王）权通过土地国有建立起严密的户籍制度，再通过官吏系统层层传递，将控制与汲取的意志输送到底层，最后由"啬夫"之类的基层官吏负责将之落实。"啬夫"等乡官拥有相当大的权力，他们代表国家主持辖下土地的重新分授，负责辖下国有田地的经营，管理着基层的

① 司马迁：《史记·商君列传》，中华书局1959年版，第2230页。

② 刘泽华：《八十自述》，生活·读书·新知三联书店2017年版，第361页。

公共粮仓与生产设备（比如铁制农具和耕牛是国有的），监督辖下自耕农和官府奴隶的耕作是否卖力，并严防他们逃走成为脱离官府控制的“野人”。那是一个没有大地主、官僚、贵族来大搞兼并，也没有大地主、官僚、贵族可供自耕农抛弃所有土地、寻求庇护的时代。一个个原子化的秦民必须直面强大的秦朝（国）。一如历史学家张金光在其名著《秦制研究》中所言：

> 当时并不存在传统的所谓新兴地主阶级……国家完全控制着土地所有权，而且控制着与土地所有权相应的一切利益……最高统治者及其下属官僚群体，即大大小小的治民的统治主，构成了统治阶级，他们同时构成了剥削阶级……他们永远在运用官僚专制主义政治体制下权力转变为财富的不替之律，从国家、社会和直接生产者那里攫取到尽可能最大化的包括经济利益在内的各种利益……国家（政府）—社会—民对立的格局是当时社会阶级结构的基本特点。[1]

① 张金光:《秦制研究》，上海古籍出版社 2004 年版，第 109—110 页。

就经济成本而言，这是一种大利于皇（王）权，而大不利于底层百姓的制度设计。贾谊在《新书》中说："秦不能分尺寸之地，欲尽自有之耳。输将起海上而来，一钱之赋耳，十钱之费，弗轻能致也，上之所得者甚少，而民毒苦之甚深，故陈胜一动，而天下不振。"[①] 意思是：秦的皇（王）权之下只有治民的官吏集团，再无诸侯之类相对独立的政治实体作为缓冲。这对皇（王）权的稳固自然是极为有利的，但对百姓来说，他们向皇（王）权缴纳赋税的成本大大增加了，一钱的赋税往往需要十钱才能送到皇帝（王）的手里（注：贾谊谈的主要是物资输送的距离成本，其实更大的成本来自官吏集团的层层盘剥）。皇帝（王）的所得不多，但百姓受到的剥削已是极深。陈胜一声呼喊，天下群起响应，即是这个缘故。

为了让上述制度顺畅运转，秦律相当繁杂细密，追求凡事"皆有法式"。用《盐铁论》中的话说就是"秦法繁于秋荼，而网密于凝脂"[②]，无论秦民干什么说什么，总有一款秦律适合你。睡虎地秦简的记载证明了《盐铁论》的总结是对的。

---

① 贾谊:《新书·属远》，见《贾谊集》，上海人民出版社 1976 年版，第 59 页。

② 桓宽:《盐铁论·刑德》，上海人民出版社 1974 年版，第 113 页。

按现代人的常识，若其具体条文充分考虑到了事理和人情，法律细密是件好事。但秦朝（国）的情况与现代不同，秦政推崇“民愚则易治”，百姓的受教育程度极低，繁杂、细密的法律条文对秦民而言等同于巨大的知识屏障。而且秦朝（国）的政权自上而下并无独立的监察制度，无法约束秦吏用法律公正地治理秦民，秦民也不可能如现代人一般寻求独立的法律援助。所以，秦朝（国）的法律条文越是繁杂、细密（哪怕每一条在字面含义上都切近事理和人情），秦民就越容易陷入动辄触法的困境。

当然，秦朝（国）也并非完全没有针对秦吏的监督机制。《商君书》中提供过一种制度设计：

> 诸官吏及民有问法令之所谓也于主法令之吏，皆各以其故所欲问之法令明告之。各为尺六寸之符，明书年、月、日、时、所问法令之名，以告吏民。主法令之吏不告，及之罪，而法令之所谓也，皆以吏民之所问法令之罪，各罪主法令之吏。即以左券予吏之问法令者，主法令之吏，谨藏其右券木柙，以室藏之，封以法令之长印。即后有物故，以

券书从事。①

这项制度的大意是：百姓向主管法令的官吏询问法律条文，官吏须如实解答，并留存档案（符）。档案里要写明询问日期及所询问的法律条文，然后将档案（符）的左片交给询问者，档案（符）的右片由官府归档保存，作为日后抽检官吏执法、百姓守法情况的依据。

遗憾的是，这项制度不可能产生效果。理由很简单，为打散聚族而居的宗族势力，秦律规定百姓不得聚族而居，让底层的社会结构趋向原子化，以保证由秦吏组成的基层政权在统治底层百姓时拥有组织优势。在这样的社会背景下，由一群秦吏去监督另一群秦吏，秦民必然只剩下被秦法狠狠修理的命运。律法越是繁杂细密，秦吏从中谋利的机会就越多。更何况秦律本就只是秦王朝（国）统治者单方面的立法。

这也正是秦朝（国）内政真正的残暴之处。所谓的“天下苦秦久矣”，重点并不在焚书坑儒、修长城等突发性的暴行，而在于“秦法繁于秋荼，而网密于凝脂”的制度化伤

① 商鞅：《商君书·定分》，上海人民出版社 1974 年版，第 80 页。

害。只有明白了制度化伤害的严重性，才能理解刘邦入咸阳后的首要之务为何是公开与“父老”约法三章：“杀人者死，伤人及盗抵罪。”[①]“父老”是秦政所不喜欢的民间有组织能力的人物。尽废繁杂细密的秦法，代之以极其简单的三条约法，正是为了回应百姓因动辄触刑而积累的对秦法的深重怨恨。当然，待到夺取天下，刘邦又抛弃“三章”，重新拾起了萧何制定的改良版秦律。

秦政的第三个核心诉求——减少乃至回避义务，往往也是通过繁杂细密的律法来实现的。“以法治孝”就是一个非常典型的案例。

在秦朝（国），“孝”是一种绝对义务。皇（王）室内部的斗争常常会把孝拿出来作为武器。秦始皇（那时候他还没有成为始皇帝，称秦王）车裂了“假父”嫪毐，迁太后于咸阳宫后，曾遭到齐人茅焦的批评：“陛下车裂假父，有嫉妒之心……迁母咸阳，有不孝之行。”秦王政不得已，只好“自迎太后归咸阳”[②]。秦始皇死后，赵高矫诏令扶苏自杀，所用的名义也是“扶苏为人子不孝”[③]。

① 司马迁：《史记·高祖本纪》，中华书局 1959 年版，第 362 页。
② 司马迁：《史记·秦始皇本纪》，中华书局 1959 年版，第 229 页。
③ 司马迁：《史记·李斯列传》，中华书局 1959 年版，第 2551 页。

秦律针对不孝的惩罚很细致，也很严厉。睡虎地秦简《法律答问》记载：“免老告人以为不孝，谒杀，当三环之不？不当环，亟执勿失。”[①]问：60岁以上的老人（免老）告发儿子不孝，请求判处其死刑，应该执行“三环”（一种具体含义尚存争议的法律复核、宽宥程序）的程序吗？答：不应该执行，要赶快将他抓起来，别让他跑了。

在处罚不孝之人时，秦律常以被告父母的意见为准。睡虎地秦简《封诊式》记载：“士五（伍）咸阳才（在）某里曰丙，坐父甲谒鋈其足，（迁）蜀边县。令终身毋得去（迁）所，论之。迁丙如甲告，以律包。今鋈丙足，令吏徒将传及恒书一封诣令史，可受代吏徒，以县次传诣成都，成都上恒书太守处，以律食。”[②]士伍咸阳某里人丙，其父甲请求将他断足，流放到蜀郡边远的地方，令他终生不得离开流放地。官府按甲所告将丙流放，并依法命其家属同往，将丙断足，命吏和徒隶携带通行的凭证及恒书一封送交令史，逐县解送丙到成都，到成都将恒书上交蜀郡太守，依法给予饭食。

如此，就有了一个很有意思的冲突：《商君书》将礼乐、诗书、修善孝悌、诚信贞廉、仁义、非兵羞战列为危害国家

① 《睡虎地秦墓竹简》，文物出版社1978年版，第195页。

② 同上，第263页。

的“六虱”。认为只有铲除这六虱，百姓才会保持愚昧，才会乐于为国君所用，国家才会强盛。但现实中的秦朝（国）似乎并没有铲除孝悌的观念，还为它加上了法律保障。

这个冲突是否意味着秦王朝（国）的执政者摒弃了《商君书》中铲除“六虱”的政治理念？答案当然是否定的。对统治者而言，礼乐、诗书之类的东西容易铲除，但孝悌关系到秦民的养老，而养老又关系到社会的稳定，所以它是一个需要特别考量的事情。

为了强化对百姓的管控与汲取，商鞅用律法破坏了秦民聚族而居的传统，如一家有两个男丁而不分家，田赋加倍，导致大家族消亡，小家庭遍地。这个变化导致了两种后果：

1. 小家庭面对官吏及其所属机构的盘剥，严重缺乏抵抗能力。面对变故，比如灾荒、疾病，抵御能力比不上聚族而居的大家庭。同时，秦政又推崇“民愚则易治”，走“国富而贫治”路线[①],致力于使小家庭长期生活在温饱线上。这会促使小家庭尽可能地将财富留在手上，而不是慷慨地拿出来供养已分家的父母。

2. 上行下效。上位者鄙弃修善孝悌、诚信贞廉、仁义

① 商鞅:《商君书·去强》，上海人民出版社 1974 年版，第 16 页。

等，将之视作必须清除的“六虱”，普通秦人的道德观念也会很自然地随之下降，进而影响到秦人的家庭伦理，使之不愿意供养父母。

对于这两种后果，贾谊有很具体的描述：

> 商君遗礼义，弃仁恩，并心于进取，行之二岁，秦俗日败。故秦人家富子壮则出分，家贫子壮则出赘。借父耰锄，虑有德色；母取箕帚，立而谇语。抱哺其子，与公并倨；妇姑不相说，则反唇而相稽。其慈子、耆利，不同禽兽者亡几耳。[①]

贾谊说：自商鞅变法，秦国抛弃礼义、仁恩，一门心思集中于通过耕战进取，不过两年时间，秦国的社会风俗就败坏了。秦人家庭富有的，儿子长大后就分家单过；家庭贫穷的，儿子长大后就入赘别家。儿子借给父亲农具，会流露出施恩的表情；母亲拿了簸箕和笤帚，儿子就站在那里斥责。儿媳给孩子哺乳，不回避公公；媳妇与婆婆不睦，就反唇相讥。秦人宠爱孩子、贪图财利，他们的行为与禽兽已没多少

① 班固:《汉书·贾谊传》，中华书局1962年版，第2244页。

区别。

汉初的另一位政论家贾山也在为汉文帝回顾前朝的历史教训时提到秦朝有一大弊政是“亡（无）养老之义”[①]，提醒汉文帝不可重蹈覆辙。

养老问题关系到社会稳定，秦朝（国）的统治者自然是知道这一点的。而现实是：1. 秦政府只对汲取民力感兴趣，无意承担责任，也就是并不想承担贾山所谓的“养老之义”。2. 愿意或能够承担养老责任的聚族而居的大家庭，已被秦法拆散成了不愿或无力承担养老责任的小家庭。那怎么办？站在秦朝（国）统治者的立场，最好的办法自然是将“孝”写入法律，强迫那些贫弱的小家庭去承担他们承担不起的给父母养老的责任。

然而，一个社会没有了孝的风气，绝不会只是百姓的道德素养出了问题，也绝非用法律强制百姓孝顺父母就可解决问题。秦人不孝的根源在于秦制的汲取与控制太过厉害，在于其弱民、贫民的政策太过残酷。不改变政策，寄希望于用法律手段强制秦人尽孝，实属缘木求鱼。

---

① 班固:《汉书·贾邹枚路传》，中华书局 1962 年版，第 2333 页。贾山所谓的“养老之义”具体指秦帝国不尊养“三老”。《礼记·文王世子》里说：“古时天子设三老五更，以父兄之礼养之，示天下以孝悌也。”

事实也证明了这一点。尽管秦法严苛，但秦人不孝的风俗并未扭转，而是一直延续到了汉初。贾谊感慨过秦人不孝，他对汉文帝说，汉朝建立之后，“汉承秦之败俗，废礼义，捐廉耻，今其甚者杀父兄”[①]。意思是，不讲礼义、捐弃廉耻的秦代旧俗延续到了汉代，且变本加厉，人们不但不愿赡养父母，甚至还常常发生杀害父兄的事情。贾谊的话有可信度，因为他不至于当着汉文帝的面，恶意贬低汉文帝治下的社会道德水准。

其实，对秦朝（国）而言，秦民的不孝之风是否有所改观并不重要，重要的是通过把孝写入法律，将事关社会稳定的养老的负担成功转嫁在秦民身上。如此，活不下去的年迈秦民成为不稳定的社会因素时，他首先想到的将是前往官府状告儿女，一如睡虎地秦简里记载的那些养老官司，老无所依的父母出来状告儿女，而非要求官府救济自己。“以法治孝”的律法条文只是在为秦政对百姓的严苛控制与疯狂汲取打补丁。

在制度化的严苛控制与疯狂汲取之下，秦民长期处于一种衣不蔽体、食不果腹的困境之中。尚在攻伐六国之时，

① 班固:《汉书・礼乐志》，中华书局 1962 年版，第 1030 页。

秦国就在“咸阳北阪上”大造豪华宫殿。秦始皇统治时期，赋税已收到全国百姓生产总量的三分之二，“男子力耕不足粮饷，女子纺绩不足衣服”[①]。胡亥继位后又征发天下“材士”五万人屯守咸阳，且朝廷不提供吃喝，“皆令自赍粮食，咸阳三百里内不得食其谷”[②]。秦民千里迢迢向北河前线输送粮食的结果，是“率三十钟而致一石”[③]，平均每消耗掉一百九十二石粮食，才能勉强将一石粮食送到前线。汉人严安后来这样描述秦始皇统治的时代：“丁男被甲，丁女转输，苦不聊生，自经于道树，死者相望。”[④]男丁被征去征战，女丁被调去参与后勤和运输，许多人不愿活得生不如死，路上随处可见自杀吊死在树上的尸体。

严安的话并非夸张。云梦睡虎地 4 号墓出土的木椟记载了一名士兵向家中急索衣物与钱财，其中有“室弗遗，即死矣，急急急”（家里再不送衣服、送钱来，我就要死了，急急急）的字样。这名士兵当时正在前线参加公元前 224 年

---

① 班固：《汉书 · 食货志上》，中华书局 1962 年版，第 1126 页。

② 司马迁：《史记 · 秦始皇本纪》，中华书局 1959 年版，第 269 页。

③ 司马迁：《史记 · 平津侯主父列传》，中华书局 1959 年版，第 2954 页。

④ 司马迁：《史记 · 平津侯主父列传》，中华书局 1959 年版，第 2958 页。

的王翦攻陈之役。[①]秦政孜孜于控制与汲取，而无意履行哪怕最低限度的义务（如给前线士兵提供衣服），于此可见一斑。

但这样的事情其实是秦朝（国）自商鞅变法至秦始皇统一六国那百余年里的常态。如果不是秦二世统治的时代出现了另外两个致命变量，秦朝的伟业或许仍将在“天下苦秦久矣”的轨道上继续稳定运转，乃至发展壮大。

二、秦二世而亡的变量一：官吏集团“苦秦”

秦二世胡亥上台后，做了两件大事。

第一件事是带着丞相李斯“东行郡县”，效仿秦始皇巡幸天下。

胡亥这么做的原因是担忧“朕年少，初即位，黔首未集附”[②]，担心天下人（主要是指生活在六国故地的新秦民）不能像畏惧始皇帝那般畏惧自己。所谓的“东行郡县”其实就是向六国故地的新秦民挥拳头、亮肌肉，结果并没有什么大

① 杨宽:《战国史料编年辑证》下册，上海人民出版社 2016 年版，第 1261—1262 页。

② 司马迁:《史记·秦始皇本纪》，中华书局 1959 年版，第 267 页。

的作用，此事留待后文再说。

第二件事是对中央和地方的人事作大规模的调整。

胡亥这么做的原因是担忧“大臣不服，官吏尚强，及诸公子必与我争”[①]，他觉得旧班子里的大臣与地方官不可能像畏惧始皇帝那般畏惧自己。这样的不自信与胡亥年轻、得位不正（至少存在这种传言）、在朝廷与军中都没有亲信力量有很直接的关系。赵高对胡亥讲：“先帝之大臣，皆天下累世名贵人也，积功劳世以相传久矣。”[②]始皇帝时的那些大臣富贵世代相传，权势盘根错节（比如李斯，史载其家族中“长男由为三川守，诸男皆尚秦公主，女悉嫁秦诸公子”），这些人当然不可能像敬畏始皇帝那般敬畏二世皇帝。胡亥和赵高担忧他们与其他皇子（诸公子）勾结起来挑战皇权，倒也不是杞人忧天。

那怎么办呢？赵高给胡亥出了两个主意：

1. “案郡县守尉有罪者诛之，上以振威天下，下以除去上生平所不可者。”[③]——对地方官员（郡县守尉）实施大清洗。

2. “灭大臣而远骨肉……尽除去先帝之故臣，更置陛下

①②③　司马迁：《史记·秦始皇本纪》，中华书局 1959 年版，第 268 页。

之所亲信者近之。”[①]——对朝中大臣和皇族进行大屠杀，全换成胡亥的亲信。

于是，胡亥大刀阔斧，大开杀戒。“杀大臣蒙毅等，公子十二人僇死咸阳市，十公主矺死于杜，财物入于县官，相连坐者不可胜数。”[②]

这么做的后果，是在秦帝国的官吏集团中造成了一种普遍的恐怖气氛，正所谓“群臣谏者以为诽谤，大吏持禄取容”[③]——敢提意见就会被定为诽谤罪，人人只求取悦胡亥保住俸禄；“自君卿以下至于众庶，人怀自危之心，亲处穷苦之实，咸不安其位”[④]——官吏人人自危，庶民穷困潦倒，个个感觉朝不保夕。

胡亥的官场大清洗也不是没有遭遇阻力。作为始皇帝时代的既得利益者，李斯就很不满胡亥的做法。“法令诛罚日益刻深，群臣人人自危，欲畔（叛）者众”之际，李斯多次进谏抗议，反被胡亥摊派了任务。胡亥说帝王富有天下，他想“长享天下而无害”，希望天天纵欲、享乐还不会亡国，李斯是丞相，让他来想办法，助皇帝实现这个愿望。同时，

---

①② 司马迁:《史记·李斯列传》，中华书局 1959 年版，第 2552 页。

③ 司马迁:《史记·秦始皇本纪》，中华书局 1959 年版，第 268 页。

④ 同上，第 284 页。

胡亥还以李由（李斯长子）抵御陈胜义军不力为由，“诮让斯居三公位”，威胁要整垮李斯家族。[①]

为了身家性命，李斯只好拿出法家在研究秦制方面的看家本领，献上那篇著名的《行督责书》，以迎合秦二世的想法。

所谓“督责”，简而言之，就是关于如何完全控制臣属，让他们为帝王做牛做马，乃至献出生命而不敢有半句怨言（“臣不敢不竭能以徇其主”）的权术。李斯提供给胡亥的“督责”之术，主要是两条：

1. 实行“深督轻罪”。——有一点过错就往死里整。

2. 摒弃“俭节仁义之人”“谏说论理之臣”“烈士死节之行”。——官吏系统只用坏人、不用好人。[②]

史载，胡亥读了《行督责书》，颇为满意，“于是行督责益严，税民深者为明吏……刑者相半于道，而死人日成积于市。杀人众者为忠臣”[③]。胡亥依照李斯的“督责”术，对官吏系统的整顿更加严酷，盘剥手段厉害的、杀人多的才是朝廷眼里的好官，路上到处是受刑之人，街市中被杀害者的尸

① 司马迁:《史记 · 李斯列传》，中华书局 1959 年版，第 2553—2554 页。

② 同上，第 2554—2557 页。

③ 司马迁:《史记 · 李斯列传》，中华书局 1959 年版，第 2557 页。

体堆积成山。

当然，秦二世没有忘记除掉李斯，他下令将李斯腰斩，灭其三族。毕竟，李斯不除，所谓的“尽除去先帝之故臣”的目标就算不得真正完成。

秦帝国奉行“以吏治国”，官吏集团是它的统治基础。秦二世从中央到地方如此清洗他们，相当于破坏了“利益共同体”，严重动摇了秦帝国的根基。在中央，大清洗之后，秦二世遇事皆与赵高独断，“公卿希得朝见”[①]，朝臣沦为虚设。在地方郡县，先是陈胜起事攻陈，“陈守令皆不在”[②]；后又有会稽郡守殷通找来项梁，商议响应起兵，发出“天亡秦之时”[③]之语；武臣北伐，范阳令开城投降，赵地“不战以城下者三十余城”[④]。在最基层，刘邦起事，其核心团队中的许多人正是沛县当地的“吏”。

这些秦帝国的官吏之所以如此普遍而轻易地加入反秦力量之中，是因为他们与秦帝国之间的利益纽带已被秦二世的大清洗切断。他们在人力、物力的汲取方面有着丰富的经

① 司马迁：《史记·秦始皇本纪》，中华书局1959年版，第271页。
② 司马迁：《史记·陈涉世家》，中华书局1959年版，第1952页。
③ 司马迁：《史记·项羽本纪》，中华书局1959年版，第297页。
④ 司马迁：《史记·张耳陈馀列传》，中华书局1959年版，第2575页。

验，这些“技术官僚”的加入极大地提升了反秦力量的素质。

三、秦二世而亡的变量二：未及驯化的新秦民

不过，官吏“苦秦”并不会必然导致秦帝国的覆灭。

清洗了旧的官吏集团之后，只要再给胡亥一些时间，他就可以重建自己的统治基础，也就是赵高所说的“更置陛下之所亲信者近之”[①]，自上而下重新构筑一个亲胡亥的新官吏集团。

但胡亥低估了另一个变量：来自从前六国的新秦民。

胡亥并非没有重视这个群体，他也采取过一些措施。如前文所说，登基的第一年，因为担忧“黔首未集附”，担心天下人不能像畏惧始皇帝那般畏惧自己，胡亥就带着李斯，效仿秦始皇巡幸天下，“东行郡县”。他想要威慑的对象主要是生活在六国故地的新秦民，更具体地说，是想要威慑原六国遗留的“豪杰”[②]——那些有组织能力和活动能力的六国

① 司马迁：《史记·李斯列传》，中华书局1959年版，第2552页。

② 司马迁：《史记·项羽本纪》中有项梁“部署吴中豪杰为校尉、侯、司马”的记载，《史记·陈涉世家》中有陈涉起事占据陈县后“号令召三老、豪杰与皆来会计事”的记载，分别见中华书局1959年版，第297、1952页。

旧人。

但重视归重视，在胡亥的工作序列里，清洗旧的官吏集团远排在整顿从前六国的新秦民之前。这与秦始皇末年的工作序列是大不相同的。

这些新秦民与荀子见过的约三四十年前的老秦民有着明显的区别。据荀子的描述，老秦民的基本特征是："其百姓朴……甚畏有司而顺。"[①]——很愚昧，害怕官府，相当顺从。自然，这种特性是秦国官府逾半个世纪的驯化结果——自商鞅变法至荀子入秦约有八十年的时间。

新秦民对秦国普遍怀有抵触情绪。"秦尝攻韩，围邢丘，困上党，上党之民皆反为赵，天下不乐为秦民之日久矣。"[②]这是纵横家苏代在公元前259年冬天对秦相范雎所说的话。苏代见范雎的三年之前，秦军进攻韩国的上党。眼见陷落已是定局，韩国的上党郡守冯亭派人前往赵国求助，其用来打动赵王的理由之一也是上党百姓"其民皆不欲为秦，而愿为赵"[③]。苏代见范雎之后两年，公元前257年，又有齐人鲁仲连发出了"义不帝秦"的誓言。鲁仲连说，秦国乃弃礼义

① 荀况：《荀子·强国》，上海古籍出版社1989年版，第95页。

② 司马迁：《史记·白起王翦列传》，中华书局1959年版，第2335页。

③ 刘向：《战国策·赵一》，上海古籍出版社2015年版，第368页。

之地，专以权术驱策士人，以虏囚对待百姓。若秦国一统天下，“则连有赴东海而死耳，吾不忍为之民也”。[①] 鲁仲连宁愿跳东海而死，也不肯做秦国的百姓。

大略同期，还有一篇由秦国的大臣撰写、呈递给秦王阅读的文章，被误收在了《商君书》里，即其中的《徕民》（这篇文章提到了长平之战，当然不可能是商鞅的作品）[②]。这位秦国的大臣说：秦国幅员辽阔，人口不足；韩、魏等国土地狭小，人口相当稠密。老百姓想要的无非是耕地和住宅，秦国有多余的耕地和住宅，韩、魏等国的耕地和住宅非常紧张，但韩、魏等国的百姓没人愿意迁来秦国，因为在秦国做“士”很惨，做“民”太苦，正所谓“民不西者，秦士戚而民苦”[③]。

苏代也好，鲁仲连也好，那位不知姓名的秦国大臣也罢，他们共同指出了一个问题：在秦国军威赫赫的年代里，东方六国的百姓鲜少有人愿意主动投奔秦国的怀抱，因为做秦民实在太苦。也就可想而知，在秦二世的时代，那些被纳入秦帝国时日尚浅的“新秦民”仍存有对昔日时光的怀念。

---

① 刘向：《战国策 · 赵三》，上海古籍出版社 2015 年版，第 422 页。

② 仝卫敏：《〈商君书 · 徕民篇〉成书新探》，《史学史研究》2008 年第 3 期。

③ 商鞅：《商君书 · 徕民》，上海人民出版社 1974 年版，第 48 页。

他们体验过更多的自由、更轻的赋役、更松散的控制，见识过更好的生活，他们的记忆还没有完全消失。

公元前 230 年，秦灭韩；公元前 228 年，灭赵；公元前 226 年，灭燕；公元前 225 年，灭魏；公元前 223 年，灭楚；公元前 221 年，灭齐。秦国只用了短短 10 年时间，就消灭了六国，这是令人惊叹的速度。但这么快的速度也使始皇帝没有足够的时间，来将施加在旧秦民身上的那套驭民体系全面移植到新秦民身上。他还没有来得及摧毁新秦地上的一切有组织的“中间力量”，进而使所有百姓以原子化的形态直接面对国家的汲取，或者说他还没有来得及在六国之地造就出“一个强大到极点的政府、一个萎缩到极点的社会以及一群沉默到极点的个人”①。

所以，当陈胜于公元前 209 年，也就是楚国灭亡后的第 14 年，在楚国故地起事时，他得到了诸多昔日豪杰的响应，其中包括了春申君门下的游侠周文、信陵君门下的游侠张耳。由《史记·张耳陈馀列传》不难看出，张耳这样的人物尽管在入秦之后失去了效仿信陵君广纳门客的现实条件，甚至落魄到做“里监门”、被“里吏”鞭笞的地步，但他并

① 李若晖：《郡县制时代：由权力建构与社会控制论秦至清的社会性质》，《文史哲》2011 年第 1 期。

不是一个原子化的存在。与张耳为刎颈之交的陈馀自称“尝游赵，知其豪杰及地形”，即是这些人社会活动能力犹在的明证。[①]

刘邦起事前的经历也显示了旧秦地的驭民体系尚未能够在新秦地完全铺开。刘邦年轻时曾是张耳的门客。公元前225年，秦军水灌大梁城，灭了魏国，张耳成为朝廷的通缉犯，不得不仓皇出逃。刘邦也只能结束门客的生活，返回故里。[②]次年，秦军攻楚，尽收淮北之地，刘邦从楚人变成了秦民，但他早年作为游侠构筑起来的社会关系和活动的力量并未因此而消散。在体制内，他可以得到萧何、曹参等沛县之吏的维护；在体制外，他有樊哙这样的爪牙（史载“与高祖俱隐”）。他口称以万钱作为贺礼，实则不带一钱，成功与“善沛令，辟仇，从之客”[③]的吕公（他显然不是一般的平民）结交，进而成为姻亲，这个过程也是典型的游侠行为模式。

刘邦至咸阳见始皇帝而感慨：“嗟乎，大丈夫当如此

① 司马迁:《史记·张耳陈馀列传》，中华书局1959年版，第2571—2573页。

② 《史记·张耳陈馀列传》载:“高祖为布衣时，尝数从张耳游，客数月。”中华书局1959年版，第2572页。又，《史记·魏公子列传》载:“高祖始微少时，数闻公子贤。及即天子位，每过大梁，常祠公子。”中华书局1959年版，第2385页。

③ 司马迁:《史记·高祖本纪》，中华书局1959年版，第344页。

也！”[①]项羽于会稽见始皇帝而发出豪言：“彼可取而代也。”[②]“新秦民”中非原子化、有社会活动力量的六国的旧贵族与豪杰、游侠的这种心态远不是一场东巡可以消灭的。始皇帝不能，胡亥自然更不能。

也就是说，当秦二世胡亥在公元前210年登基，他所面临的现实是：秦已消灭六国，但还没有来得及消化六国残余的贵族、游侠、豪杰、文士（如持孔门礼器投奔陈胜的鲁地之儒）和宗族势力，尚未将他们变成原子化的个体。而“天下苦秦久矣”是自商鞅变法的时代开始，已经延续了130余年的一种常态。

这个时候，胡亥开始清洗秦帝国的统治基础——官吏集团。于是，秦帝国的统治基础分崩离析，再加上外部又出现了有组织的武装力量，亡国就成了一件顺理成章、水到渠成的事情。

---

① 司马迁:《史记·高祖本纪》，中华书局1959年版，第344页。

② 同上，第296页。

第三章
“白马之盟”的玄机

公元前 206 年建立的西汉王朝是在反秦战争中诞生的，带有浓重的反秦制色彩。所以，在最初的五十年里，它的统治模式与商鞅、韩非设计的秦制存在着一定程度的偏离。这种偏离主要体现为西汉建立之初五十年尊奉黄老之学的“无为而治”。

“无为而治”这一政治主张来自《老子》。《老子》是一本写给统治者，也就是书中称呼的“圣人”看的书。《老子》呼吁的“无为”并非后世道家所宣扬的宗教意义上的与世无争，而是希望统治者收敛自己的理想与欲望。书中写得明白，“圣人欲不欲，不贵难得之货”——统治者应该收敛自己的欲望，别动不动就要什么稀世珍宝；“（圣人）以辅万物之自然而不敢为”——（统治者）要顺应自然规律去行事，不要为所欲为。《老子》还给“圣人”分出了等级：

> 太上，不知有之；其次，亲而誉之；其次，畏之；其次，侮之。

最好的统治者会让百姓感觉不到他的存在（因为他完全不搞事）；一般的统治者会让百姓喜欢他、赞誉他（做一些对百姓有好处的事）；坏的统治者会让百姓畏惧他（以严刑峻法压迫百姓）；最坏的统治者会让百姓恨他、骂他、诅咒他（以暴力控制、榨取、迫害百姓）。[①]

但西汉初年皇帝的“无为而治”与《老子》的本意有着相当大的差距。实际上，是“白马之盟”确立刘姓为王的“准契约”构筑出的一种特殊的权力结构与统治基础，迫使汉初的皇权不得不以“无为”自居，对自己的野心与欲望加以约束。“白马之盟”是汉高帝刘邦与诸侯王、重臣三方共同见证而立下的盟誓，所以可以称之为契约；但这个盟誓的具体内容并未形诸文字、公开刊行，所以加一个“准”字。

① 陈高傭：《老子今解》，商务印书馆 2016 年版，第 61—62 页。

一、西汉建国的游侠底色

今人常以史书中有“无赖”一词，误会刘邦是个地痞流氓，其实不然。“无赖”一词见于《史记·高祖本纪》中刘邦的自述。当时，未央宫建成，刘邦大会诸侯、群臣宴饮，席间向老父敬酒，有这样一段说辞：

> 始大人常以臣无赖，不能治产业，不如仲力。今某之业所就孰与仲多？[①]

在《说文解字》中，“赖，利也”。刘太公指责刘邦“无赖”，是说他没有正经营生，不能像刘仲那般“治产业”，并非指责刘邦是个地痞流氓。

其实，青年刘邦的自我期许乃是做一名游侠。

刘邦只比秦始皇小3岁。他的童年是如何度过的，史料没有记载。关于他的少年时代的记载也相当匮乏，只在《汉书·韩彭英卢吴传》中有一鳞半爪：

① 司马迁:《史记·高祖本纪》，中华书局1959年版，第387页。

> 卢绾，丰人也，与高祖同里。绾亲与高祖太上皇相爱，及生男，高祖、绾同日生，里中持羊酒贺两家。及高祖、绾壮，学书，又相爱也。里中嘉两家亲相爱，生子同日，壮又相爱，复贺羊酒。[①]

少年刘邦“学书”期间与卢绾意气相投，能获得乡里父老的“羊酒之贺”，他应是个追求上进之人。刘邦成年后不甘庸碌，离乡背井，踏上游侠之路，与他的上进心多少应有些关系。

信陵君魏公子无忌是青年刘邦的偶像。刘邦其实没有见过信陵君，他踏上游侠之路时，信陵君早已去世。但他居住的沛郡丰邑乃是战国末期楚、魏两国的边境地带，从当地的魏国移民口中，想必刘邦听过不少关于信陵君和他三千门客的故事，比如城门下的侯嬴、屠宰场里的朱亥。

对信陵君这位将战国时代游侠之风推向巅峰的人物，刘邦终生怀有崇敬之情。汉高帝十二年（公元前195年），也就是刘邦人生的最后一年，他征伐黥布归来，路过大梁，祭祀过信陵君墓，意识到自己时日无多，还特意为信陵君留下

① 班固:《汉书·韩彭英卢吴传》，中华书局1962年版，第1890—1891页。

五户人家为其守墓，命其世代奉祀。[①]

刘邦游侠生涯的顶点是做了张耳的门客。张耳原是信陵君的门客，信陵君去世后，张耳回归江湖，恢复游侠身份，后在外黄遇到一桩姻缘，继承了妻子家的财富，从此以外黄为基地，自为门主。他以信陵君的后继者自任，网罗天下游侠，其影响力引起了魏王的注意，又做了外黄县令。外黄大致在今天的河南商丘，丰邑大致在今天的江苏丰县，两地相距大约一百多千米。刘邦何时来到外黄，如何成为张耳的门客，已不得而知。《史记·张耳陈馀列传》仅如此记载：“秦之灭大梁也，张耳家外黄。高祖为布衣时，尝数从张耳游，客数月。”[②]

张耳与刘邦是战国时代的最后一批游侠。公元前230年，刘邦27岁，秦灭韩。前228年，刘邦29岁，秦破赵。前226年，刘邦31岁，秦陷燕都蓟城。前225年，刘邦32岁，秦军水灌大梁，魏国灭亡。刘邦的游侠生涯就此走到了终点。

秦国以法家思想为治国准则，凭借“繁于秋荼，密于凝脂”的律法和高效的官吏体系，在人力与物力的汲取上优于山东六国。在秦始皇的政治版图里，没有体制外的势力存在

① 司马迁:《史记·魏公子列传》，中华书局1959年版，第2385页。

② 司马迁:《史记·张耳陈馀列传》，中华书局1959年版，第2571—2572页。

的空间。所以，魏国灭亡后，游侠领袖张耳就成了秦国通缉名单上的重点人物。张耳出逃，刘邦只好返回家乡。但家乡沛郡丰邑已容不下游侠。公元前223年，秦军六十万进攻楚国，楚将项燕兵败，淮北之地入秦，沛郡也在其中。亡楚归秦，刘邦的人生发生了重大转折。

公元前223年前后，刘邦参加秦国地方小吏选考合格，被任命为沛郡泗水亭亭长。这一年，他34岁。公元前210年，刘邦47岁，负责押送黔首前往骊山服徭役。因逃亡者众，他干脆趁夜将押送的黔首全部释放，抛弃了秦帝国体制内小吏的身份，遁入芒砀山中，回归游侠的身份。

刘邦自身的游侠底色与西汉政权的游侠底色是一致的。日本学者守屋美都雄在《关于汉高祖集团的性质》一文中详细考察了刘邦政治集团中的客、中涓、舍人与卒，得出结论，认为他们在秦末乱世中选择与刘邦结合是基于一种平等的信任关系。这种信任关系的来源正是刘邦的“任侠仗气”。其中一个显著的表现是刘邦入蜀之时，其他诸侯中仰慕并跟从他的人多达数万，与信陵君门下的食客三千颇为相似。[1]

刘邦的游侠底色也体现在集团成员的行为模式上。张良

① ［日］守屋美都雄：《中国古代的家族与国家》，上海古籍出版社2010年版，第103—141页。

作为韩王的信使出使刘邦，恰逢汉军战败，岌岌可危，人劝张良速速离去，以免受池鱼之殃，结果被张良以汉王与我相交，此时“亡去不义”的理由拒绝。[①]楚汉之争进入关键时刻，蒯通劝第三方的关键力量韩信乘机三足鼎立，当年的游侠、如今的齐王韩信拒绝这一提议的理由同样是“汉王遇我甚厚”。韩信还说：“（汉王）载我以其车，衣我以其衣，食我以其食。吾闻之，乘人之车者载人之患，衣人之衣者怀人之忧，食人之食者死人之事，吾岂可以乡利倍义乎！”[②]这是一段典型的游侠之间的信任关系。刘邦将自己的车让给韩信坐，将自己穿的衣服送给韩信穿，将自己吃的食物拿给韩信吃，这是一种典型的游侠之义。作为反馈，韩信想要“载刘邦之患”“怀刘邦之忧”“死刘邦之事”，也是一种典型的游侠之义。

稍加留意，其实不难发现，以游侠为底色在秦末乱世中取得成功的并非只有刘邦一人。刘邦待之如兄长的王陵以游侠身份聚众数千人，成为一股不容忽视的反秦力量。[③]英布、

---

① 司马迁：《史记 · 项羽本纪》，中华书局 1959 年版，第 311 页。

② 司马迁：《史记 · 淮阴侯列传》，中华书局 1959 年版，第 2624 页。

③ 《史记 · 陈丞相世家》载：“王陵者，故沛人，始为县豪，高祖微时，兄事陵。陵少文，任气，好直言。及高祖起沛，入至咸阳，陵亦自聚党数千人，居南阳，不肯从沛公。”中华书局 1959 年版，第 2059 页。

彭越等人均以游侠起家，为众豪杰所推举。[①]刘邦曾经的门主张耳更不必说，乃是反秦运动中极著名的游侠领袖。秦帝国扩张太快，严密的法家网络尚未来得及消灭隐匿在民间的游侠力量，当乱世来临，山东六国的游侠们乘势而上，极大地影响了历史的进程。

这样的建国背景很自然地使得游侠之风在汉初的社会生活中相当盛行。代国相国陈豨门下游侠、食客如云，一度"从车千乘"[②]。朱家收留亡命游侠季布，还设法为季布向刘邦求情。所谓"得黄金百斤，不如得季布一诺"，正体现了汉初社会对游侠精神的认同。司马迁在《史记》中为游侠单独立传，其深意也正在于此——无《史记·游侠列传》，不足以解释西汉建国的背景。

二、军功集团的权利与义务

正因为西汉建国有这样一种游侠底色，所以刘邦称帝后

① 《汉书·韩彭英卢吴传》载："泽间少年相聚百余人，往从（彭）越"，"骊山之徒数十万人，（英）布皆与其徒长豪杰交通"。中华书局1962年版，第1878、1881页。

② 班固：《汉书·游侠传》，中华书局1962年版，第3698页。

与下属形成的并非后世通常所言的君臣关系，而更近似于一种平等的契约关系。

这种关系见于西汉初年的财富分配与权力分配。

先说财富分配。

高帝五年（公元前202年）十二月，刘邦召集汉及其他诸侯国的军队在垓下与项羽决战，获胜。同年五月（汉初继承秦制，以十月为岁首，故高帝五年十二月在前、五月在后），刘邦发布诏书，解散军队，命其归家。诏书的核心内容是谈如何优待爵位高者，重新分配社会财富，具体来说就是给参与楚汉之争的“军吏卒”分配田宅。

据李开元的推算，这场社会财富的重新分配大约涉及六十万“军吏卒”。若将六十万“军吏卒”的家庭人口也算在内，则大约涉及三百万人口，占汉初总人口的16%—20%。根据汉代军法，第五等爵位——大夫应授予500亩土地和25亩住宅地。如此，六十万“军吏卒”应授予的耕地总量约为3亿亩，住宅地总量约为1500万亩，占全国耕地总量的40%左右。①

这个规模是相当惊人的。刘邦自然也很清楚，要将全国

① 李开元:《汉帝国的建立与刘邦集团:军功受益阶层研究》，生活·读书·新知三联书店2000年版，第52—54页。

四成左右的耕地拿出来，重新分配给六十万“军吏卒”，在操作上是一件相当困难的事情。但他选择这样做，也有不得不为的理由——西汉帝国是在反秦、反项羽的战争中建立起来的，内部组织带有浓厚的游侠色彩。刘邦要想坐稳帝位，首要之务是与助他建国的功臣“共享胜利成果”。西汉立国之初，社会财富重新分配的目的是在汉帝国内部形成一个新的既得利益集团——军功集团。这个集团是西汉立国的基础，也是刘邦统治的基础。

再说权力分配。

高帝五年二月，也就是前述社会财富重新分配开始的三个月前，刘邦在定陶汜水之北即皇帝位。由汉王升为皇帝，刘邦即位与后世的皇帝登基大不同，既没有改元，也没有改制，连采用了何种仪式，史书也没有记载。但史书详细记载了刘邦何以有资格做皇帝。

据《汉书·高帝纪》，刘邦做皇帝是诸侯王一致推举的。西汉初年的推举与后世的劝进很不一样。曹丕代汉、赵匡胤取代后周，虽有群臣的劝进、表章，但只是堆砌辞藻，走个形式。相比之下，在高帝五年二月，楚王韩信、韩王信、淮南王英布、梁王彭越等诸侯王的劝进文章不但用词质朴，陈述的汉王刘邦理应登基为帝的理由也极实在。

总结起来，诸侯王们的意见共有两点：

1. 刘邦在诸侯王中功最高，所以地位应该比诸侯王高一些，可以做皇帝。这里的功指的是灭秦与灭项羽，即所谓“起于细微，灭乱秦，威动海内”（灭秦）与“以辟陋之地，自汉中行威德，诛不义”（灭项羽）。诸侯王一致认为，在灭秦与灭项羽的战争中，刘邦的功劳最大。

2. 刘邦在诸侯王中德最高，所以地位应该比诸侯王高一些，可以做皇帝。这里的德指的是恢复诸王和封赏功臣，即所谓“存亡定危，救败继绝，以安万民”（恢复各诸侯王因项羽“暴虐”而失去的王位）与“立有功”“功臣皆受地食邑”（论功行赏）。[①]

根据这两个理由，诸侯王们认为刘邦“德施四海，诸侯王不足以道之”，诸侯王的名号不足以匹配他，“居帝位甚实

① 劝进疏及诸侯王陈词，见《汉书·高帝纪》：“楚王韩信、韩王信、淮南王英布、梁王彭越、故衡山王吴芮、赵王张敖、燕王臧荼昧死再拜言大王陛下：‘先时，秦为亡道，天下诛之。大王先得秦王，定关中，于天下功最多。存亡定危，救败继绝，以安万民，功盛德厚。又加惠于诸侯王有功者，使得立社稷。地分已定，而位号比拟，亡上下之分，大王功德之著，于后世不宣。昧死再拜上皇帝尊号。’汉王曰：‘寡人闻帝者贤者有也，虚言亡实之名，非所取也。今诸侯王皆推高寡人，将何以处之哉？’诸侯王皆曰：‘大王起于细微，灭乱秦，威动海内。又以辟陋之地，自汉中行威德，诛不义，立有功，平定海内，功臣皆受地食邑，非私之地。大王德施四海，诸侯王不足以道之，居帝位甚实宜，愿大王以幸天下。’”中华书局 1962 年版，第 52 页。

宜”，他应当做皇帝。

显然，刘邦的帝位与秦始皇的帝位是两个完全不同的概念。秦始皇的帝位意味着至高无上、不容置疑的权力，是一种绝对权力；刘邦的帝位仅仅意味着他的功与德相对其他诸侯王更大、更高一些，是一种相对权力。

相对权力的边界非常模糊，所以汉初的高层政治中充满了试探与杀戮。高帝十二年三月，自觉时日无多的刘邦终于决定妥协，试图通过颁布诏书，将权力的边界固化下来。在这份被称作“高帝十二年三月诏”的诏书里，刘邦这样写道：

> 吾立为天子，帝有天下，十二年于今矣。与天下之豪士贤大夫共定天下，同安辑之。其有功者上致之王，次为列侯，下乃食邑。而重臣之亲，或为列侯，皆令自置吏，得赋敛，女子公主。为列侯食邑者，皆佩之印，赐大第室。吏二千石，徙之长安，受小第室。入蜀汉定三秦者，皆世世复。吾于天下贤士功臣，可谓亡负矣。其有不义背天子擅起兵者，与天下共伐诛之。布告天下，使明知朕意。①

① 班固:《汉书 · 高帝纪》，中华书局 1962 年版，第 78 页。

首先，刘邦在诏书里确认，汉帝国的天下是自己“与天下之豪士贤大夫”共有之天下，因为是众人一起打下来的。其次，刘邦谈及坐天下的原则是按照功劳的高低排列，功劳最高者做皇帝，次高者做诸侯王，再次者做列侯，又次者可以食邑，依次往下。

颁布这份诏书时，刘邦的病情已经恶化。一个月后，刘邦去世。

“高帝十二年三月诏”其实可以视为“白马之盟”的具体成果。

白马之盟的具体时间，史书没有明文记载，大体可以推断是在高帝十二年二月到四月间——盟约的主要内容之一是“非刘氏不得王”。刘邦废除燕王卢绾，完成“非刘氏不得王”的实际格局，是在高帝十二年二月，刘邦去世是在四月。也就是说，白马之盟与“高帝十二年三月诏”大体是同时完成的。

关于白马之盟的具体内容，史书记载相当零散。搜集、整理起来，可以总结如下：

1. 王与侯的分封只能由皇帝进行；

2. 只能在刘氏皇族内封王；

3. 只能对有功者封侯；

4. 若违反上述约定，天下共击之。[①]

当日参加盟誓的有刘邦和众多立有军功的老臣，可以确定在场的有王陵、周勃与陈平等人。内容涉及刘姓诸侯王，他们中的某些人理应也参与了盟誓。也就是说，结盟者是三方力量：代表宫廷力量的刘邦、代表王国力量的刘姓诸侯王，以及代表军功集团力量的列侯——刘邦称帝之后，军功集团逐渐转移到了以丞相为首的汉帝国政府当中，代表军功集团利益的陈平、周勃等人此时控制着汉帝国政府的日常运作。

三方力量在盟约中各有权利和义务。

先说权利。对军功集团而言，“非有功不得侯”，可以保证现存军功列侯的权益不会被皇权随意稀释；对诸侯王而言，“非刘氏不得王”，可以保证现存诸侯王的权益不会被权

① “白马之盟”的相关记载，散见于《史记》与《汉书》。如《史记·吕太后本纪》载：“王陵曰：‘高帝刑白马盟曰“非刘氏而王，天下共击之”。今王吕氏，非约也。’”中华书局 1959 年版，第 400 页。《史记·汉兴以来诸侯王年表》载：“高祖末年，非刘氏而王者，若无功上所不置而侯者，天下共诛之。”中华书局 1959 年版，第 801 页。《汉书·张陈王周传》载：“亚夫曰：‘高皇帝约“非刘氏不得王，非有功不得侯。不如约，天下共击之”。今信虽皇后兄，无功，侯之，非约也。’”中华书局 1962 年版，第 2060—2061 页。《汉书·外戚恩泽侯表》载：“汉兴，外戚与定天下，侯者二人。故誓曰：‘非刘氏不王，若有亡功非上所置而侯者，天下共诛之。’”中华书局 1962 年版，第 678 页。

臣侵犯；对皇帝而言，在遵守上述限制的前提下，王与侯的分封大权仍操于己手。

再说义务。对诸侯王而言，必须维护刘氏皇权，防范军功列侯侵犯皇室权益；对军功列侯而言，也必须维护刘氏皇权，防范诸侯王侵犯皇室权益；对皇帝而言，必须恪守“非刘氏不得王，非有功不得侯”的规则，保证诸侯王和军功列侯的权益。

西汉初年宫廷（皇帝）—政府（军功列侯）—王国（诸侯王）三足鼎立的权力分配明显是“反秦制”的。

“高帝十二年三月诏”与“白马之盟”对汉帝国核心权力的分配是理解刘邦死后诸多政治现象的重要背景。比如，从汉高帝刘邦到汉景帝，依次担任汉帝国政府首脑，也就是丞相职务的分别是：萧何—曹参—王陵—陈平—审食其—吕产—周勃—灌婴—张苍—申屠嘉—陶青—周亚夫—刘舍—卫绾。从萧何到申屠嘉都是汉初军功集团第一梯队的元老（只有吕产牵涉平定诸吕之乱的政变，是个例外）。从陶青到刘舍，已是汉景帝时代，第一代军功集团的元老死亡殆尽，这三人属于军功集团的第二代。卫绾是汉代第一个非出身于军功集团的丞相。

这份西汉初年历任丞相的名单可以说是白马之盟的直接

结果。管理政府（朝廷）的权力是军功列侯的权益所在，所以按惯例丞相由军功列侯担任，无功者不得为相。即使第一代军功集团死光了，也须由第二代军功集团继任。此外，汉初，丞相的人选往往也直接取决于军功的高低，而非皇帝的意志。汉帝国的第一任丞相萧何，军功在列侯当中排名第一；第二任丞相曹参，军功在列侯当中排名第二。据《汉书·曹参传》记载，曹参在齐国相国任上，听到萧何去世的消息，“告舍人趣治行，‘吾将入相’。居无何，使者果召参”[①]。萧何一死，诏令未到，曹参就收拾行装，准备去长安继任丞相，其自信正源于自己的军功排名第二，按照白马之盟，丞相非他莫属。

再如，所谓的“诛吕安刘”也与白马之盟确立的权力分配体系被打破有直接关系。

吕后时代，皇权有意削弱军功列侯的权力。汉惠帝曾经在朝会上责问丞相曹参为何对政事少有举措。曹参反问惠帝：“陛下自察圣武孰与高帝？”曹参问：“陛下自比先帝（高帝刘邦）如何？”惠帝回答：“朕乃安敢望先帝乎？”我如何敢与先帝相提并论？曹参又问：“陛下观臣能孰与萧何贤？”陛

① 司马迁：《史记·曹相国世家》，中华书局1959年版，第2029页。

下看臣和萧何相比，谁更有能力？惠帝回答：“君似不及也。”朕觉得你不如萧何。曹参遂说：“陛下言之是也。且高帝与萧何定天下，法令既明，今陛下垂拱，参等守职，遵而勿失，不亦可乎？”他说，陛下所言甚是，高皇帝与萧何一起定下治理天下的制度，陛下只要垂拱无为，臣等尽职尽责，遵循成例即可。此番责难与反驳之后，惠帝即不再过问政事。这一著名的萧规曹随典故的实质是皇权有意过问并干涉朝政，军功列侯抗拒皇权过问并干涉朝政。①

曹参死后，吕后将丞相之职一分为二，以王陵为右丞相，陈平为左丞相，也是为了削弱军功列侯掌控朝政的权力。王陵的军功在列侯中排名第十二，陈平排名第四十七。尽管陈平与吕后在个人关系上较为亲近，但王、陈二人均属军功列侯，这一人事变动仍在军功集团的容忍范围之内。

危机出现在吕后去世之后。临终之际，吕后对朝廷的高层人事做了一番安排，“以左丞相审食其为帝太傅”，“以吕王产为相国”②——吕产是吕后兄长吕泽之子，从吕后临朝称制起，一直执掌南军，负责宫廷的警备工作。吕产以外戚身份出任相国，打破了汉初以来只有军功集团人士能够担任丞

① 司马迁：《史记·曹相国世家》，中华书局1959年版，第2030页。

② 司马迁：《史记·吕太后本纪》，中华书局1959年版，第402页。

相的惯例，破坏了“白马之盟”确立的权力分配原则，被军功列侯视作宫廷势力向朝廷的渗透。

于是，公元前180年，以周勃、陈平为首的军功集团发动政变，诛杀了以吕产为首的吕氏家族，并捏造“安刘必勃”的刘邦遗言，将整个事件粉饰成了“诛吕安刘”。[①]

这样的粉饰很值得玩味。一方面，军功集团不惜诉诸武力，也要维护“白马之盟”划定的属于自己的利益范围；另一方面，军功集团又不能打出维护“白马之盟”的旗号，而是要用“诛吕安刘”这样的说辞来隐藏事件的真相，说明“白马之盟”在当时的汉帝国是一个尴尬的存在——当初盟誓时，既未将具体的盟约内容刊刻石碑，也未能制成文件公布天下（也就是没有制度化、公开化），这直接导致军功集团无法以维护白马之盟为理由，来为自己铲除吕后外戚集团辩护。

汉文帝即位后，吸取诸吕之乱的教训，将宫廷势力从朝廷撤出，恢复了丞相只能由军功列侯担任的惯例。丞相一职也由两人改回一人。先是在列侯中军功排名第四的周勃，再是排名第九的灌婴担任丞相。灌婴死后，由排名第六十五的

① 吴仰湘:《汉初“诛吕安刘”之真相辨》,《湖南师范大学社会科学学报》1998年第1期。

张苍继任。张苍为相15年，退休后由申屠嘉继任。申屠嘉的出身与之前的军功列侯稍有不同——虽同样拥有军功，但申屠嘉是从普通士兵一步步爬上去的。文帝之所以选中申屠嘉，也是迫不得已。据《汉书·张周赵任申屠传》记载，“张苍免相，文帝以皇后弟窦广国贤有行，欲相之，曰：‘恐天下以吾私广国。’久念不可，而高帝时大臣余见无可者，乃以御史大夫（申屠）嘉为丞相”[①]。文帝中意窦广国之才，但窦广国出身外戚，而非军功集团，这使文帝犹豫不决。最后，即使高帝时代的大臣所剩无几——建国四十余年，高帝时代的军功列侯几乎死亡殆尽，文帝仍谨慎地选择了建国之时立有军功的申屠嘉。

西汉初年皇权的谨小慎微于此可见一斑。

三、百姓用脚投票奔向王国

刘姓诸侯王也参与了白马之盟这一准契约的订立。军功列侯与皇权之间发生过“诛吕安刘”的血腥政变，刘姓诸侯王与皇权之间则发生过更为残酷的战争，即汉景帝时代所谓

① 班固:《汉书·申屠嘉传》，中华书局1962年版，第2100页。

的“七国之乱”。

“七国之乱”这个词是典型的皇权本位。常见的表述中，所谓“七国之乱”是这个样子的：

> 景帝时，诸侯王势力膨胀，威胁到中央的统一。为削弱诸侯王势力，晁错建议景帝查诸侯王之罪，削其封地，收其枝郡，引起了诸侯王的不满。景帝三年（公元前154年）正月，吴、楚、赵、胶西、济南、淄川、胶东等七诸侯王以“诛晁错，清君侧”为名，联合发动叛乱。景帝乃遣大将军窦婴、太尉周亚夫将兵平定叛乱。[①]

阅读这段文字的人难免会被“膨胀”“叛乱”“平定叛乱”等带有强烈价值判断色彩的词汇影响，进而觉得吴王刘濞等七个诸侯王全是反面人物，汉景帝则代表了绝对的正义。而其实，这不过是一种文字技巧营造的错觉。贾谊当年对汉文帝说过这样一段话：

---

① 张大可、丁德科主编:《史记论著集成》第7卷，商务印书馆2015年版，第183页。

> 今淮南地远者或数千里，越两诸侯，而县属于汉。其吏民徭役往来长安者，自悉而补，中道衣敝，钱用诸费称此，其苦属汉而欲得王至甚，逋逃而归诸侯者已不少矣。其势不可久。[①]

贾谊说：淮南由中央直接控制的广阔土地上横亘着梁和淮南两个王国。中央直属之地的吏和民为了负担徭役往来于长安，他们用尽自己的家产置办衣装，但往往才到半路衣服就破了。做中央的百姓，他们感到非常痛苦，很殷切地想要投奔王国，去做梁王、淮南王的子民。时下抛弃田宅，投奔诸侯王之人已经不少，长此以往，不是好事。

也就是说，在贾谊看来，王国之所以会膨胀，之所以能够吸引到更多的人力，进而产出更多的资源，一个重要原因是中央的压榨太厉害，百姓不愿再做中央的子民。他们用脚投票，抛弃家园故土，主动跑到王国去了。

贾谊之言不是孤证。汉文帝给匈奴单于写过一封长信，其中提到：“言和亲已定，亡人不足以益众广地，匈奴无入

① 贾谊：《请封建子弟疏》，见《汉书·贾谊传》，中华书局1962年版，第2261页。

塞，汉无出塞，犯约者杀之，可以久亲，后无咎，俱便。”[①]咱们两家已经和亲，那些逃往匈奴的百姓并不足以增长匈奴的力量。从今以后，匈奴人不进来，汉朝人不出去，有人违反了约定就杀掉他，两国自然可以长久地和平相处。

汉文帝说的“亡人不足以益众广地”，实在是“此地无银三百两”。若用脚投票，逃往匈奴的汉朝人数量真的极为有限，这件事就不足以拿出来在汉帝国和匈奴的最高统治者之间讨论。汉元帝时的郎中侯应也说，长城以南的汉的“边人奴婢”大多生活愁苦，常想着越过长城逃跑，还经常发出“闻匈奴中乐，无奈候望急何”[②]这样的感叹。

《史记·吴王濞列传》里也说：“其居国以铜盐故，百姓无赋。卒践更，辄与平贾。岁时存问茂材，赏赐闾里。佗郡国吏欲来捕亡人者，讼共禁弗予。”[③]大意是：吴国出产铜和盐，国内百姓没有税赋的负担；对那些要去负担徭役的人，会给予相当数量的薪资；逢年过节，慰问人才，赏赐平民；不允许朝廷和其他王国派人来吴国抓捕逃亡之人。《盐铁论》

① 司马迁：《史记·匈奴列传》，中华书局 1959 年版，第 2903 页。

② 班固：《汉书·匈奴传》，中华书局 1962 年版，第 3804 页。

③ 司马迁：《史记·吴王濞列传》，中华书局 1959 年版，第 2823 页。

里也说：“君有吴王，专山泽之饶，薄赋其民，赈赡穷乏。”[①]刘濞对辖下百姓征收的赋税较轻，还愿意救济穷困之人。

结果就是，那些本属中央管辖的百姓不愿再承担朝廷苛刻的盘剥，用脚投票，抛弃故土家园，遁入吴国，成了刘濞的子民，也成了景帝、袁盎和桑弘羊口中的“天下亡命”（逃亡者）[②]、“无赖子弟”（生计无所依赖之人）[③]和“山东奸猾”[④]。

也就是说，“七国之乱”这个故事存在两个版本。第一个版本是：王国势力膨胀→想要叛乱→中央出兵平叛→王国战败→百姓拍手称快。第二个版本则是：中央横征暴敛→百姓用脚投票，遁入王国（王国也汲取民力，但百姓可以两害相权取其轻）→王国力量壮大→中央深感不安，率先发难→王国战败，被肢解→百姓失去用脚投票的机会。

前者是由“膨胀”“叛乱”“平叛”等一系列带有强烈价

---

① 桓宽：《盐铁论·禁耕》，上海人民出版社 1974 年版，第 11 页。

② 汉景帝诏书称“吴王濞倍德反义，诱受天下亡命罪人，乱天下币，称病不朝二十余年”。见司马迁：《史记·吴王濞列传》，中华书局 1959 年版，第 2833 页。

③ 袁盎对汉景帝称“吴所诱皆无赖子弟、亡命铸钱奸人，故相率以反”。见司马迁：《史记·吴王濞列传》，中华书局 1959 年版，第 2830 页。

④ 桑弘羊称“吴王擅鄣海泽，邓通专西山。山东奸猾咸聚吴国”。见桓宽：《盐铁论·错币》，上海人民出版社 1974 年版，第 10 页。

值判断色彩的词汇刻意构筑的，灌输的是汉景帝本位思维，但对百姓而言，站在孟子的“民本”立场，后一个版本才是更有思考价值的历史真相。对普通百姓而言，秦制之下的“普天之下莫非王土，率土之滨莫非王臣”与白马之盟约定的体制下的可以用脚投票、可以两害相权取其轻，究竟孰优孰劣，是一个非常耐人寻味的问题。遗憾的是，白马之盟没有固化为稳定的制度，它只维系了不足五十年。

第四章

游士消亡与秦制回归

“白马之盟”是一种对秦制的偏离，因为它没有能够形成稳固的皇帝—贵族—平民（农奴）式的封建体制。皇权天然追求一家独大，军功列侯与诸侯王未能成功制约皇权扩张的野心。汉文帝运作“列侯就国”，迫使在长安无职务的军功列侯回到自己的封地，不再允许他们长久地驻留长安，极大地削弱了军功集团对长安政治的影响力，使他们再无力串联，发动类似“诛吕安刘”的政变。[①] 再之后，汉景帝在所谓的“七国之乱”中取得胜利，王国势力自此衰微。

秦制的回归是在汉武帝时代正式实现的，它的回归带给西汉百姓的影响可以参考汉宣帝时的御史大夫萧望之劝谏皇

---

① 汉文帝运作“列侯就国”事，见司马迁:《史记·孝文本纪》，中华书局 1959 年版，第 422、424—425 页。

帝的一段话。萧望之说：我从前有一个下属叫作徐宫，他的老家在东莱，靠近海边。据他讲，往年朝廷一增加海租，海鱼就不出现了，当地的长老还说："武帝时县官尝自渔，海鱼不出，后复予民，鱼乃出。"[①]说的是汉武帝时，朝廷垄断海场，搞起了官营捕鱼，结果鱼都消失了。后来恢复民营，允许百姓自行捕鱼，鱼才再次出现。

鱼当然不会凭空从海里消失。让海鱼消失的是秦制皇权"莫非王土"的贪婪和"无远弗届"的迷信。而为了实现其贪婪与迷信，变"白马之盟"的有限皇权为秦始皇的无限皇权，汉武帝必须彻底抛弃军功列侯，重塑官僚集团作为自己的统治基础。

一、遍地皆是失业游士

高帝三年（公元前204年），楚汉争霸正在要紧关头，谋士郦食其给刘邦出了个主意。他说，秦朝残忍无道，伐灭六国，使六国后人无立锥之地。陛下如能够复兴六国，扶立其后人，他们必感念陛下的仁义，愿做陛下的臣子，誓死

① 班固：《汉书·食货志上》，中华书局1962年版，第1141页。

效命。

但张良认为这是个馊主意。他提醒刘邦："天下游士抛妻弃子，背井离乡，跟从陛下，无不日夜盼望胜利后能获得尺寸之地的分封。陛下今天扶立六国后裔，游士明天就会一哄而散，各归旧主。陛下还依靠谁去夺取天下？"[①]

张良的话既点明了汉立国的基础是游士（游侠），也道出了以游士为立国基础的严重弊端：游士是依附于诸侯的流动资源，其流动性与自主性，与君主集权体制天然对立。

景帝时代，游士之风仍遍及汉帝国的方方面面。游士的心中没有君臣之道，朝廷对他们而言不存在什么神圣性。齐地游士邹阳就是典型的例子。客游位于中原的梁国时，邹阳遭谗言下狱，他在狱中写给梁孝王的书信很直接地道出了他的游士心态：

今人主诚能用齐、秦之义，后宋、鲁之听，则

① 郦食其的原话是："今秦失德弃义，侵伐诸侯社稷，灭六国之后，使无立锥之地。陛下诚能复立六国后世，毕已受印，此其君臣百姓必皆戴陛下之德，莫不乡风慕义，愿为臣妾。"张良的原话是："天下游士离其亲戚，弃坟墓，去故旧，从陛下游者，徒欲日夜望咫尺之地。今复六国，立韩、魏、燕、赵、齐、楚之后，天下游士各归事其主，从其亲戚，反其故旧坟墓，陛下与谁取天下乎？"见司马迁：《史记·留侯世家》，中华书局1959年版，第2040—2041页。

五伯不足称，三王易为也。[①]

邹阳说：若梁孝王能采纳战国的齐国、秦国的王霸之道，远离宋国、鲁国的文儒之训，则“五伯”（春秋时期的五个诸侯之长）之流不值一提，上古“三王”的伟业也不难达成。

显然，邹阳不承认景帝与朝廷的权威。他游说梁孝王信士、养士、用士，以成为“五伯”“三王”，这正是朝廷与诸侯王政治博弈的体现。

皇权不会喜欢诸侯有这样的想法。汉武帝诛杀游侠郭解，正是为了杀鸡儆猴。但仅凭杀戮无济于事，《史记》中说，郭解被杀之后，仍然“为侠者极众”。其中，“关中长安樊仲子，槐里赵王孙，长陵高公子，西河郭公仲，太原卤公孺，临淮兒长卿，东阳田君孺，虽为侠而逡逡有退让君子之风”，“北道姚氏，西道诸杜，南道仇景，东道赵他、羽公子，南阳赵调之徒，此盗跖居民间者耳”。[②]不难推想，在郭解被武帝诛杀之前，汉帝国的游士（侠）之风是何等繁盛。

立国五十年，汉帝国仍遍地游士是有原因的。

---

① 司马迁：《史记·鲁仲连邹阳列传》，中华书局 1959 年版，第 2473 页。

② 司马迁：《史记·游侠列传》，中华书局 1959 年版，第 3188—3189 页。

游侠（士）意味着一种自由。比如，枚乘因劝说吴王刘濞不要举兵而获得景帝赏识，受召出任弘农都尉。但，多年游士生涯让他难以在“天子守臣”的位置上长期待下去——“乘久为大国上宾，与英俊并游，得其所好，不乐郡吏，以病去官”[①]。恣意放肆、任意来去的自由对游士枚乘有着很大的吸引力。

而更重要的原因在于：汉帝国的建立有着深厚的游侠背景，诸侯王及军功集团的势力极为强大，巨大的市场需求刺激了游士数量的激增。及至文帝、景帝两代，皇权以政治谋略和军事手段打击了地方上的诸侯王和朝廷中军功集团的势力，游士的市场萎缩，汉帝国却没有能够给“失业”的游士提供就业、上升的机会。

东汉光武帝建武六年（公元 30 年），儒生朱浮上了一道奏疏，特别提及西汉初年的一个重要社会现象。朱浮说：“大汉之兴，亦累功效，吏皆积久，养老于官，至名子孙，因为氏姓。”[②]意思是说：西汉初年，官吏久任不换，在某个职位上做到老死的人不在少数。很多职位父子相继，官职的名称成了他们家族的姓氏。

① 班固：《汉书 · 贾邹枚路传》，中华书局 1962 年版，第 2365 页。

② 范晔：《后汉书 · 朱冯虞郑周传》，中华书局 1965 年版，第 1142 页。

朱浮谈到的这种现象，西汉人王嘉也注意到了。王嘉是汉哀帝时期的丞相。他对哀帝回顾了文帝时代的官员任用情况：“孝文时，吏居官者或长子孙，以官为氏，仓氏、库氏则仓库吏之后也。其二千石长吏亦安官乐职。”[①] 意思是说：文帝时代的官吏都是终身制和世袭制的，以至于管仓库的官吏干脆让自家姓仓、姓库，这种情况在两千石以上的大员里也相当普遍。

朱浮和王嘉所言触及了西汉初年的一道“国策”——“非有功不得侯”。根据这一国策，自高帝时代开始，在长安，军功老臣长期把持着朝廷；在地方，军功吏卒长期把持着基层政权。换言之，西汉开国的前五十年，官僚系统被军功集团控制，知识分子没有正规的上升渠道，去做游侠，去给诸侯王、军功列侯做门客，就成了他们相当普遍的人生选择。

然而，随着军功列侯与诸侯王的势力受到皇权压制，逐渐走向衰弱，游士的生存空间也在变窄。到了景帝时代晚期，邹阳、枚乘等著名游士已经发出了“鸷鸟累百，不如一鹗”[②] 这样的感慨。“鸷鸟”即地方诸侯王，“一鹗”即长安未

① 班固：《汉书·何武王嘉师丹传》，中华书局 1962 年版，第 3490 页。

② 班固：《汉书·贾邹枚路传》，中华书局 1962 年版，第 2340 页。

央宫里的皇帝。

时代变了，游士们明显感觉到有能力的寄主已经屈指可数。他们甚至不再游说自己的寄主“有所为”，而是劝他们“有所不为”——当吴王刘濞准备起兵反抗朝廷时，枚乘悲观地说“举吴兵以訾于汉，譬犹蝇蚋之附群牛”[①]，拿吴国的军队与朝廷对抗，无异于驱赶蚊蝇去吞噬牛群。

二、“求贤诏”里的规训

公元前 141 年，48 岁的汉景帝去世，太子刘彻登基，随即发布了一道“求贤诏”。诏书的大意是让丞相、御史、列侯、中二千石、二千石等重臣向朝廷举荐贤良方正、直言敢谏之士。

五十多年前的公元前 196 年，刘邦也下过一道“求贤诏”。诏书中说：“今天下贤者智能，岂特古之人乎？患在人主不交故也……贤人已与我共平之矣，而不与吾共安利之，可乎？贤士大夫有肯从我游者，吾能尊显之。布告天下，使明知朕意。”[②]

---

① 班固：《汉书·贾邹枚路传》，中华书局 1962 年版，第 2362 页。

② 班固：《汉书·高帝纪》，中华书局 1962 年版，第 71 页。

比较高帝和武帝的两份诏书，可以明显看到时代的变化——刘邦在“求贤诏”里说，希望“贤士大夫”能够“从我游”，这三个字带有浓重的游侠色彩，反映出刘邦与“贤士大夫”之间的关系，与其说是皇帝与臣僚，更像是寄主与门客。刘彻的“求贤诏”里就完全没有这样的游侠色彩。他下令征召“贤良方正”，且亲自策问下面推荐上来的人才，是典型的君王选拔臣僚的做派。

刘彻清楚汉帝国游士之风盛行的原因。这些游士或属儒家，或属法家，或属阴阳家，原本积极出入于诸侯王和军功列侯的府第。需求刺激供给，诸侯王与军功列侯的规模有多大，汉帝国的游士就有多少。如今，汉帝国致力于打压诸侯王与军功列侯的势力，需要重塑统治基础，如何改造游士自然也是汉武帝推行变革应有的重要内容。

刘彻颁布“求贤诏”的核心目的是打破军功集团在官职上的久任制和世袭制，也就是打破朱浮与王嘉提及的“以官为氏”“养老于官，至名子孙”的现象，进而将游士纳入官僚系统中来。这样做，既可以吸引知识分子投入朝廷的怀抱，也可以削弱诸侯王（譬如梁孝王）与朝廷勋贵（譬如窦婴）的势力——游士们都是“理性经济人”，跟着朝廷有前途，还是跟着诸侯王与朝廷勋贵有前途，在汉武帝时代，并不是一件很难判断的事情。

“求贤诏”颁布后，反响强烈。丞相卫绾上奏：“所举贤良，或治申、商、韩非、苏秦、张仪之言，乱国政，请皆罢。”[①] 卫绾奏请武帝：那些搞法家和纵横之学的知识分子只会把国家政务搞乱，请求皇帝下达圣旨，不要再任用他们。刘彻同意了卫绾的请求，颁下新的规定：除儒学外，贬黜诸家，不用其为治国之术。这就是著名的“罢黜百家，独尊儒术”。

打开上升渠道，让游士有机会进入朝廷，又选择性地排斥“治申、商、韩非、苏秦、张仪之言”的游士，这恰是西汉中期选官制度的一体两面。这种一体两面，扼要来说便是：

1. 秦制政权追求社会的散沙化（不喜欢百姓有组织）与静态化（不喜欢百姓自由迁徙、流通），追求对百姓的严格控制。所以，作为社会不安定因素的游士需要被最大限度地控制与肃清。于是，暴力诛杀（比如对待郭解）与提供进入官僚系统的机会就成了刘彻控制与肃清游士的两大核心手段。相较之下，又以后者为重。

① 班固：《汉书·武帝纪》，中华书局 1962 年版，第 155—156 页。

2. 刘彻要抛弃军功集团，重塑官僚系统作为自己的统治基础。但官僚系统的容量有限，不可能收纳所有游士，且秦制政权对官僚的价值观、人生观有特殊的要求（苏秦、张仪等搞纵横之术的人就不符合秦制官僚系统的需要），所以，必须引导乃至诱导游士在思想、学术上进行自我转型。而最能起到引导、诱导作用的手段莫过于体制规定的知识分子选拔标准，有了选拔标准，就可以"批量生产相同规格的知识分子"。刘彻独尊儒术，是为了让游士尊儒，他自己是不必尊儒的（事实上他也从未服膺儒学）；刘彻排斥"治申、商、韩非、苏秦、张仪之言"的游士，是为了让游士自愿远离"申、商、韩非、苏秦、张仪之言"，他自己却是熟知"申、商、韩非"之道的。

当然，用儒家官僚取代王侯贵戚来作为新的统治基础，涉及权力的重新洗牌和利益的重新分配，绝不会和平过渡。建元元年（公元前 140 年）的改革风波就是刘彻遭遇到的一次严重挫折。

这一年，刘彻对长安的高层人事做了一次极为大胆的变更——任命窦婴为丞相，田蚡为太尉，赵绾为御史大夫，王臧为郎中令，桑弘羊为侍中（主司财计）。除桑弘羊外，窦、田、赵、王都有儒学背景。在建元元年的七八月间，刘彻提议设立明堂。

刘彻设立明堂的动机至少有二：

1. 设立明堂有助于皇帝巩固个人权位。按《逸周书》的解释，明堂乃周公的创造，是周天子接受诸侯朝见的场所，用以彰明尊卑。刘彻年少登基，各诸侯王多为其兄长、叔伯乃至叔祖，朝见时往往蔑其年少而不尊。修筑明堂有重申上下尊卑之义的政治含义。而且，这一时期，刘彻实施了一系列打压诸侯王势力的手段，比如勒令列侯回归封地，不许在长安逗留；勒令列侯拆除封地关卡，各诸侯国须实现交通上的自由、开放等。[①]

2. 明堂关系到朝廷的权力分配。明堂是儒家的礼仪性建筑，按孟子的说法，“明堂者，王者之堂也”，是君王“行王政”的标志性建筑。西汉开国的前五十年，统治者长期尊奉道家黄老的无为而治（当然并非真信黄老，而是诸侯王与军功集团势力强大，皇权不得不顾及“白马之盟”划定的权力范围，不得不无为。与之对应，军功集团与诸侯王也必须无为，也就是严守“白马之盟”划定的利益边界，彼此之间才能维持权力平衡，相安无事）。如今，军功集团和诸侯王已

① 明堂的政治意义，见徐复观:《两汉思想史》（二），九州出版社 2014 年版，第 22—31 页。

不再被皇权视为统治基础，且皇帝欲用新的儒家官僚集团取而代之，黄老之学自然成了累赘。设立明堂大有宣告新时代到来的意味。关键是，窦太皇太后（汉景帝之母，汉文帝的皇后）信奉黄老。建造明堂相当于向汉帝国公开宣布：朝堂之上已是刘彻说了算。所以，刘彻之母王太后深感忧虑，曾如此埋怨刘彻："汝新即位，大臣未服。先为明堂，太皇太后已怒。"[①] 显然，窦太皇太后也深知明堂背后潜藏的政治奥义。

同时开罪诸侯王、军功集团与窦太后的结局自然是悲惨的。刘彻的亲信赵绾、王臧被下狱，不久两人自杀；刘彻本人也自汉帝国的权力舞台的中心消失长达六年，《史记·孝武本纪》对刘彻在这六年里的活动无一字记载，仅以一种意味深长的笔调写道：

> 后六年，窦太后崩。其明年，上征文学之士公孙弘等。[②]

① 司马光：《资治通鉴》卷第十七，中华书局 1956 年版，第 559 页。

② 司马迁：《史记·孝武本纪》，中华书局 1959 年版，第 452 页。

三、寄主的非正常死亡

窦太皇太后去世，刘彻复出，重启儒家官僚系统为统治基础的改革。消弭游士之风再次被列为施政的重中之重。大批知名游士或寄主，如窦婴、灌夫、刘安、郭解等在这场改革中非正常死亡。

窦婴是儒生，是刘彻在建元元年改革中的亲密战友；反儒学人士、信奉黄老之学的淮南王刘安是觊觎过刘彻皇位的人。二人与刘彻的关系迥异，但死因是一样的。

窦婴之死，表面上看是卷入了与田蚡、灌夫之间的冲突。灌夫是平定七国之乱的功勋武将，素与丞相田蚡不和。窦太后死后，窦婴已是过气外戚，田蚡正炙手可热。田蚡对窦婴的欺辱（强占田地）本是新旧外戚之间的矛盾（窦婴是窦太皇太后的侄子，田蚡是王太后的同母异父弟）。灌夫素与窦婴交好，也卷入纠纷之中，官司最终打到了刘彻跟前。刘彻裁决外戚的纠纷，权衡的是政治上的得失，而不管是非对错。田蚡指责灌夫在民间横行不法，窦婴则指责田蚡与淮南王谋逆。决定纠纷结果的则是田蚡的这段话：

> 天下幸而安乐无事，蚡得为肺腑，所好音乐、狗马、田宅，所爱倡优、巧匠之属，不如魏其、灌夫日夜招聚天下豪杰壮士与论议，腹诽而心谤，卬视天，俯画地，辟睨两宫间，幸天下有变，而欲有大功。臣乃不如魏其等所为。①

这番话击中了刘彻的要害。关于窦婴养士，史载“游士宾客争归之。每朝议大事，条侯、魏其，列侯莫敢与亢礼”②。至于灌夫，本身具有强烈的游侠色彩，“不好文学，喜任侠，已然诺。诸所与交通，无非豪杰大猾。家累数千万，食客日数十百人”③。多年后，卫青在总结自己的保身之道时，顺带提及了窦婴之死的真相：“自魏其、武安之厚宾客，天子常切齿。彼亲待士大夫，招贤黜不肖者，人主之柄也。人臣奉法遵职而已，何与招士！”④

窦婴与灌夫的死是一个信号——新时代来临了，朝廷勋贵、军功列侯与诸侯王的好日子已经到头了，彰显其相对于

---

① 班固：《汉书·窦田灌韩传》，中华书局1962年版，第2389页。
② 同上，第2376页。
③ 同上，第2384页。
④ 班固：《汉书·卫青霍去病传》，中华书局1962年版，第2493页。

皇权的独立性、壮大组织力量的养士行为是新时代绝不容许的。新时代要的是一个个原子化的儒家官僚与一个个原子化的庶民。

淮南王刘安的死也是因为同样的政治原因。刘安是诸侯王层面的游士寄主代表。元狩元年（公元前122年），刘彻以“阴结宾客，拊循百姓，为畔逆事”[①]的罪名，派兵进入淮南国，从刘安家中搜出了准备用于谋反的攻战器械和伪造的玉玺、金印（或许真有，或许是栽赃），自知不免一死的刘安选择了自杀。刘安是否想要谋反并不重要，重要的是，他既然招贤纳士，就必须死——杀鸡儆猴，刘安之死为西汉的诸侯王广纳门客的风气画上了句号。曾经，诸侯王是游士最乐于依附的寄主，几乎所有的王国里都能找到游士的踪迹。如梁孝王治下的梁国，“招延四方豪杰，自山以东游说之士，莫不毕至，齐人羊胜、公孙诡、邹阳之属”，梁孝王招揽的人才甚至可以和朝廷相抗衡。[②]以修撰《淮南子》为由，刘安的王府上招纳的门客太多，以至于查抄之日，“所连引与淮南王谋反列侯、二千石、豪杰数千人，皆以罪轻重

① 司马迁:《史记·淮南衡山列传》，中华书局1959年版，第3081页。

② 司马迁:《史记·梁孝王世家》，中华书局1959年版，第2083页。

受诛”[①]。

铲除庙堂上有组织力量的勋贵与诸侯王的同时，元朔二年，刘彻还下诏迁徙了一大批“郡国豪杰”及家产超过三百万钱的富户充实茂陵（位于长安周边，汉武帝为自己修建的陵寝）——这是为了消灭民间的组织力量，使民间社会变成扁平的原子化结构。游侠郭解也在迁徙的名单中。郭解不愿迁徙，刘彻之母王太后也亲自出面为其求情，结果仍遭刘彻拒绝。同年，郭解被捕，灭族。[②]作为底层游士的代表，郭解之死意味着朝廷已全面开启对民间社会的原子化改造。

游士退出，儒术上位，无为的时代已经过去。一个以官僚集团为统治基础、对百姓实行严格控制和高效汲取的新国家已经成形。秦制回来了！

① 司马迁：《史记·淮南衡山列传》，中华书局 1959 年版，第 3093 页。

② 司马迁：《史记·游侠列传》，中华书局 1959 年版，第 3187—3188 页。

第五章
西汉知识界对秦制的批评

汉武帝再造秦制，以儒术为粉饰，以官僚集团为统治基础，对整个汉帝国实施高压控制与高效汲取，造成的直接后果是西汉儒学家夏侯胜所言“天下虚耗，百姓流离，物故者半”[①]。

夏侯胜的话并非虚言，《汉书·昭帝纪》说的也是“海内虚耗，户口减半”[②]。《史记·酷吏列传》里也说，汉武帝晚期，天下百姓走投无路，只能群聚为盗，“南阳有梅免、白政，楚有殷中、杜少，齐有徐勃，燕赵之间有坚卢、范生之属。大群至数千人，擅自号，攻城邑，取库兵，释死罪，缚辱郡太守、都尉，杀二千石，为檄告县趣具食；小群以百

① 班固:《汉书·眭两夏侯京翼李传》，中华书局 1962 年版，第 3156 页。

② 班固:《汉书·昭帝纪》，中华书局 1962 年版，第 233 页。

数，掠卤乡里者，不可胜数也”[①]。

正是天下百姓的群聚为盗迫使刘彻停下了无休止的对外战争，将注意力转向内政。他颁布了严酷的“沈命法”，若有地方官的辖区内出现盗贼，而他不去捕剿，或捕剿了却没有成功，那么“二千石以下至小吏主者皆死”，辖区内的地方官自上而下全部得死。但是，高压政策丝毫无助于解决问题。底层官吏趋利避害，从此“虽有盗不敢发”，因担心无法剿灭而受到诛杀，他们干脆不再报告境内盗匪的情况。州郡官员同样怕受牵连，乐于与底层官吏合谋，隐瞒所有关于盗匪的情报。于是“盗贼浸多，上下相为匿，以文辞避法焉”，真实的世界已然鼎沸，奏疏里的世界处处太平。如此恶性循环的结果便是，刘彻在位的54年里，“人口能保持正常增长率（约每年增长0.7%）的只有7年，低于正常增长的有21年，而人口减少或毫无增长的有26年”[②]。

所以，当刘彻去世，高压消失，西汉知识界针对秦制的批评也随之到来。

知识界对武帝时代的批评曾直指汉帝国的经济政策，桓宽留下了伟大的《盐铁论》；他们也曾直指汉帝国的“天

---

① 司马迁：《史记·酷吏列传》，中华书局1959年版，第3151页。

② 葛剑雄：《夏侯胜与汉武帝“庙乐”之争》，《万象》2000年第1期。

命”，促使汉哀帝上演了一出自己推翻自己的闹剧。

一、贤良文学大战桑弘羊

汉昭帝始元六年（公元前 81 年），长安城发生了一场影响深远的思想交锋。交锋的对象一方是以御史大夫桑弘羊为核心，包括御史、丞相史等在内的官僚集团；另一方是三辅、太常举荐的“贤良”和各郡国察举的“文学”，也就是来自底层的中小知识分子。

按帝制运行的正常轨迹，这两群人——公卿与布衣本无可能聚到一起，就国家的经济路线，从核心理念到具体政策，面对面地唇枪舌剑。官僚集团一贯懒得理会底层知识分子的批评，底层知识分子的声音也一贯难以抵达庙堂。

契机始于后元二年（公元前 87 年）。这一年，汉武帝死了。

武帝死后，受遗诏辅政的大将军霍光与御史大夫桑弘羊分据内廷与外朝，呈对峙之势。桑弘羊在朝任职六十年，掌财政近三十年，以其为核心结成的利益集团盘根错节，轻易难以撼动。霍光遂施展手段，于庙堂之上给予不满桑弘羊经济路线已久的底层知识分子（即贤良与文学）发声渠道，对桑弘羊实施打击。

始元六年二月，六十余名贤良、文学终于首次有机会站到汉帝国经济政策的制定者面前，对其提出尖锐的批评。这场贯穿了恐吓与力争的论辩史称“盐铁会议”。

汉帝国官方从未就盐铁会议发布过任何官方文件。《汉书·食货志》中的记述非常简单，不足百字，仅扼要地总结了辩论双方的核心观点——贤良、文学要求废除盐铁官营、国家均输，希望政府从商业活动中抽身，“毋与天下争利”；桑弘羊则回应，官营产业乃“国家大业”，不可废除。①

盐铁之议的具体内容能够流传至今，得益于一位叫作桓宽的儒家学者。时为辩论发生后约三十年，桓宽搜集了当时参加盐铁会议的贤良、文学存于民间的多种记录，“序其次第，饰其语言，增其条目”②，编成《盐铁论》一书，还原了这场辩论的大致情状。

据《盐铁论》记载，在辩论的过程中，以桑弘羊为首的官僚集团始终在恐吓贤良、文学。

比如，桑弘羊给贤良、文学讲典故：“日者，淮南、衡山修文学，招四方游士，山东儒、墨咸聚于江、淮之间，讲

① 班固：《汉书·食货志下》，中华书局1962年版，第1176页。

② 徐复观：《两汉思想史》第二册，九州出版社2014年版，第116页。

议集论，著书数十篇。然卒于背义不臣，使谋叛逆，诛及宗族。”[①]

以上这段意思是：“儒、墨”之徒当年依附淮南王刘安与衡山王刘赐，结果二王被定为谋逆之罪，“儒、墨”之徒也祸及宗族。潜台词是说霍光如同刘安与刘赐，不会有好结果，你们和霍光搅在一起，要当心脑袋。

丞相史也反复给贤良、文学讲古：“……此颜异所以诛黜，而狄山死于匈奴也。处其位而非其朝，生乎世而讪其上，终以被戮而丧其躯，此独谁为负其累而蒙其殃乎？”[②]

以上这段意思是：大司农颜异反对武帝发行“白鹿皮币”，死于腹诽之罪（对君王心怀毁谤之罪）；博士狄山反对攻击匈奴，被武帝送去前线，被匈奴人砍了脑袋。据此，丞相史严厉警告贤良、文学，“处其位而非其朝，生乎世而讪其上”，诽谤朝廷和皇帝，最后恐将命丧黄泉。

桑弘羊在讲古中特别喜欢提“主父偃以其舌自杀”[③]之类因言获罪的故事，以之威胁贤良、文学。他还以秋蝉为例做了一番可怕的比喻：“诸生独不见季夏之螇乎？音声入

① 桓宽：《盐铁论·晁错》，上海人民出版社 1974 年版，第 18—19 页。

② 桓宽：《盐铁论·论诽》，上海人民出版社 1974 年版，第 54 页。

③ 桓宽：《盐铁论·利议》，上海人民出版社 1974 年版，第 60 页。

耳，秋至而声无。者生无易由言，不顾其患，患至而后默，晚矣。”[①]

以上这段意思是：桑弘羊威胁贤良、文学：你们见过夏末叫得欢的蝉吗？秋风一来就全没了声息。你们现在口不择言，等到祸患临头，再想闭嘴，可就晚了！

除了恐吓，以桑弘羊为首的官僚集团还在辩论的过程中一再攻击贤良、文学出身低贱，说他们没有资格议论朝廷的大政方针。在桑弘羊看来，具有管仲那般智慧的人不会做卑贱的厮役，能像陶朱公范蠡那般谋算的人不会身陷贫困。据此，官僚嘲笑文学：“文学能言而不能行，居下而讪上，处贫而非富，大言而不从，高厉而行卑，诽誉訾议，以要名采善于当世。”[②]官僚们说：你们这些文学能说不能做，身为下民却讥笑上官，穷困潦倒却非议富人，别有用心地称颂与诽谤，信口开河地言谈与议论，不过是沽名钓誉，想要博取世人的称道。官僚还嘲笑贤良：“夫禄不过秉握者，不足以言治；家不满檐石者，不足以计事。儒皆贫羸，衣冠不完，安知国家之政，县官之事乎！”[③]官僚们说：俸禄不足一把米的

① 桓宽：《盐铁论·散不足》，上海人民出版社 1974 年版，第 65 页。

② 桓宽：《盐铁论·地广》，上海人民出版社 1974 年版，第 37 页。

③ 同上，第 37—38 页。

人不配谈论治国之道，家中存粮不到一石的人没资格商议天下大事。你们这些儒生穷困潦倒，衣冠尚且难以齐全，哪里懂得国家之政、州县之事！

丞相史也运用了相同的逻辑来攻击贤良、文学："饭蔬粝者不可以言孝，妻子饥寒者不可以言慈，绪业不修者不可以言理。居斯世，行斯身，而有此三累者，斯亦足以默矣。"[①]他说：给父母吃粗茶淡饭，不能算是孝敬；让妻子、儿女挨饿受冻，不能算是慈爱；自己的事业还没有头绪，不能算是拥有理政的能力。立身处世，这三点做不好，你们还是给我闭嘴吧。

桑弘羊等官员赤裸裸的威胁并未吓阻住贤良、文学。

比如，丞相史警告贤良、文学，说他们"处其位而非其朝，生乎世而讪其上"，恐将落得命丧黄泉的下场。贤良、文学的回答是："塞士之涂，壅人之口，道谀日进而上不闻其过，此秦所以失天下而殒社稷也。故圣人为政，必先诛之，伪巧言以辅非而倾覆国家也。今子安取亡国之语而来乎？……悲夫！"[②]他们说：堵塞百姓上升的渠道，禁锢他们的言论自由，每日里阿谀奉承，皇帝从来听不到批评之词，

① 桓宽：《盐铁论·论诽》，上海人民出版社1974年版，第56页。

② 桓宽：《盐铁论·论诽》，上海人民出版社1974年版，第54—55页。

这是秦灭亡的原因。所以圣人执政，必先杀掉花言巧语倾覆国家之人。如今你们竟然用亡国之言来吓唬我们，实在是太可悲了！

再如，桑弘羊嘲讽儒生穷困潦倒，衣冠尚且难以齐全，没有资格谈论国事。贤良、文学的回应是："夫贱不害智，贫不妨行……公卿积亿万，大夫积千金，士积百金，利己并财以聚；百姓寒苦，流离于路，儒独何以完其衣冠也？"[①] 他们说：身份低贱，不妨碍有才智；贫困潦倒，不妨碍有德行。你们只知道敛财，公卿积亿万钱，大夫积千金，士积百金。百姓饥寒交迫，路上全是流民，我们儒者的衣冠难以齐全，有什么好奇怪的！

盐铁会议期间，贤良、文学不断地重申藏富于民的理念，将批评矛头集中指向了盐铁官营、国家均输等政策，即由朝廷直接经营或间接控制工商业。桑弘羊等官员则不断强调，正是自己藏富于国的经济政策造就了武帝时代的辉煌。

贤良、文学毫不留情地戳破了桑弘羊口中武帝盛世的真面目。

比如，桑弘羊拒不承认铁器官营对民生有害，还说该政

① 桓宽:《盐铁论 · 地广》，上海人民出版社 1974 年版，第 38 页。

策有助于增长百姓对耕作的信心。贤良、文学却如此描述他们在基层的所见所闻：

> 县官鼓铸铁器，大抵多为大器，务应员程，不给民用。民用钝弊，割草不痛，是以农夫作剧，得获者少，百姓苦之矣。①

官府铸造的铁农具都是些大家伙，官吏只求完成上级布置的铸造任务，完全不考虑农民使用是否便利。农民拿着官府铸造的钝刀，草都割不断。农民花了更多的精力，收获却减少了，真是痛苦不堪。

贤良、文学还说：以前老百姓可以自己铸造农具的时候，铁器又便宜又好用。现在官府铸造的铁器多数质量低劣、成本高昂。以前那种几家人合作的民营铁器作坊一心想着打造好的农具，他们珍惜自己的信誉，质量不好就不愿意拿到集市上出售。农忙的时候，他们还愿意推着车子，把农具运到田间小路上，方便农夫购买，使他们不耽误农时。既收钱，也可以用粮食换，还可以拿破损的农具添一些钱粮，

① 桓宽:《盐铁论 · 水旱》，上海人民出版社 1974 年版，第 79 页。

以旧换新，甚至接受赊欠。如今呢？盐铁官营了，价格统一了，只收钱了，也变贵了。官府生产出来的铁器大多数是残次品，购买者没有了选择的自由。农民牺牲农时，大老远跑进城来，还常碰上主管铁器专卖的官员不在，只得一趟两趟地跑。于是，穷困潦倒的百姓只好回归到用木棒耕地、用手除草的时代。粮食减产了，吃不起官营的高价盐，百姓就只好吃淡食。以前私营时，农民不必离开耕地，也有充足的好农具可以挑选，如今铁器官营，但官营铁器作坊里的役夫和囚徒没有生产积极性，常常完不成上级布置的生产任务，农民不但买不到适用的好农具，自己还会被抓去无偿打铁。而一旦劣质农具出现积压，卖不出去，官员又会强制摊派，将它们卖给百姓。[①]

再如，汉武帝元封元年（公元前110年），桑弘羊在汉

---

① 《盐铁论·水旱》载贤良、文学之言："卒徒工匠！故民得占租鼓铸、煮盐之时，盐与五谷同贾，器和利而中用。今县官作铁器，多苦恶，用费不省，卒徒烦而力作不尽。家人相一，父子勠力，各务为善器，器不善者不集。农事急，挽运衍之阡陌之间。民相与市买，得以财货五谷新币易货；或时贳民，不弃作业。置田器，各得所欲。更繇省约，县官以徒复作缮治道桥诸发，民便之。今总其原，壹其贾，器多坚，善恶无所择。吏数不在，器难得。家人不能多储，多储则镇生。弃膏腴之日，远市田器，则后良时。盐、铁贾贵，百姓不便。贫民或木耕手耨，土耰淡食。铁官卖器不售或颇赋与民。"上海人民出版社1974年版，第79—80页。

武帝的支持下在全国范围内开始推行均输法。按官方定义，均输法即均输官在甲地以低价买进某种特产，再转运至不出产该商品的乙地高价出售，赚取差价。在盐铁会议上，桑弘羊坚称，自己搞均输是一件“平万物而便百姓”[①]、利国利民的大好事。

贤良、文学却毫不留情地指出，他这是赤裸裸的谎言：以前向百姓征税，只征收他们出产的东西，不征他们没有的东西。农夫缴纳农产品，妇女缴纳纺织品。现在，均输法名义上是在当地征收特产，但均输官为了牟取更大的利润，其实际做法是不收当地出产的东西，改为索取当地无法生产的东西。老百姓只好贱卖掉自己的产品，去市场（实际上也是由官府经营）上购买均输官要求的东西。最近我们听说，有的地方在命令百姓生产布絮，还包括齐、阿的细绢，蜀、汉的麻布等产品。官府对他们任意刁难，用欺诈手段强行以低价收购，农民翻倍受苦，重复纳税，根本看不到均输的意义何在。官府滥发命令，关闭城门，垄断市场，什么东西都强行用低价收购，囤积居奇，造成物价飞涨，等市场严重缺货时再高价出售，牟取暴利。官府经商，以低价购入、高价出

① 桓宽:《盐铁论·本议》，上海人民出版社 1974 年版，第 4 页。

售，也根本看不到平准的意义何在。[1]

换言之，所谓的均输法不过是朝廷以其“无远弗届”的权力在经济领域造成全方位的垄断，操纵物价，贱买贵卖，以牟取暴利。自此，西汉的国家机器自上而下全面商业化、逐利化，民营经济则彻底萎缩、集体退场（据《盐铁论》的记载，与官府合作囤积居奇的商人仍部分存在）。

贤良、文学用事实说话，恼羞成怒的桑弘羊只好诉诸人身攻击：所谓的“文学高第”（即被选为贤良文学的儒生）在才智上必须能够阐明和实施先王的治国之道。不出仕，必须为人师表；出仕后，必须以身作则，供人效仿。你们这群所谓的“文学”谈论治国之道，只会一会儿说尧舜，一会儿说孔子、墨子，真让你们去处理政务就手足无措，可谓嘴上头头是道，现实一事无成，穿着异于乡民的衣冠，能力上无异于凡人。你们被选为贤良、文学，只不过运气好，并不代

① 《盐铁论·本议》载贤良、文学之言：“古者之赋税于民也，因其所工，不求所拙。农人纳其获，女工效其功。今释其所有，责其所无。百姓贱卖货物，以便上求。间者，郡国或令民作布絮，吏恣留难，与之为市。吏之所入，非独齐、阿之缣，蜀、汉之布也，亦民间之所为耳。行奸卖平，农民重苦，女工再税，未见输之均也。县官猥发，阖门擅市，则万物并收。万物并收，则物腾跃。腾跃，则商贾侔利。自市，则吏容奸。豪吏富商积货储物以待其急，轻贾奸吏收贱以取贵，未见准之平也。盖古之均输，所以齐劳逸而便贡输，非以为利而贾万物也。”上海人民出版社 1974 年版，第 4 页。

表有真实的处理政务的水平，我本来就不该和你们讨论治国之道。[1]

贤良、文学的回应是："文学不中圣主之明举，今之执政，亦未能称盛德也。"[2]——我们的能力确实有限，但如今庙堂之上执政的官员，能力也高不到哪里去。

在盐铁会议上，桑弘羊多次提及管仲与商鞅，以他们的理念为自己辩护。显见他是管仲和商鞅的忠实信徒。管仲说过，治理天下的首要之务是必须做到"利出一孔"，让百姓只有一条获利渠道。只有做到"予之在君，夺之在君，贫之在君，富之在君"[3]，对百姓的恩赐与剥夺、百姓的贫困与富有全部操纵在官府、君王之手，百姓才会视官府为日月，爱君王如父母。商鞅完全继承了管仲的思想。《商君书·弱民》明言"民弱国强，国强民弱，故有道之国，务在弱民"，具体的做法则是"利出一孔，则国多物；出十孔，则国少物。

① 《盐铁论·相刺》载桑弘羊之言："所谓文学高第者，智略能明先王之术，而姿质足以履行其道。故居则为人师，用则为世法。今文学言治则称尧、舜，道行则言孔、墨，授之政则不达，怀古道而不能行，言直而行枉，道是而情非，衣冠有以殊于乡曲，而实无以异于凡人。诸生所谓中直者，遭时蒙幸，备数适然耳，殆非明举所谓，固未可与论治也。"上海人民出版社 1974 年版，第 48 页。

② 桓宽：《盐铁论·相刺》，上海人民出版社 1974 年版，第 49 页。

③ 管仲：《管子·国蓄》，上海古籍出版社 2015 年版，第 424 页。

守一者治，守十者乱”。①

桑弘羊推行的盐铁官营、国家均输正是管仲、商鞅“利出一孔”思想下的产物。

尽管贤良、文学在论辩中将桑弘羊批评得体无完肤，但盐铁会议仅象征性地废除了一项酒类国营专卖政策——打倒了桑弘羊的霍光同样对“利出一孔”怀有浓厚兴趣。他不喜欢桑弘羊，但他喜欢桑弘羊设计的盐铁官营、均输政策，正如他喜欢贤良、文学对桑弘羊的批评，但不喜欢贤良、文学展开批评所依赖的政治、经济理念。

所以，终霍光之世，这场由他推动发起的中国思想史上的伟大辩论始终没有形成任何官方文件，也未被载入任何官方档案；参与论辩的六十余位贤良、文学，也几乎连姓名都没有留下，全部消失无踪——盐铁会议过去了约三十年后，桓宽在搜集资料，编纂《盐铁论》时，只寻到了四位留下了名或姓的贤良文学，他们是：茂陵唐生，鲁国万生，中山刘子雍，九江祝生。②

较之管仲与商鞅，人们将他们遗忘得实在太过迅速。

---

① 商鞅：《商君书·弱民》，上海人民出版社 1974 年版，第 66—67 页。

② 桓宽：《盐铁论·杂论》，上海人民出版社 1974 年版，第 125 页。

二、寄望以“天命”约束皇权

与贤良、文学大战桑弘羊大略同期，庙堂与江湖之上另有一批知识分子也正以“天人感应”理论为武器，致力于批判西汉帝国的施政方向。

所谓的“天人感应”理论须回溯至元光元年（公元前134年）。那一年，年过四旬的董仲舒响应朝廷征召贤良的诏书，给汉武帝呈上三篇策论，得到了汉武帝的激赏。[①]他的三篇策论史称《天人三策》。

《天人三策》谈了三个问题。第一个问题是“天命”，也就是王朝的合法性。董仲舒说，谁获得天下是由“天命”决定的。灾异是天与人之间的一种对话。国家无道，上天就降下灾害来谴责皇帝和朝廷；屡次谴责、警告无效，上天就会改变初衷，把天下交给其他人，天命就会发生变化。反之，国家有道，上天也会降下祥瑞来表彰皇帝和朝廷。第二个问题是汉帝国的国策，也就是选择黄老之学还是选择儒学。董仲舒支持的是融法家、黄老之学、阴阳家于其中的“新儒

---

① 《天人三策》全文，见董仲舒《春秋繁露·天人三策》，岳麓书社1997年版，第303—324页。

学”。第三个问题是教育与选举，也就是如何打通体制外的知识分子进入官僚集团的渠道。董仲舒攻击了现行的三种官员选拔机制：1. 郎选，皇帝的近卫、侍臣任期到了可以升迁为官；2. 任子，二千石及以上高级官员有资格推荐自己的子弟为官；3. 资选，也就是花钱买官。董仲舒认为，现有的三种办法选出来的官僚“未必贤”，他主张建立一种新的官员选拔机制，由地方每年推荐人才给朝廷，由朝廷量才授官。

围绕着这三个问题，董仲舒提出了五条实质性的建议：

第一条，建立明堂，重塑礼制，以约束贵族（尤其是诸侯王）。

第二条，建立太学，培养官僚。同时从民间选取贤良，为体制外的知识分子开辟入仕通道，重塑汉帝国的统治基础。

第三条，推行天人感应，塑造汉帝国的合法性。

第四条，限制豪绅占田，节制土地兼并。

第五条，以“新儒学”解释儒家经典，以儒家经典统一思想，建立官方意识形态。

第一、二条，刘彻早已在付诸实施。第四条打击参与土地兼并的“官二代”“官三代”，与汉武帝着手打造新的统治基础，也就是变军功集团为官僚集团，可以说是直接相关。

至于第三条和第五条，刘彻只喜欢其中的“君权天授”。其余内容，比如董仲舒将民意等同于天意，声称天降灾异即意味着朝廷的统治违背了民意、出了问题，进而试图给皇权套上缰绳。对这些理论，刘彻是没有兴趣的。

董仲舒最终未获刘彻重用，与他试图给皇权套上缰绳有直接关系。祭祀刘邦的高帝庙发生火灾，董仲舒在文稿里说，火灾之所以发生是由于当今圣上不修德，放任田蚡、刘安等权贵横行霸道。主父偃盗取董仲舒的文稿呈给刘彻。刘彻阅后大怒，将文稿交给朝中的御用儒生评议，董仲舒的弟子吕步舒不知文稿出自董仲舒之手，迎合刘彻，给了一个“大愚”的恶评。刘彻遂抓住“师徒之词迥异”这个把柄，以妄言诽谤之罪，将董仲舒扔进了监狱。[①]

刘彻要的只是君权天授。相比孔孟的儒学，他更喜欢用法术、刑名来控制朝廷。但君权天授是一把双刃剑。讲君权天授，必然得讲天人感应；讲天人感应，就得承认上天既会降下祥瑞，也会降下灾异。如此，褒贬现实政治的权力就会不可避免地被下放到知识分子手中。所以，不管刘彻如何选择性地取用董仲舒的理论，最终的结果都会大体相似：汉帝

① 班固:《汉书・董仲舒传》，中华书局 1962 年版，第 2524 页。

国获得了意识形态上的合法性，知识分子拥有了利用灾异之说“合法”批评现实政治的手段。

“天人感应”的双刃效应在刘彻死后迅速表现了出来。围绕着“君权天授”，皇权与知识分子之间进入了紧张状态，甚至有部分知识分子喊出了要求皇帝禅位的声音。汉昭帝元凤三年（公元前78年）正月，泰山有巨石立起，长安上林苑有枯卧多年的老柳树发出新芽。于是，董仲舒的学生、符节令眭弘跑去跟汉昭帝说：“石头与柳树是草民的象征。泰山是皇室受禅、祭天的地方。如今大石自立、枯柳复生非人力所为，这昭示着必将有匹夫成为天子。先师董仲舒说过，即便是明君，也不可妨碍圣人接受天命。陛下应昭告天下，搜求贤人，承顺天命，将帝位禅让给他，效法殷、周，退位为百里之国的诸侯。”①

眭弘口中的匹夫指的是流落民间的戾太子刘据（汉武帝的太子，死于巫蛊之祸）的后人。朝廷可以用妖言惑众的罪名杀害眭弘，但无法消灭类似的声音。到了“以霸王道杂

① 《汉书·眭两夏侯京翼李传》载眭弘之言：“先师董仲舒有言，虽有继体守文之君，不害圣人之受命。汉家尧后，有传国之运。汉帝宜谁差天下，求索贤人，禅以帝位，而退自封百里，如殷、周二王后，以承顺天命。”中华书局1962年版，第3153—3154页。

之”的汉宣帝时代，又有名儒盖宽饶上奏说：“如今儒学衰微，陛下将通刑名之学的宦官当成周公与召公，拿严刑峻法代替《诗》《书》。《易传》里说过，三皇五帝拥有天下，犹如四季运转，时候到了就要换季。不合天命之人是不能强行占据帝位的。”① 盖宽饶的上奏与其说是劝谏，不如说更像警告和威胁。他的结局是被逼自杀。

到了汉成帝时期，又有名为甘忠可之人，创作了《天官历》和《包元太平经》，书的主旨是“汉家逢天地之大终，当更受命于天，天帝使真人赤精子，下教我此道”。这显然是在公开宣扬汉帝国的天命已经走到了尽头。史载，甘忠可拥有很多信徒，有平民，也有在朝显贵。甘忠可本人遭到了皇权的打击，被下狱，病死。但《包元太平经》仍在民间流传，经他的信徒不断增补、扩充，到东汉顺帝时期，已集成一百七十卷的《太平清领书》。东汉末年声势浩大的黄巾起义即与《太平清领书》有关。②

甘忠可并不孤单，与他大略同时代的名儒谷永也曾当着

① 《汉书·盖诸葛刘郑孙毋将何传》载盖宽饶之言：“方今圣道浸废，儒术不行，以刑余为周、召，以法律为《诗》《书》。”又引《韩氏易传》言：“五帝官天下，三王家天下，家以传子，官以传贤，若四时之运，功成者去，不得其人则不居其位。”中华书局 1962 年版，第 3247 页。

② 班固：《汉书·眭两夏侯京翼李传》，中华书局 1962 年版，第 3192 页。

汉成帝的面说道："天意从来不会独钟一姓，因为天下是天下人的天下，不是某个人的天下。陛下即位以来，忤逆天意，倒行逆施，导致灾难频生，万物夭伤。臣要提醒陛下，若不悔改，依旧实行恶政，天意将会抛弃汉室，另择有德之君！"①

皇权不遗余力地打击这些"大逆不道"的言论。但随着时间的推移，说的人多了，皇帝也终于慢慢失掉了自信，开始怀疑甚至默认自己的天命已经走到了尽头。汉哀帝刘欣就是那个失掉了自信的皇帝。

绥和二年（公元前 7 年），汉成帝暴亡，没有留下子嗣。18 岁的刘欣（汉成帝的侄子）被拥上帝位。建平元年（公元前 6 年）夏，也就是刘欣登基的第二年，一个叫作夏贺良的人跑到长安对他说："汉朝气数已尽，改朝换代在所

① 《汉书·谷永杜邺传》载谷永之言："垂三统，列三正，去无道，开有德，不私一姓，明天下乃天下之天下，非一人之天下也。王者躬行道德，承顺天地，博爱仁恕，恩及行苇，籍税取民不过常法，宫室车服不逾制度，事节财足，黎庶和睦，则卦气理效，五征时序，百姓寿考，庶草蕃滋，符瑞并降，以昭保右。失道妄行，逆天暴物，穷奢极欲，湛湎荒淫，妇言是从，诛逐仁贤，离逖骨肉，群小用事，峻刑重赋，百姓愁怨，则卦气悖乱，咎征著邮，上天震怒，灾异娄降，日月薄食，五星失行，山崩川溃，水泉踊出，妖孽并见，茀星耀光，饥馑荐臻，百姓短折，万物夭伤。终不改寤，恶洽变备，不复谴告，更命有德。"中华书局 1962 年版，第 3467 页。

难免。刘氏要想继续做皇帝，必须再接受一次天命，必须改纪元、换国号，才能逃过此劫。”夏贺良自称是甘忠可的弟子，他还警告刘欣：“从前成帝不肯接受现实，不愿重新受命，还杀害了我的老师，后来他就绝了后。如今，陛下年纪轻轻，一直疾病缠身，这正是上天对陛下的警告。只有更改纪年，重定国号，改朝换代，才能让陛下延年益寿，早育皇子。”①

刘欣被说服了。很快，汉帝国的百姓就看到了这样一份诏书：汉朝建国二百余年，气数已尽。皇天庇佑，又给了我们刘氏一次再受天命的机会。朕无德无能，岂敢抗拒！现在宣布改元更号。建平二年改做太初元年，朕自此成为“陈圣刘太平皇帝”。②

这份诏书的意思是刘欣自己“推翻”了自己。这是汉帝国的最高统治者破天荒地主动承认自己的王朝气数已尽。随后，围绕着“陈圣刘太平皇帝”出现了各种各样的流言。有人说，陈国是舜帝后裔，刘氏是尧帝后裔，尧传位给舜，而

① 班固:《汉书·眭两夏侯京翼李传》,中华书局1962年版,第3192—3193页。

② 《汉书·哀帝纪》载哀帝的诏书:“汉兴二百载,历数开元。皇天降非材之佑，汉国再获受命之符，朕之不德，曷敢不通！夫基事之元命，必与天下自新，其大赦天下。以建平二年为太初元年。号曰陈圣刘太平皇帝。”中华书局1962年版，第340页。

外戚王氏（汉成帝的母亲，孝元皇后王氏的家族）正是陈国后裔。到了太初元年八月，民间对诏书议论纷纷，夏贺良承诺的“嘉应”，也就是祥瑞，却迟迟没有出现。天灾此起彼伏，刘欣的病情也不见好转。为了卸责，夏贺良将问题归咎于朝廷没有更换新的大臣，并向刘欣推荐了几位自己的心腹，建议由他们接任丞相、御史大夫等要职。醒悟过来的刘欣用一道新的诏书取消了“陈圣刘太平”王朝，改回建平二年，并处决了夏贺良。①

在接下来的一年多时间里，刘欣忙得手忙脚乱。他要把全国被废弃的 700 多座刘氏神祠重建起来。为了求得先祖的原谅，他还要在这一年里，对着上苍和神祠祷告 37000 多次。而汉帝国天命已尽的说法已经因为皇帝的闹剧得到了极大的普及。②

汉帝国“天命已尽”说法的普及让遭刘欣放逐的权臣、外戚王莽（王太皇太后的侄子）看到了机遇。汉哀帝元寿元年（公元前 2 年）正月，借着日食的机会，亲王莽的政治势力掀起了一场为王莽鸣冤的运动。他们声称，按照天人感应理论，日食出现的原因正是哀帝放逐了王莽这样的“贤人”。

① 班固:《汉书·哀帝纪》，中华书局 1962 年版，第 340 页。

② 班固:《汉书·郊祀志下》，中华书局 1962 年版，第 1264 页。

压力之下，汉哀帝不得不以年迈的太皇太后王政君需要照顾为由，将王莽召回了朝堂。[①]

王莽回归朝堂的第二年，刘欣去世。

① 班固:《汉书 · 王莽传上》，中华书局 1962 年版，第 4043 页。

第六章

天下归心与天人共弃

汉成帝元延元年（公元前 12 年）正月初八，家住张掖郡觻得县北乡义成里的百姓崔自当想要前往居延县买一些生活用品。居延汉简记录下了他此次出行得以实现的经过：

1. 崔自当向当地政府提交申请。

2. 一位叫“忠”的基层官员受理了他的申请，他审查了崔的经济状况（逃税、漏税）与犯罪记录，确认其有出行资格。

3. 觻得县丞“彭”出具相关文件，发往崔前往居延县必经的两个城关，该文件同时需要有县掾“晏”和令史“建”的附笔（签字）才能生效。[①]

① ［日］大庭修著，林剑鸣等译：《秦汉法制史研究》，上海人民出版社 1991 年版，第 487 页。

所有这些手续，都是为了确保生活在边境地区的崔自当不会逃往匈奴。审查崔的经济状况和犯罪记录，是为了确保他没有逃亡的动机，而且崔只能在居住地和特定的目的地之间流动。毕竟，只有将人口控制在汉帝国的疆域以内，汉帝国才是真正的帝国。

小民崔自当出门的故事，显示了汉帝国对自己在边境地区的统治并无自信。新莽政权正是在汉帝国丧失自信，知识界也在激烈批判汉帝国、说它天命已尽的背景下诞生的。王莽登上帝位之时，可谓前所未有的天下归心。但仅仅过了十五年，新莽政权就从天下归心走向了天人共弃，王莽也丢掉了自己的脑袋。

从统治术的角度来审视，王莽究竟做错了什么？

一、表演赢得万民拥戴

王莽能够得到知识分子的认可，与他近乎变态的政治表演有直接关系。比如，在遭汉哀帝逐出京城、在封地闲居期间，王莽曾逼迫儿子王获自杀，原因是王获杀死了一名家奴。这样极端的做法给王莽带来了极高的声望。史载，王莽在封地闲居的三年里，“吏民上书冤讼莽者百数”，有上百人给朝廷递陈情书，认为王莽遭受到了不公正待遇，要求皇帝将他召回朝堂。[1]

同行的衬托也让闲居期间的王莽形象变得更加高大。汉哀帝刘欣为重塑皇权，驱逐已故汉成帝的王氏外戚，提拔重用与自己有姻亲关系的丁氏、傅氏。结果，丁、傅两家外戚皆以不学无术与贪得无厌闻名。两相比较，汉帝国的知识分子很自然地怀念起了遭驱逐的王莽。也是因为这个缘故，王莽才能在元寿元年，趁着发生日食的机会运作舆论，成功迫使汉哀帝将自己召回朝堂。

汉哀帝去世后，太皇太后王政君第一时间移驾未央宫，部署王氏子弟控制朝廷中枢，急派使者召王莽入宫，掌控兵权。属于王莽的表演时代就此全面开启。

汉平帝元始四年（公元 4 年），王莽奏请重修了明堂、辟雍和灵台等礼仪性建筑。明堂、辟雍和灵台是存在于儒家经典中的建筑。明堂是上古帝王宣扬政教的所在，辟雍是上古帝王设立在京城的最高学府，灵台是上古的天文台，是天子直接与上天交流的地方。这些缥缈的礼仪性建筑是上古时代圣人的标志。大约同期，王莽还奏请为长安城的儒生修筑

---

① 司马光:《资治通鉴》卷三十五，中华书局 1956 年版，第 1114 页。

了舒适的高级住宅和用来聚会、发表演说的广场。他还在太学恢复了《乐经》，增加了博士的名额，征召天下学者前往长安参与重制礼乐……[1]

王莽的举措高度契合了儒家知识分子的政治理想。所以，只要王莽稍加运作，长安城内就出现了对朝廷汹涌澎湃的批评。元始五年（公元 5 年）正月，未央宫里堆满了来自“民间”的抗议信。写信者既有支持王莽的“普通百姓”，也有许多王公、列侯与刘氏宗亲。写信的缘由是王莽推辞了朝廷奖赏的田地，引发了“百姓”的极度不满，他们批评王莽的作风太过谦让，又批评朝廷对王莽的赏赐太过迟缓、太过微薄。史载，“吏民以莽不受新野田而上书者前后四十八万七千五百七十二人”。[2]

堆积如山的抗议信将年幼的汉平帝吓坏了。王莽继续表演，再次拒绝了“百姓”的要求。“百姓”的情绪配合着他的拒绝，随之达到了高潮。他们要求朝廷直接将王莽认证为当代周公。以富平侯张纯为首的公卿大臣、士大夫、博士、议郎等高级知识分子，共计九百零二人，浩浩荡荡前往皇宫请愿，要求对“功过伊、周”的王莽速速执行九锡之赏，意

---

① 班固:《汉书 · 王莽传上》，中华书局 1962 年版，第 4069 页。

② 同上，第 4070 页。

即赐予王莽介于皇帝与诸侯王之间的崇高地位。[①]

此时的王莽是执掌“宰衡”大权的安汉公，权力已至巅峰。九锡之赏的有无并不影响他对汉帝国的实际控制，但王莽没有拒绝九锡之赏，因为这是《周礼》记载的终极荣誉，只有周公这样的伟大人物才有资格得到。成为当代周公对王莽而言意义非凡。元始五年（公元 5 年）五月，王莽在一场盛大的仪式上接受了传说中的九锡之赏，无人知晓仪式是否合规，因为六百多年前的礼仪规矩早已失传。

同年秋天，王莽派出去巡视天下风俗的“八方使者”陆续回到了长安。他们带回了“天下风俗齐同”的好消息，说民间的风俗已在王莽的引领下回归纯朴，百姓的生活也在王莽的关怀下走向美满。他们还带回了“百姓”赞颂王莽的诸多歌谣，总计达三万余字。

也是在这一年，王莽提出了自己的终极政治理想：“市无二贾，官无狱讼，邑无盗贼，野无饥民，道不拾遗，男女异路之制，犯者象刑。”[②]

根据天人感应理论，王莽创下了如此伟大的功业，上天理应赐下相应等级的祥瑞。于是，南方的越裳氏献上了

---

① 班固：《汉书·王莽传上》，中华书局 1962 年版，第 4072 页。

② 同上，第 4076 页。

白雉，东方的黄支上贡了犀牛，北方的匈奴变更了首领的称呼以示归顺。西方迟迟未见动静，王莽就自己动手来弥补遗憾。他派人带着黄金贿赂一位羌族酋长，将他带到了长安。这位拿人手短的酋长告诉汉帝国的百姓，他们感激安汉公（王莽）的英明神武，甘愿退回深山老林，献出现在拥有的肥沃土地。“四夷宾服”之后，王莽在羌族故地设立新郡，且根据《周礼》的记载，将汉帝国的行政区域重新划分为十二州，以宣示西周盛世得到了复兴。①

如此种种，让诸多对“以霸王道杂之”的汉帝国心存不满的儒生热血沸腾。

扬雄就是其中之一。这位患有严重口吃的大学者在 40 岁那年离开蜀地，来到京城。他没有任何背景，历经三朝，仍是个小小的黄门侍郎，多年来清心寡欲，埋头于自己的学术研究。元始四年，蜀中的一位大富豪听说扬雄正在撰写新著《法言》，带上十万钱来到长安，希望能够在书中留下自己的名字与事迹，却被扬雄拒绝。② 这样耿直的扬雄却在《法言》一书中为王莽留下了一段极尽歌颂之能事的文字：

① 班固：《汉书·王莽传上》，中华书局 1962 年版，第 4077 页。

② 《论衡·佚文》：扬子云作《法言》，蜀富人赍钱千万，愿载于书。子云不听：“夫富无仁义之行，圈中之鹿、栏中之牛也，安得妄载？”

> 周公以来，未有（安）汉公之懿也，勤劳则过于阿衡。汉兴二百一十载而中天，其庶矣乎！辟雍以本之，校学以教之，礼乐以容之，舆服以表之。复其井、刑，勉人役，唐矣夫。①

在扬雄的眼里，王莽是周公之后当之无愧的“圣人”。他勤于政务，建辟雍、立学校、制礼乐、定舆服，恢复井田和象刑，引导汉帝国走向中兴，实在是堪比尧、舜的伟大人物。这些话大概率是扬雄的肺腑之言，因为扬雄不是一个谄媚之人，也因为同时代的其他儒生，比如治《春秋》的权威左咸、治《诗》的权威满昌、治《易》的权威国由、治《书》的权威唐昌、治《礼》的权威陈咸、治《乐》的权威崔发也都对王莽有过相似的认同。②

所以，一切都显得水到渠成。公元 8 年腊月，王莽在一片欢呼声中被拥上了帝位。新莽取代了汉，长安城变成了欢乐的海洋。没人在意王莽受禅前夕的那些弄虚作假（比如盲流哀章伪造了受禅天命），那些都是无足轻重的细节。重要

① 扬雄著，李守奎、洪玉琴译注：《扬子法言译注》，黑龙江人民出版社 2003 年版，第 212 页。

② 班固：《汉书 · 王莽传中》，中华书局 1962 年版，第 4127 页。

的是，上古的禅让终于重现，一个“内圣外王”的领袖终于诞生，一个有别于“以霸王道杂之”的时代即将到来。

一支由“五威将”领导的宣传队伍迅速组织了起来，被派往了新朝的各个角落。他们的任务是宣传王莽做皇帝是如何的天命所归，如何的无可推辞。

二、改革诱发土崩瓦解

新莽政权存在的十五年里，王莽启动了一系列改革，具体包括：

1. 恢复井田制。王莽在诏书中写道：天下田地全部更名为王田，不得买卖。家中男丁不足八人、田地超过一井者，多余的田地须分给九族、邻里和乡党。以前没有田地的按制度去领取田地。有敢于非议井田制、惑乱百姓者，参照舜帝当年的成例，抓起来流放四夷。[1]

2. 释放奴婢。作为一种私有财产，奴婢的数量在西汉极

① 《汉书·王莽传中》载王莽的诏书：“今更名天下田曰‘王田’……皆不得卖买。其男口不盈八，而田过一井者，分余田予九族邻里乡党。故无田，今当受田者，如制度。敢有非井田圣制，无法惑众者，投诸四裔，以御魑魅，如皇始祖考虞帝故事。”中华书局 1962 年版，第 4110—4111 页。

为庞大，共约有官、私奴婢 230 万人之多（西汉末年的数字可能要更高一些），其中绝大多数是私奴婢（汉元帝时朝廷有“诸官奴婢十万余人”）。对一个约有 5800 多万编户人口的国家而言，这个比例其实是很高的，会严重影响到朝廷征收税赋、徭役与兵役的体量。①

3. 改革币制。王莽的货币改革算的不是经济账，而是政治账。政治账有两笔，第一笔见于王莽的诏书：我当年为了挽救大汉，而推出以刀币取代圆钱的币制改革。然而如今刘汉已亡，天命在我。“刘”（繁体字为“劉”）乃卯、金、刀的组合，所以金刀钱已经不符合天意和民心，应该彻底废除。② 第二笔见于某个不知姓名之人的上书，说什么“古者以龟贝为货，今以钱易之，民以故贫”③——放弃贝壳，改用铜钱是百姓贫困的根源，这番谬论还得到了大臣师丹的认同。对王莽来说，铜钱是不是导致百姓贫困的原因并不重

---

① 尚新丽：《西汉人口数量变化的社会因素》，《河南师范大学学报》（哲学社会科学版）2003 年第 3 期。

② 《汉书·王莽传中》载王莽的诏书：“予前在大麓，至于摄假，深惟汉氏三七之厄，赤德气尽，思索广求，所以辅刘延期之术，靡所不用，以故作金刀之利，几以济之……赤世计尽，终不可强济。皇天明威，黄德当兴，隆显大命，属予以天下。今百姓咸言皇天革汉而立新，废刘而兴王。夫‘刘（劉）’之为字‘卯、金、刀’也，正月刚卯，金刀之利，皆不得行。”中华书局 1962 年版，第 4112 页。

③ 班固：《汉书·何武王嘉师丹传》，中华书局 1962 年版，第 3506—3507 页。

要，重要的是他认定周公时代使用的钱币就是龟、贝，而自己要做的正是当代周公。所以，龟、贝在退出货币系统数百年之后，再次在新莽时代粉墨登场。

4. 盐、铁、布帛等商品生产、销售的国有化，其理论依据依然是儒家经典著作。比如，新莽的羲和（大司农）鲁匡主张国家控制酿酒业的理由有二：第一，据《诗经》记载，太平年代酿酒业是控制在官府手里的。孔子说过，衰乱之世酿酒业才操纵在百姓手里。第二，酒水官营才有质量保证，放开民营一定会造成质量低劣。[①] 这两条理由，一是硬凑教条，二是想当然的胡说八道。

5. 官名、地名改革。在王莽看来，一个伟大的盛世必须要配以众多伟大的名称，才能名副其实。而那些伟大的名称包括官职名称和地理名称，都存在于《周礼》《礼记》等古代圣贤的名著里。王莽需要做的就是把那些光怪陆离的官职名称和地理名称从古籍中翻查出来，古籍中找不到的，则以

① 《汉书·食货志下》载鲁匡之言："酒者，天之美禄，帝王所以颐养天下，享祀祈福，扶衰养疾。百礼之会，非酒不行。故《诗》曰'无酒酤我'，而《论语》曰'酤酒不食'，二者非相反也。夫《诗》据承平之世，酒酤在官，和旨便人，可以相御也。《论语》孔子当周衰乱，酒酤在民，薄恶不诚，是以疑而弗食。今绝天下之酒，则无以行礼相养；放而亡限，则费财伤民。"中华书局 1962 年版，第 1182 页。

吉利的政治寓意为第一位。比如将琅玡郡改名“填夷郡”、陇西郡改名“厌戎郡”、天水郡改为“填戎郡”、雁门郡改为“填狄郡”、代郡改为“厌狄郡”、诸暨县改为“疏虏县”、黟县改为“愬虏县”、武都县改为“循虏县”……[①]

王莽的五项改革当中，改官名、改地名给百姓的日常生活造成了极大的麻烦；盐、铁、布帛生产、销售的国有化也极大地增加了百姓生产、生活的负担；货币改革更是让百姓回到了以物易物的上古时代。但对王莽的权位来说，这些都无关紧要，因为受到损害的主体是百姓而非权贵、官僚集团，后者才是王莽的统治基础。

而让新莽政权短命夭折的是王莽的前两项改革——恢复井田和释放奴婢。后者很容易理解——奴婢是权贵、官僚的私产。释放奴婢可以增加朝廷编户民的数量，增加朝廷的纳税户和徭役户，就等于从权贵、官僚手里抢钱。恢复井田的情况则要稍微复杂一些。

按王莽的说法，恢复井田的目的是为了抑制兼并。土地兼并对秦制政权而言，自然不是好事，因为它会直接导致两种后果：1. 朝廷直接控制的土地和人口减少，进而影响

---

① 邢艺谖、李建雄：《地名改易所见王莽时期的民族问题研究》，《衡阳师范学院学报》2017 年第 4 期。

到赋税收入和兵役、徭役的数量。2. 田主，也就是大宗土地的拥有者，有可能变成割据势力，变成在全国有影响力的门阀世族。两种后果都不利于政权稳定。故而，“直至宋以前，土地兼并一直不为国家认可，且为历代政府重点打击的目标”[①]。

至于王莽所宣传的抑制土地兼并是为了普通百姓，他的话是否成立，要分情况来看。中国历史上存在两种土地兼并，一种是自耕农主动将土地卖给他人，一种是豪族利用手中的政治权力将自耕农及其土地吞并。后者不必赘言，历史上凭借政治权力而拥有大量土地的豪族数不胜数。直到近代也还有很多依赖枪杆子而起的军阀地主。豪族的土地兼并自然是坏事，说打击它们有利于普通百姓，自然是成立的。但第一种土地兼并未必全然对百姓有害。

自耕农主动卖地有多种原因，其中最重要的一种是为了逃避官府的剥夺。清乾隆时期，做过广东学政的李调元写过一篇文章，叫作《卖田说》，是讲自耕农卖地的经典文章。

李调元是罗江（今四川省德阳市罗江区）人。《卖田说》记录了他家乡的一位自耕农王泽润卖掉耕地后的愉快心情。

① 王家范:《权力背景下“土地兼并”辨》，见王家范:《中国历史通论（增订版）》，生活·读书·新知三联书店 2012 年版，第 126 页。

王泽润给李调元算了一笔账，来解释自己为何卖了地，做了佃农，还非常高兴。王说：卖田之前，自己是一个有十亩地的自耕农，十亩地的出产可以支持一个十口之家的生计。当地官府按田亩分摊赋税，“每十亩征银三分。每分加平三分三厘，则一钱矣”，交完赋税，还可以勉强维持全家的生计。但是偶尔遇上大事，官府会加征赋税，“每钱加至一两”，他家的生活凑合过得去。但问题是，官府不是偶尔加征一次，而是每年加征十次、二十次，搞得他苦不堪言。官府的诸多开支，乃至官老爷请客吃饭的酒席钱，也要按田亩向百姓征收。正如李调元在文中总结的：“十亩之田，不足以食十口家。如有五子而十亩五分，各耕不过二亩，亩之所入，不敌所出，故不如卖田以佃田。”

农户卖了田，给地主做佃户，能更好地维持生计吗？

王泽润告诉李调元，他每亩田卖了“五十千缗”，卖掉十亩，可以得到“五百千缗”。他用卖田的钱做压佃的本钱，他还说：“每五千缗可压田一亩，五百千缗可压田一百亩，既足食，以免家室之饥寒；又无粮，以免官役之追呼。”（注：压田，一般又做“押田”，是当时流行的一种以低于田地实际价格的费用获取田地使用权的方式）卖了自家的田换来的一百亩押田足够王泽润一家温饱，还可以免除官府的税赋。

他种田的产出和田主平分，减去成本，留下一小半。他和家人干农活闲暇的时候，还可以织布，养一点鸡鸭，积攒下钱，还可以买牛犊、养牛，生活确实比种自家的田给官府缴纳田赋好得多。

王泽润这么一说，李调元也不想种自己的地，打算卖了田，做佃户，押田来种。王泽润告诉他："君曾为达官，有直声，官犹待以礼也。租有家丁代完，粮差不敢迫也。又例免差徭，里正不敢及门也。所冀者，须世世子孙读书有官耳。若一日无官，诚恐亦与我辈等也。"官员不仅可以免除徭役，税赋还有家丁代劳前去缴纳，官府的粮差、里正不敢催促、逼迫。李调元一听，送走王泽润，赶快告诉他的子孙，要勤奋读书，将来考取功名，保住官员的身份。因为没有了官员的身份，就会变成和王泽润一样，日子想过得好一点，只能卖掉自家的田，租种地主的田。①

李调元在《卖田说》中描述的皇权（及其代理人）、豪族与自耕农之间的"压榨—逃亡—庇荫"游戏贯穿了中国的整个秦制时代。自耕农主动把田地卖给豪族的土地兼并相当于给了自耕农一条逃避皇权（及其代理人）残酷压榨的生

① 李调元:《卖田说》,见李调元:《童山文集》卷十一,商务印书馆 1936 年版。

路。当然，这里并不是要赞颂豪族兼并。自耕农遁入豪族寻求荫庇，只是一种两害相权取其轻，迫不得已的谋生手段。

回到西汉，如前文所言，秦制时代的土地兼并有两种情况，一种是自耕农主动卖地，一种是被迫卖地。同样，在秦制时代，有能力参与土地兼并的也有两类人。一类是循正规途径，通过耕作、经商致富的人，用金钱购买田宅，成为大宗土地的拥有者，可以称之为“经营性田主”。一类是手中握有政治权力的人，以权力寻租，成为大宗土地的拥有者，可以称之为“寻租性田主”。

这两类人对皇权构成的威胁是大不相同的。

秦制政权“普天之下莫非王土”，不保障任何人的私有财产，随时可以用政策将私人财产收归国有。“经营性田主”没有政治后盾，面对朝廷汲取，往往形同蝼蚁，一碾即碎。司马迁在《史记·货殖列传》中说：“皆非有爵邑奉禄弄法犯奸而富，尽椎埋去就，与时俯仰，获其赢利，以末致财，用本守之。”[①] 汉初有许多没有爵位和俸禄，凭借舞文弄墨、作奸犯科致富的人，他们靠经商发了财，购买田宅，经营农业成了大宗土地拥有者。汉武帝对付这类人有的是办法。比

① 司马迁：《史记·货殖列传》，中华书局1959年版，第3281页。

如，征收算缗，鼓励告缗，即以收资产税（商业性收入）为名，鼓励百姓举报未纳税的有钱人，搞到“杨可告缗遍天下，中家以上大抵皆遇告”“商贾中家以上大率破”[①] 的程度。再比如，推行均输、平准政策，由官府全面垄断民间商业，直接切断了经营性田主的致富之路。

但是，真正能够对皇权造成威胁的是那些寻租性田主。史载，自汉武帝中晚期开始，寻租性田主即成了土地兼并的主力军。朝廷为了解决流民问题（主要是皇权的横征暴敛造成的流民问题，《汉书》中有多处记载称武帝时代“天下户口减半”，可见流民问题之严重）而拿出来分给流民耕种的公田也多遭寻租性田主霸占，造成一种“豪民侵陵，分田劫假，厥名三十，实什税五”[②] 的顽疾——为吸引流民重新成为朝廷的编户民，他们耕种的公田只需要按三十税一缴纳税赋，而寻租性田主利用手中的政治权力把朝廷的公田控制在自己手里（比如让亲属伪装成流民或编造并不存在的流民来认领公田），再租给真正的流民，向他们榨取高达 50% 的田租。《盐铁论》把以上顽疾总结为：“公家有障假之名，而利

① 司马迁：《史记・平准书》，中华书局 1959 年版，第 1435 页。

② 班固：《汉书・食货志上》，中华书局 1962 年版，第 1143 页。

归权家。”[①]——皇权只得了个虚名，真正的利益和财富全被权贵和豪族拿走了。

汉武帝可以轻松碾碎“经营性田主”，但直到他死之日，始终拿“寻租性田主”没有办法。因为这些人构成了他的统治基础。抑制土地兼并固然有助于维护皇权，但若因此开罪权贵和豪族，开罪皇权的统治基础，那就得不偿失了。所以，终西汉之世，权贵、豪族对土地的兼并始终没有能够得到有效抑制。

王莽代汉后，雄心勃勃地想要解决土地兼并的问题，进而使皇权掌握更多的土地和编户民，故强硬推出了“王田制”。按王田制，天下所有耕地收归国有，不许买卖，家中男丁不超过八人、拥有土地却超过一井（可能相当于900亩）的须把多余的土地交出来，分给其他没有田的人。王莽改革的初衷是巩固皇权，增加皇权可汲取的财富和人力，但他改革的手段直接损害了新莽政权的统治基础，也就是权贵、豪族与官僚的利益。

与自己的统治基础作对是一件风险非常高的事情。在王莽的新政之下，“坐卖买田宅、奴婢，铸钱，自诸侯、卿大

① 桓宽:《盐铁论·园池》，上海人民出版社1974年版，第30页。

夫至于庶民，抵罪者不可胜数”[①]，大批权贵、豪族因为王田制而获罪。于是这些曾经拥护王莽称帝的权贵、豪族纷纷弃他而去，成了推翻新莽政权的核心力量。比如，魏成大尹李焉与卜者王况的造反理由之一即王莽登基之后，“民田奴婢不得卖买……百姓怨恨”[②]；出身陇右大族的隗嚣起兵的檄文里也把“田为王田，卖买不得”[③]直接列为王莽的罪状。

同时，号称要让每户自耕农都拥有土地的王田制推行下去之后，却加剧了流民问题。王莽地皇二年（公元 21 年），左将军公孙禄曾面对面批评王莽和他的王田制，其中提到：“明学男张邯、地理侯孙阳造井田，使民弃土业……宜诛此数子以慰天下！”[④]张邯、孙阳搞出井田，使百姓不得不抛弃土地，沦为流民，应该诛杀他们以谢天下。公孙禄自然不至于当着王莽的面子虚乌有地污蔑他。赤眉、铜马等流民集团也确实出现在王田制颁布之后。

为什么一项旨在让自耕农人人有地的政策会导致自耕农集体变成流民？

---

① 班固：《汉书 · 王莽传中》，中华书局 1962 年版，第 4112 页。

② 班固：《汉书 · 王莽传下》，中华书局 1962 年版，第 4166 页。

③ 范晔：《后汉书 · 隗嚣公孙述列传》，中华书局 1965 年版，第 516 页。

④ 班固：《汉书 · 王莽传下》，中华书局 1962 年版，第 4170 页。

道理并不复杂。不搞王田制，当小自耕农无法承受来自皇权及其代理人的剥削时，至少还能投入寻租性田主的怀抱寻求荫庇；搞了王田制，小自耕农的荫庇没有了，他们无法承受皇权及其代理人剥削的时候，就只能选择抛弃土地，去做流民。多一种可以用脚投票的次坏选择总比只有一种最坏选择要好——当然，这并不是要赞美那些寻租性田主。

王莽地皇四年（公元23年）秋天，起义军逼近长安。不知所措的王莽再次遵循《周礼》的指示——“国有大灾，则哭以厌之”，率领群臣来到南郊，集体向天地哭诉。这个白发苍苍、年近七旬的老人颓然跪在祭坛上，絮絮叨叨地回忆、诉说着自己获得帝位的前后经过，最后悲愤地仰天质问：“皇天既命授臣莽，何不殄灭众贼？即令臣莽非是，愿下雷霆诛臣莽！”[①] 王莽捶胸大哭，几乎昏厥。

这年十月，王莽在长安死于乱军之中，他留在史书上的最后一句话是：“天生德于予，汉兵其如予何！”[②] 他那白发苍苍的头颅，被送到宛城高高悬挂起来，成了当地百姓“提击”的目标，还有人偷偷割走了他的舌头。

① 班固：《汉书·王莽传下》，中华书局1962年版，第4187—4188页。

② 同上，第4190页。

三、光武帝君臣的反思

汉光武帝建武元年（公元 25 年），刘秀在新莽的废墟上建立了东汉王朝。自建国伊始，刘秀和他的大臣们就一直在思考两个问题：1. 西汉为什么会被王莽和平取代？ 2. 万民拥戴的新莽政权为何会短命而亡？

君臣的思考结果化为历史教训，历史教训再化为现实政策。为避免重蹈西汉与新莽的覆辙，刘秀推行了两项改革。

第一项改革是在学术领域支持今文经学，疏远古文经学。这两派的区别，简单说来就是：古文经学主张回归儒家经典本身，今文经学更看重后人对经典的诠释。具体到汉代的政治思想领域，相比古文经学，今文经学更重视谶纬，也就是依据天人感应之说从儒家经典中寻章摘句来言说天命吉凶。自汉武帝以降，西汉所有的皇帝都喜欢今文经胜过古文经，一个重要原因就是：今文经学与怪力乱神的谶纬之学纠缠在一起，玩的是割裂文辞、牵强附会的游戏，不像古文经学那样动辄拿出孔孟之言来对社会问题展开批判。支持今文经学，既可以用谶纬来强化皇权的合法性，也可以削弱知识分子的批判意识。刘秀登基初期，为笼络在野知识分子，曾一度将古文经《左氏春秋》立为官学。待他权位稳固，又将《左氏春秋》从官学里剔除，理由是搞古文经的学者不懂谶纬，不能为东汉王朝的合法性添砖加瓦。[①]

对那些不认同今文经学、不愿意玩谶纬游戏之人，刘秀是极不喜欢的。桓谭是一位古文经学家，“遍习《五经》，皆诂训大义，不为章句”，做学问只重视书中表达的思想主旨，不玩割裂章句、附会谶纬的把戏。而且，他非但自己不玩，还两次冒死上奏，劝谏光武帝也不要玩。他在奏章里说：先王、先贤的著述均以仁义正道为本，不妄谈怪力乱神。圣人也难以参透天道，从贤者子贡而下已无人得闻天道，后世那些浅薄的儒生就更不要奢望。如今那些妄谈谶纬的都是小人，陛下要远离他们。他们偶然说对了，也不过如同猜数字的单双，只是运气所致。刘秀读了桓谭的奏章之后很不高兴。稍后，刘秀想要修一座灵台，故意询问反对谶纬的桓谭：“我想用谶来做决定，你以为如何？”如其所料，桓谭梗着脖子回答：“臣不读谶。”刘秀遂借机给桓谭扣了一顶“非圣无法”的帽子，欲将他下狱，斩杀。70岁的桓谭“叩头流血”，

① 汉章帝时，古文经学家贾逵在给皇帝的上书中说：“至光武皇帝，奋独见之明，兴立《左氏》《穀梁》，会二家先师不晓图谶，故令中道而废。”见范晔：《后汉书·郑范陈贾张列传》，中华书局1965年版，第1237页。

良久才免于一死，被逐出了京城。[1]另一位大儒郑兴也是古文经的拥护者。刘秀曾与他谈论郊祀之事，问道："我想用谶来决定祭祀的方案，你以为如何？"郑兴回答："臣不为谶。"刘秀同样当场翻脸，逼问他："你不为谶，难不成你是反对谶？"郑兴被吓了个半死，跪下，诚惶诚恐地解释："臣于书有所未学，而无所非也。"他说自己只是没有学会谶纬之术，并没有任何反对谶纬的意思，才保住了一条性命。[2]

刘秀的第二项改革是颁布官修典籍，由朝廷来垄断谶纬的解释权。这主要为了防止谶纬失控，走向对东汉王朝不利的方向。所谓谶纬是谶书和纬书的合称，谶是秦汉间方士化儒生编造的预示吉凶的隐语，纬是汉代神学迷信附会儒家经义衍生出来的谈论天命的书籍。因为刘秀的提倡，谶纬在东汉被视为"内学"，正经的儒家经典反沦落成了"外学"。自起兵反抗新莽到成为东汉的开国皇帝，刘秀长期使用谶纬作为工具来为自己的军事、政治活动服务。他可以因某些人的姓名与谶纬相合，就起用他们为官，也可以与割据蜀地的公

---

① 《后汉书·桓谭冯衍列传上》载桓谭之言："观先王之所记述，咸以仁义正道为本，非有奇怪虚诞之事。盖天道性命，圣人所难言也。自子贡以下，不得而闻，况后世浅儒，能通之乎！今诸巧慧小才伎数之人，增益图书，矫称谶记，以欺惑贪邪，诖误人主，焉可不抑远之哉！"中华书局1965年版，第959—960页。

② 范晔：《后汉书·郑范陈贾张列传》，中华书局1965年版，第1223页。

孙述展开谶纬之战，来回辩论天命究竟在谁身上。所以，史称“帝（刘秀）方信谶，多以决定嫌疑”[①]。

为了将谶纬的解释固定下来，刘秀将谶纬定为洛阳太学的必修课程，大力征召全国通晓谶纬的儒生前来洛阳校订谶纬典籍。建武中元元年（公元56年），也就是刘秀去世的前一年，整理谶纬典籍的工作终于大功告成，朝廷下诏“宣布图谶于天下”[②]。官方颁布了《河图》《洛书》(合45篇)及七经之《纬》(合36篇)，总计81篇，作为解读谶纬的经典。皇权由此彻底垄断了对谶纬的解释权，任何私造谶纬的行为都不再被允许。

刘秀的两项有关谶纬的政策分别针对西汉知识分子的社会批判意识和西汉末年以天命约束皇权的思想潮流。刘秀希望以“怪力乱神”的今文经学来弱化前者，以皇权垄断谶纬的解释权来消弭后者。他也确实部分达成了自己的目的。但对皇权有利并不意味着对社会有利。在朝廷尊儒政策的引导下，东汉社会长期处于一种“全民好学”的氛围。官学繁盛自不必说，开设私学的名师的弟子多至数百人，乃至数千人也是常态，还出现了不少几代人专门研读一部经书的世家

① 范晔:《后汉书・桓谭冯衍列传上》，中华书局1965年版，第959页。

② 范晔:《后汉书・光武帝纪》，中华书局1965年版，第84页。

大族。但好学的气氛又非常诡异，因为绝大多数人学习的内容是怪力乱神的谶纬儒学——不但官学如此，私学也一样。谶纬与知识分子个人的上升渠道捆绑在一起，若不教谶纬之学，私学就会收不到学生。结果是大量的读书人被方士化了，虽名为儒生，但并没有成为真正的知识分子，全民向学，却什么也没有学到。

光武帝之后，规模最大的一次对西汉灭亡和新莽短命而亡的反思来自汉章帝。建初四年（公元 79 年）冬天，汉章帝召集一干学者，在皇宫内的白虎观举办了一场学术会议，会议的主旨是要以思想立法的形式，来规范百姓方方面面的行为。会议的成果由班固等人编成《白虎通》一书，在全国发行。中国秦制时代臭名昭著的“三纲”——君为臣纲、父为子纲、夫为妻纲就此正式成为官方认定、强制推行的意识形态。

根据《白虎通义》中的要求，合格大臣的基本标准是“善称君，过称己。臣有功，归于君”，功劳是皇帝的，过错是自己的。好儿子的基本标准是只要父亲活着，就“不得许友以其身，不得专通财之恩”，也就是说，儿子不能自己决定自己的事情，也不能自由支配自己的财产。还有“父子一体而分，无相离之法”，父子不可以分开，即使父子之间发生了不可调和的矛盾。更甚的是《白虎通义》对女性的要求。女性必须拥有“顺德”，即柔顺的美德，在家扮演女儿，出嫁扮演妻子的角色，都要对家中的男性——父亲、丈夫、儿子唯命是从。[①]针对女性，《白虎通义》还特别制定了“妇人无爵”的规定：“妇人无爵何？阴卑无外事，是以有‘三从’之义：未嫁从父，既嫁从夫，夫死从子。”什么是“妇人无爵”？就是女性作为“阴卑”之人，没有社会属性（“无外事”），只有“三从”（“未嫁从父，既嫁从夫，夫死从子”）的家庭属性。这相当于是用法律的形式将女性定义为男性的附属品。[②]

汉章帝召集学者在白虎观召开学术会议，针对的是西汉知识分子公开批评朝廷政策的风气，以及西汉末年太后常常成为皇权代理人、进而导致外戚坐大的现象。“君为臣纲”的目的是消灭知识分子的批判之声，“夫为妻纲”“妇人无爵”的目的是消灭太后与外戚势力，“父为子纲”则是汉帝国以孝治天下的具体化。

皇帝希望参与制定三纲之人成为遵守三纲的楷模。受了三

① 徐广东：《三纲五常的形成和确立：从董仲舒到〈白虎通〉》，黑龙江大学出版社 2014 年版，第 103—127 页。

② ［日］西嶋定生：《二十等爵制》，国际文化出版公司 1992 年版，第 320 页。

纲之害的贵戚、朝臣和知识分子则更乐见制定三纲之人带头违反三纲，陷入罗网。于是，在众人的审视下，负责将白虎观经学会议的结果编撰成书的班固和他的家人就成了三纲的第一批受害者。班固早年特别欣赏屈原，在文章里说过“和氏之璧，千载垂光，屈子之篇，万世归善”①这样的话。三纲出炉后，班固只好另写文章，违心批判屈原不该“露才扬己”，不该“责数怀王”，不该“沉江而死”，实在不是一个标准的忠臣。②班固的妹妹班昭，即使自身才华横溢，也不得不在婆家谨小慎微地过着低眉顺眼、低人一等的生活。她后来在《女诫》里说，自己嫁到曹家后，“战战兢兢，常惧绌辱，以增父母之羞，以益中外之累”，在夫家四十多年，熬到公公、婆婆、丈夫都死了，“乃知免耳”，才稍稍过了几天轻松的日子。③

① 《奏记东平王苍》，见范晔：《后汉书·班固传》，中华书局1965年版，第1331页。

② 王逸、洪兴祖、朱熹：《楚辞章句补注·楚辞集注》，岳麓书社2013年版，第49页。

③ 班昭：《女诫序》，见范晔：《后汉书·列女传》，中华书局1965年版，第2786页。

第七章

皇权、宦官与士人

就统治技术而言，秦制王朝的亡国原因，总结起来无非三条：

1. 外敌的压迫或入侵；

2. 内部利益集团（也就是统治基础）发生分裂；

3. 底层民众脱离原子化状态，变成有组织的力量。

第一条大体属于不可抗力，第二、三两条大体属于统治技术问题。具备其中任何一条，都有可能导致秦制王朝的灭亡；如果同时具备两条、三条，灭亡的概率更大。秦朝的灭亡主要缘于第二、第三条：胡亥整肃、屠杀官吏集团，六国旧人在民间尚有组织能力。西汉的灭亡主要缘于第二条：九百余名公卿大臣、士大夫、博士、议郎联名要求赐予王莽九锡之赏，可知西汉帝国的统治基础已经集体抛弃了刘氏。

新莽的灭亡也缘于第二、第三条：王莽的土地改革严重损害了官僚集团的利益，流民的大规模出现则将原子化的百姓变成了有组织的集体。

东汉王朝的灭亡原因也大体如此。由宦官曹腾的发迹切入，可以清晰地看出其中关窍。

一、曹腾巨额财富的由来

按《后汉书》的说法，曹操的祖父曹腾可谓特别的“出淤泥而不染”：

> 腾用事省闼三十余年，奉事四帝，未尝有过。其所进达，皆海内名人，陈留虞放、边韶，南阳延固、张温，弘农张奂，颍川堂谿典等。时蜀郡太守因计吏赂遗于腾，益州刺史种暠于斜谷关搜得其书，上奏太守，并以劾腾，请下廷尉案罪。帝曰：“书自外来，非腾之过。”遂寝暠奏。腾不为纤介，常称暠为能吏，时人嗟美之。[①]

① 范晔:《后汉书·宦者列传》，中华书局1965年版，第2519页。

曹腾侍奉四代皇帝，没出过纰漏。他举荐给朝廷的人才都是虞放、边韶、张温等海内知名的人物。有一次，蜀郡太守派人持信拿钱贿赂曹腾，信落在益州刺史种暠手里，种暠上奏弹劾，要求将曹腾下狱治罪。皇帝说："信自外头送来，不是曹腾的错。"皇帝没有理会弹劾，曹腾也不记恨，常常赞扬种暠是个称职的好官。当时的人都说曹腾真是个好宦官。

可是别忘了，他的养子曹嵩可以拿出十亿钱（汉代一亿等于十万）来买太尉之职。"嵩灵帝时货赂中官及输西园钱一亿万，故位至太尉。"①

这么多钱当然不会是勤劳致富所得。东汉中后期，宦官普遍聚有巨额财富。这些财富主要来自三个途径：

1. 皇帝的赏赐。有人统计："顺帝以后，宦官食封人数和食封户数迅速增加。顺帝时，孙程等宦官总计食封人数为八万九千二百户。而据《汉书·食货志》载，当时五口之家'其能耕者不过百亩'，依此推算，宦官至少分食了国家八百九十二万亩土地的赋税收入。桓帝、灵帝时，单超等'五侯'与侯览、曹节、张让等'十常侍'集团食封更多。据统计，有记载的东汉的宦者侯有食邑的共三十七人，占已

① 范晔：《后汉书·宦者列传》，中华书局1965年版，第2519页。

知宦者侯数量的十分之六，其食邑总共十七万一千二百户，平均每一宦者侯约食四千六百三十户。”[①]

2. 掌控朝廷人事升迁大权，进而以权力寻租。张让等高级宦官在灵帝的授意下在西园公开卖官鬻爵就是其中的典型案例。其实，在此之前，汉安帝、汉桓帝都卖过官。只不过，安帝、桓帝拿出来卖的主要是关内侯、羽林郎、五大夫、官府吏、缇骑营士等低级官爵[②]。灵帝不同，在他的授意下，宦官几乎可以出售汉帝国的一切官爵。二千石（相当于郡太守）的价格是二千万钱，四百石（相当于一万户以下的县的县长）的价格是四百万钱，关内侯的价格是五百万钱。公卿不方便明码标价，就让宦官们去私下勾连。[③]

3. 将亲友子弟安插于州郡，直接从民间汲取利益。比如，宦官侯览的兄长侯参做益州刺史的时候，“民有丰富者，辄诬以大逆，皆诛灭之，没入财物，前后累亿计”[④]，当地谁家有钱，他就找谁家的麻烦，吞并他家的财富。

---

① 杜婉言:《佞幸：中国宦官与中国政治》，东方出版社 2017 年版，第 162—163 页。

② 范晔:《后汉书·孝安帝纪》，中华书局 1965 年版，第 313 页。范晔:《后汉书·孝桓帝纪》，中华书局 1965 年版，第 309 页。

③ 司马光:《资治通鉴》卷五十七，中华书局 1956 年版，第 1849 页。

④ 范晔:《后汉书·宦者列传》，中华书局 1965 年版，第 2523 页。

曹腾的巨额财富也是这么来的。

皇权的赏赐自不必说，曹腾拥戴汉桓帝即位，有“定策之功”。权力寻租一节，传记里说得委婉，其实也不难理解，若非察举、征辟的升迁路径操控于宦官之手，虞放、边韶、张温等士人是断不会自贬身份，由宦官曹腾帮他们“进达”；蜀郡太守给曹腾送钱，自然也是因为给曹腾送钱管用。曹腾之兄曹褒官至颍川太守，侄子曹炽做过侍中，另一个侄子曹鼎在河间相任上遭人弹劾“臧罪千万”[①]，则是高级宦官安插亲友子弟于州郡掠夺民脂民膏的实证。

二、宦官与士人争夺人事权

包括曹腾在内的宦官如此发迹，不可避免地会造成东汉帝国统治集团的内部分裂。分裂发生的具体逻辑简述如下：

秦制时代，与利益分配直接相关、最重要的权力莫过于人事权。东汉建国，以察举、征辟取士，人事权本由皇权和世家大族共享，大体的操作流程是后者举荐、前者盖章。

但皇权与世家大族之间存在着天然的隔阂，缺乏信任，

① 范晔:《后汉书·党锢列传》，中华书局1965年版，第2209页。

后者的组织化与社会动员能力素来被视为对皇权的一种威胁。世家大族对朝廷人事权的分享又进一步扩张了他们的势力，尤其为皇权所忌惮。于是，从汉和帝时代起，皇权即致力于利用外戚和宦官来制约世家大族，重点就是瓜分他们的人事权。比如，在窦太后（汉章帝皇后，汉和帝即位后，曾临朝称制四年）临朝的时期，窦氏外戚及其党徒遍布州郡，征辟、察举都得走窦氏的门路。①

然而，对皇权而言，外戚也是有缺陷的。为尽可能长久地维持权势，外戚经常游走于皇权和世家大族之间，既充当皇权的代理人，又操弄经学以结交世家大族（比如汉顺帝皇后之兄梁冀结交袁氏、窦武熟习经学），两端渔利。倘若遭逢幼主，他们甚至会成为皇权的心腹大患。

剩下的最能信任的就只有舍皇权无处依附的宦官了。在皇权的支持下，宦官于汉顺帝时期正式取得察举之权。不过，当时的宦官羽翼未丰，直接与世家大族争夺人事权的仍是以梁冀为首的外戚。比如，河南尹田歆曾对外甥王谌感叹："今当举六孝廉，多得贵戚书命，不宜相违，欲自用一名士以报国家。"②他对王谌说，自己手上有六个孝廉的名额，权

① 范晔:《后汉书・窦融列传》，中华书局1965年版，第819页。

② 范晔:《后汉书・张王种陈列传》，中华书局1965年版，第1826页。

贵们纷纷捎话来预定，自己只好把五个名额用来应付权贵的请托，只留下一个名额用来举荐真正的人才。

到了桓帝、灵帝时代，宦官在人事权的争夺中获得了优势地位，许多原本围绕在世家大族周围的士人转而选择投靠宦官以谋取仕进的机会。这对世家大族的政治利益造成了巨大的实质性打击（门人的萧条），也直接影响到了他们的经济利益（子弟出仕变得困难，需要向宦官行贿）。双方的矛盾遂一发不可收拾，最终演变成一场“互相杀全家”的残酷竞赛。

宦官如何追杀代表世家大族利益的士人，有“党锢之祸”四字留存于史册，已无须浪费笔墨。但士人群体对宦官集团的杀戮颇有略作介绍的必要。且以两次党锢之祸的导火索为例，可以略见当年这场政治斗争的残酷程度。

第一次党锢之祸的导火索是士人领袖、河南尹李膺杀死了张成的儿子。张成是算命的，“以方伎交通宦官”，他的弟子弹劾过李膺，说他结党诽谤朝廷。据《后汉书》记载，李膺杀张成之子的始末如下：

> 河内张成善说风角，推占当赦，遂教子杀人。李膺为河南尹，督促收捕，既而逢宥获免，膺愈怀

愤疾，竟案杀之。[1]

张成善于算卦，算出朝廷即将颁布大赦，于是让儿子出去杀人。李膺作为地方官，抓了张成之子。随后朝廷果有大赦。李膺气愤不过，无视赦令，坚持杀了张成之子。

这段记载显然是有问题的。朝廷政令岂能靠算卦预知？装神弄鬼骗人也就罢了，哪有神棍自己也信的道理？张成父子间的杀人密谋，李膺一个外人又怎会知晓？更合理的解释应该是：张成之子杀人，李膺把他抓了，不久朝廷大赦，李膺于是疑心张成通过与宦官的关系，早就知道了会有大赦，才让儿子去杀人。但他的疑心没有证据（虽然有可能是事实），李膺不想放过张成之子，于是就杜撰了"算卦杀人"的荒唐说辞。在政治立场面前，讲求证据已经不重要了。宦官集团如此，士人群体也是如此。

第二次党锢之祸的导火索是士人张俭和宦官侯览的冲突。据《后汉书·党锢列传》（后简称《党锢列传》）的记载，张俭与侯览结怨，是因为他上奏举报侯览及其家属的罪行，请朝廷诛杀他们。但是张俭的奏章不幸被侯览看到，被

① 范晔：《后汉书·党锢列传》，中华书局 1965 年版，第 2187 页。

其扣押了下来。“中常侍侯览家在防东，残暴百姓，所为不轨。俭举劾览及其母罪恶，请诛之。览遏绝章表，并不得通，由是结仇。”[①]

只看《党锢列传》中关于张俭的记载，得出的印象是张俭按程序办事为民除害，结果与宦官交恶，惨遭迫害。但《党锢列传》里还有一段关于苑康的记载：“是时，山阳张俭杀常侍侯览母，案其宗党宾客，或有进匿太山界者。”[②]意思是，张俭递送至朝廷的奏报没有回应，他于是自作主张杀了侯览之母，且对侯览家人及门客进行了肃清，其中某些人不得不逃往其他州郡藏匿。另一位士人代表、泰山太守苑康积极配合张俭，将逃入泰山的侯览余党一网打尽。

这里当然不是说张成之子无罪，也不是说侯览及其家人、门客不该受到惩处，而是想要说明东汉末年的士人群体与宦官集团之间的斗争白热化到了何种程度。宦官集团利用手中的权力对士人群体赶尽杀绝，士人群体也抓住各种机会对宦官集团展开肃清。类似的记载在同时代的知名士人传记中随处可见。比如，黄浮做东海相，对宦官徐璜之

① 范晔：《后汉书·党锢列传》，中华书局1965年版，第2210页。

② 同上，第2214页。

兄徐宣的家属“无少长悉考之”[①]，不分男女老幼，全抓起来审讯、拷打。荀昱、荀昙兄弟做地方官，对辖区内宦官的宾客“纤罪必诛”[②]，稍有犯法即予诛杀。史弼做平原相，有举孝廉的任务，侯览派某太学生来找他疏通关系，结果被史弼“楚捶数百……即日考杀之”[③]，先是痛打一顿，然后直接给杀了。王宏做弘农太守，“考案郡中有事宦官买爵位者，虽位至二千石，皆掠考收捕，遂杀数十人，威动临界”[④]，王宏清查辖区内向宦官买过官爵之人，即使他们是二千石的高官也不放过，逮捕、诛杀了数十人之多……

介绍以上内容，不是为了证明宦官集团其实挺冤，士人群体也不是好人。士人群体中有反秦制的，宦官集团中也有洁身自好的。但若将二者作为整体来审视，则士人群体也罢，宦官集团也好，都是统治集团的一分子。他们之间的惨烈杀戮，究其实质是统治集团内部发生了严重分裂。而宦官领袖张让是承认这一点的，他非常不满士人群体站在道德高地对宦官发出批判。他曾如此责问以士人群体为依托的外戚

① 范晔:《后汉书 · 宦者列传》，中华书局 1965 年版，第 2522 页。

② 范晔:《后汉书 · 荀韩钟陈列传》，中华书局 1965 年版，第 2050 页。

③ 范晔:《后汉书 · 吴延史卢赵列传》，中华书局 1965 年版，第 2111 页。

④ 范晔:《后汉书 · 陈王列传》，中华书局 1965 年版，第 2177 页。

何进："卿言省内秽浊，公卿以下忠清者为谁？"[1]

张让的责问只是自我粉饰的遁词，宦官集团协助皇帝敛权、敛财，对东汉政治的全面败坏负有非常直接的责任。但这一遁词也确实道出了以士人为主体的官僚集团同样非常腐败（不过，士人集团中尚有许多怀有政治理想、不甘堕落者，而宦官集团中这样的人则极少见）。廓清了上述利益关系，也就不难理解为何汉末诛杀宦官最积极的会是"四世三公"（四代人里出了五位三公，即当时地位最显赫的官员）"门生故吏遍天下"的袁绍、袁术兄弟。宦官崛起后，原本由世家大族组成的垄断今文经学的"学阀"丧失了察举、选拔官员的人事权，这对他们百年来经营的门生故吏之恩私、门当户对之联姻实在是极为沉重的打击。若不能从宦官手中夺回人事权，则所谓的门生故吏在袁氏家族这里找不到出路，必四散另作他谋。利益纽带既断，"四世三公"的富贵也将化为泡影。有道德为外衣，有利益为驱动，袁绍兄弟于是冲在了诛杀宦官的最前线。

廓清上述利益纠葛，也有助于加深对曹腾之孙曹操早年行迹的理解。比如，他做洛阳北部尉时，"灵帝爱幸小黄门

① 范晔：《后汉书·窦何列传》，中华书局1965年版，第2251页。

蹇硕叔父夜行，即杀之”[①]。汉律规定，夜行并非死罪，曹操这么做其实是对当时流行于士人群体中的、针对宦官及其家属和门人“无少长皆考之”“纤罪必诛”“虽位至二千石，皆掠考收捕”的一种效仿。这实际上是身为“宦官三代”的曹操在努力向士人群体靠拢。

廓清上述利益纠葛，也有助于加深对曹操文化取向的理解。虽然他努力想要挤进士人群体，但与袁绍等世家大族子弟操弄经学不同，曹操以文学诗词见长。他的文化取向正是宦官集团与世家大族争夺人事权的产物。灵帝时期，在皇权的支持下，由宦官集团开设的鸿都门学以文学、艺术为教学内容，开设了辞赋、小说、尺牍、字画等课程，旨在确立一种与世家大族把持的经学教育截然不同的新的教育标准。而以“大学阀”弘农杨氏为代表的士人群体曾两次在朝堂上对鸿都门学发起猛烈攻击，试图逼迫皇帝取消鸿都门学士子做官的资格，但都被汉灵帝驳回。为昭示人事权已尽握于皇帝之手，汉灵帝甚至下旨为新进的鸿都门学士子绘像——在汉代，这是只有立下了卓越功勋的人才能享有的殊荣。鸿都门学如此受皇帝重视，且由宦官集团负责，作为“宦官三代”

① 陈寿:《三国志·魏书·武帝纪》裴松之注引《曹瞒传》，中华书局 1959 年版，第 3 页。

的曹操自幼受家学熏染，重辞赋而轻经学，也就成了很自然的事情。[①]

另外，袁绍欲引董卓入京诛杀宦官，而曹操并不积极，也与二人的出身直接相关。针对曹操的不积极，官修王沈《魏书》里，有一段解释：

> 太祖闻而笑之曰："阉竖之官，古今宜有，但世主不当假之权宠，使至于此。既治其罪，当诛元恶，一狱吏足矣，何必纷纷召外将乎？欲尽诛之，事必宣露，吾见其败也。"[②]

曹操的话其实只是粉饰。宦官是皇权的代理人，袁绍诛杀宦官，实质是逼迫皇帝将人事权还给世家大族，进而恢复乃至扩大世家大族的政治利益。杀一个宦官自然是"一狱吏足矣"，但要逼迫皇权重新分蛋糕，引入军事力量进行威慑才是合乎常理的做法。官修《魏书》的记载看似是在替曹操

---

① 王永平：《汉灵帝之置"鸿都门学"及其原因考论》，《扬州大学学报》（人文社会科学版）1999 年第 5 期。张朝富：《曹操"尚文辞"与"鸿都门学"》，《扬州大学学报》（人文社会科学版）2005 年第 1 期。

② 陈寿：《三国志·魏书·武帝纪》裴松之注引王沈《魏书》，中华书局 1959 年版，第 5 页。

解释，彰显曹操的政治智慧，实际上是修史的人依据自己的认知将曹操塑造成了一个愚夫。陈寿撰写《三国志》不选用这段记载，实具慧眼。

第八章

如何自群雄中胜出

《三国志·魏书·董二袁刘传》中的“袁绍传”是非常有意思的文本。

袁绍的传记用了超过一半的篇幅，将曹操的大敌袁绍塑造成了一个大蠢货。凸显袁绍之蠢的核心手段是浓墨重彩地渲染田丰与沮授之智。按书中的说法，田丰与沮授给袁绍出了许多好主意，却被袁绍几乎全部拒绝，最终落了个败亡的下场。袁绍的拒绝共计有八次之多，具体如下：

1. 沮授劝袁绍把汉献帝接到邺城来，袁绍“不从”。2. 袁绍让长子袁谭执掌青州，沮授劝他别这样干，袁绍“不听”。3. 曹操东征刘备，田丰劝袁绍攻击曹操后方，袁绍“不许”。4. 袁绍计划南征曹操，田丰、沮授强烈反对，袁绍“疑”而不听。5. 沮授对袁绍说颜良“促狭”不可重用，袁绍“不听”。6. 袁绍想要亲自率军过黄河，沮授劝阻，袁绍“弗从”。7. 袁绍与曹操在官渡对峙，沮授劝他与曹操打持久战，袁绍“不从”。8. 沮授劝袁绍派部队攻击曹操的游击部队，以保护粮草运输，袁绍“复不从”。[①]

这八条一路捋下来，直观感觉就是：从汉献帝建安元年（公元 196 年，献帝迁都许昌）到建安七年（公元 202 年，袁绍病故），袁绍几乎没做对过一件关键的事，可谓昏聩到了极致。由裴松之的注释可以知晓：这八个“不听”“不从”的来源是《魏书》。王沈的《魏书》是曹魏官修史书，其中的《献帝传》使用了诸多曹魏的官方文书档案，整理文书档案也是魏明帝时期官修史书工作的一部分，其编撰和整理的核心主旨是构建曹魏皇权的正当性与合法性。显然，这是胜利者有意想要证明一个结论：胜利来自胜利者的雄才大略。

即使这八条“不听”“不从”全部为真[②]，它们也不是曹操从汉末群雄中胜出的核心原因。相对于个人的雄才大略，能否建立起比其他豪强更稳定、更有效的汲取体制，进而汲取到更多的人力与物力，才是在乱世争霸中更重要的东西。

① 陈寿：《三国志 · 魏书 · 董二袁刘传》，中华书局 1959 年版，第 194—201 页。

② 这八条“不听”“不从”多数并非事实，详见拙文《胜利者撰修官史的丑陋嘴脸》，“史料搬运工”公众号 2019 年 7 月 6 日。

也就是说，谁对百姓的汲取能力更强、控制能力更强，谁的胜算往往也就更大。

只不过，这样的成功经验并不适合写入官修史书。

一、战胜豪强的另一面

《三国志·蜀书·先主传》里说，曹操进攻荆州，有十余万荆州百姓愿意拖家带口跟着刘备跑路。“琮左右及荆州人多归先主，比到当阳，众十余万，辎重数千辆，日行十余里。”[①] 这件事情乍看之下很不合常理，一个人再怎么仁义，也无法驱动十余万人跟着自己背井离乡。但那个时代这是有可能发生的。只不过，促成其发生的原因不在刘备之“仁”，而在曹操之“恶”。

汉末军阀当中，曹操最喜欢屠城。仅见于史书者就有：攻张超屠雍丘，征徐州两屠彭城，征乌丸屠柳城，征关中、陇右屠兴国、枹罕、河池，征侯音屠宛城，攻袁绍坑杀降卒八万。其中，又以“徐州大屠杀”最为丧心病狂。据《后汉书·刘虞公孙瓒陶谦传》记载，初平四年（公元 193 年），

① 陈寿：《三国志·蜀书·先主传》，中华书局 1959 年版，第 877 页。

曹操征讨陶谦：

> 破彭城傅阳……过拔取虑、睢陵、夏丘，皆屠之。凡杀男女数十万人，鸡犬无余，泗水为之不流，自是五县城保，无复行迹。初三辅遭李傕乱，百姓流移依（陶）谦者皆歼。[①]

《三国志》对“徐州大屠杀”有许多粉饰。《武帝纪》选择轻描淡写，仅留下“所过多所残戮”[②]六个字。《二公孙陶四张传》则移花接木，说“谦兵败走，死者万数，泗水为之不流”[③]。只有《荀彧荀攸贾诩传》里留下了荀彧力劝曹操不要再攻徐州的一条理由：“前讨徐州，威罚实行，其子弟念父兄之耻，必人自为守，无降心。”[④]“威罚实行”“子弟念父兄之耻”等字眼，清晰地表现出这场屠杀规模甚大，在徐州百姓当中造成了极大的恐慌。

因为“围而后降者不赦”的屠城法令的存在，曹操大

① 范晔：《后汉书 · 刘虞公孙瓒陶谦传》，中华书局 1962 年版，第 2367 页。

② 陈寿：《三国志 · 魏书 · 武帝纪》，中华书局 1959 年版，第 11 页。

③ 陈寿：《三国志 · 魏书 · 二公孙陶四张传》，中华书局 1959 年版，第 249 页。

④ 陈寿：《三国志 · 魏书 · 荀彧荀攸贾诩传》，中华书局 1959 年版，第 309—310 页。

概率还有更多的屠城劣迹，只不过没有被载入史册。该法令见于《三国志·魏书·张乐于张徐传》和《三国志·魏书·程郭董刘蒋刘传》。《三国志·魏书·张乐于张徐传》记载，建安十年（公元205年），于禁斩杀投降的昌豨时，说过这样一句话："诸君不知公常令乎！围而后降者不赦。夫奉法行令，事上之节也。"[①] 于禁说：各位应当知道，主公有一道"常令"，叫作"围而后降者不赦"，遵令行事是我等的义务。《三国志·魏书·程郭董刘蒋刘传》记载，建安十六年（公元211年）曹操征马超，留曹丕镇守后方。田银、苏伯于河间起兵反抗曹氏的统治，将军贾信带人平定起义后，欲援引"围而后降者不赦"的法令杀投降的俘虏，程昱出面劝曹丕不要这样做，理由是："诛降者，谓在扰攘之时，天下云起，故围而后降者不赦，以示威天下，开其利路，使不至于围也。今天下略定，且在邦域之中，此必降之贼，杀之无所威惧，非前日诛降之意。"[②] 他想告诉曹丕的是：以前和其他军阀争夺天下，为了威慑敌人，让他们不敢负隅顽抗，所以制定了"围而后降者不赦"的法令；如今天下大致在手，杀

① 陈寿：《三国志·魏书·张乐于张徐传》，中华书局1959年版，第523页。

② 陈寿：《三国志·魏书·程郭董刘蒋刘传》裴松之注引《魏书》，中华书局1959年版，第429页。

自己境内的投降者，已经没有什么意义了。

综合《三国志·魏书·张乐于张徐传》与《三国志·魏书·程郭董刘蒋刘传》可以知道，“围而后降者不赦”这道法令是曹操制定的一道“常令”，曾被曹魏的将领们长期付诸实践。另据《三国志·魏书·袁张凉国田王邴管传》的记载，还可以知道，这道法令针对的并非只是敌军官兵，包括城内百姓在内的其他投降者也在“不赦”之列。《三国志·魏书·袁张凉国田王邴管传》里有这样一段文字：

> 田银、苏伯反河间，银等既破，后有余党，皆应伏法。渊以为非首恶，请不行刑。太祖从之，赖渊得生者千余人。破贼文书，旧以一为十，及渊上首级，如其实数。太祖问其故，渊曰：“夫征讨外寇，多其斩获之数者，欲以大武功，且示民听也。河间在封域之内，银等叛逆，虽克捷有功，渊窃耻之。”太祖大悦，迁魏郡太守。[①]

田银、苏伯在河间起兵造反，被镇压后，按法令他们的

① 陈寿：《三国志·魏书·袁张凉国田王邴管传》，中华书局1959年版，第339页。

余党也都要被斩杀，国渊认为这些人不是首恶，向曹操求情不要屠杀他们，救了一千多人的性命。“后有余党，皆应伏法”一句显示了“围而后降者不赦”其实是一道屠城法令。

从初平四年的“徐州大屠杀”，到建安十六年程昱劝阻曹丕不要再执行“围而后降者不赦”的屠杀令，曹操屠杀了无数的无辜降兵和无辜百姓。曹操的制度性屠杀也许连以残暴著称的董卓都要甘拜下风。荆州百姓对曹操的屠杀法令深感恐惧，听闻曹军南下，赶紧收拾家当南逃，可以说是情理中事。毕竟，天知道刺史、郡守会不会抵抗，天知道会不会有围城，天知道自己会不会成为“不赦”的一分子。总之，稳妥起见，还是先跑了再说。

秦制时代的军阀混战有一个非常寻常的道理：谁的手段越狠，谁就越有能力从百姓身上榨取到更多的人力、物力资源，谁就最有可能胜出。曹操正是汉末、三国时代的那个手段最狠的人。屠城只是他“狠”的一隅，更狠的政策是所谓的摧抑豪强与兴办屯田。

1. 摧抑豪强。

“豪强”两个字是曹魏（本文的“曹魏”字样是一种广义指称，既包括曹操控制下的东汉时期的政权，也包括曹丕称帝后的魏王朝）对地方上有力量的大族的一种统称，带有强烈的贬义。“摧抑豪强”四个字组合起来，也很有维护社会公平的味道。曹操在建安九年（公元 204 年）九月下达的《抑兼并令》也是在高喊“不患寡而患不均”[①]的口号，说要打击“豪强”，为“下民”伸张正义。

伸张正义大体只是口号。曹魏所垂涎的是地方上有力量的大族控制的土地与依附人口，将他们的土地变成曹魏所有，将他们的依附人口变成曹魏的编户民，曹魏才能汲取到更多的人力与物力。反之，若放任地方上有力量的大族存在，那就相当于给了编户民用脚投票的机会。当百姓无法承受来自曹魏及其代理人的剥削时，就会两害相权取其轻，投入地方上有力量的大族的怀抱，以寻求庇护。在豪强的庇护下，百姓也许需要缴纳更高额度的田租，但可以免除更痛苦的徭役、兵役。

细察汉末各路军阀的命运，可以发现一条规律：凡致力于对内摧抑豪强的，对外往往也会表现出强烈的侵略性，比如曹操与孙策。凡对内选择与豪强合作的，对外扩张的欲望也要稍逊一筹，比如袁绍。有些军阀甚至于近乎没有对外扩张的欲望，比如刘表与刘璋。

---

① 陈寿：《三国志·魏书·武帝纪》，中华书局 1959 年版，第 26 页。

这条规律的成因也不复杂。对内摧抑豪强，消灭了地方上的豪强，百姓被原子化，军阀就可以用低成本来加重剥削，有效汲取到更多的人力与物力，这些人力与物力就可以支撑起他们对外扩张的野心。反之，那些依赖与豪强合作而形成的军阀集团，比如单骑入荆州后选择与蔡氏、蒯氏合作的刘表，他们可以汲取到的人力与物力就要少很多，汲取难度也高，而且豪强大多不愿牺牲自己掌控的人力、物力来支持军阀的对外扩张。于是，依赖与豪强合作的军阀即使有对外扩张的野心，也很难有付诸实行的机会。

也就是说，曹操所谓的摧抑豪强，本质上是在追求更强有力地榨取自耕农和自由民的税赋。摧抑豪强与租调制配套运作，“曹魏的户调较之汉代的口钱和算赋（两种人头税），大约加重了四倍”[①]；同时，百姓承担的田租达到了亩产的七分之一（考虑到亩产有限，这个比例其实是很高的），较之汉代通行的三十分之一，也高出了四倍有余[②]。若放任地方上豪强存在，百姓用脚投票，寻求庇护，如此强的榨取力度是无法长期维持的。

---

① 余鹏飞：《三国经济史》，河南大学出版社 1992 年版，第 277 页。

② 周国林：《曹魏西晋租调制度的考实与评价》，《华中师范大学学报》（人文社会科学版）1982 年增刊。

2. 兴办屯田。

曹魏的屯田分民屯和军屯两种。民屯本质上近似于一种农奴制度。一旦成为曹魏的屯田民，就将终身被束缚在屯中，不能随意迁徙，也不能变成由郡县管辖的编户民，只能世代受军事化管制。做曹魏的农奴，不但没有人身自由可言，还须将50%（不使用官牛）或60%（使用官牛）的产出交给官府，同时无条件从事诸如垦荒、修路、造屋、输租等各种徭役，包括给长官做家奴，非常时期还得参与战事。①用张大可先生的话说就是，“屯民所处地位是军事管制下的农奴，每一个屯田点就是一座劳役集中营”②。

自然，屯田的暴政经常会造成“民不乐，多逃亡”③的现象。公元213年，曹操南征孙权，下令将江淮一带的编户民移往内地，结果“江、淮间十余万众，皆惊走吴”④。曹魏的百姓深刻了解做屯田民有多悲惨，遂纷纷逃往江南，投入孙

① 王仲荦:《曹魏屯田制度的几个问题》，见郑欣:《魏晋南北朝史探索》，山东大学出版社2009年版，第196—215页。高敏:《再论关于曹魏屯田制的几个问题》，《史学月刊》1991年第4期。

② 张大可:《三国史》，商务印书馆2013年版，第302页。

③ 陈寿:《三国志·魏书·袁张凉国田王邴管传》，中华书局1959年版，第334页。

④ 陈寿:《三国志·魏书·程郭董刘蒋刘传》，中华书局1959年版，第450页。

吴政权的怀抱，总计多达十余万人。

而军屯的奴役远比民屯残酷。为尽可能控制住屯田兵，驱策他们战时流血，平时流汗，曹操建立了一套以胁迫为核心的“士家制度”。屯田兵被称作“士”，其子孙被称作“士息”，其妻被称作“士妻”，其家被称作“士家”。只要做了“士”，就世世代代不能再做自由民，子子孙孙都是曹魏的兵奴兼农奴。“士”死了，他的妻子也不能改嫁给自由民，只能服从官府分配改嫁给其他的“士”。“士”的子女同样只能婚配其他“士”的子女。而且，“士”在边境屯田，他的妻子和儿女会被朝廷当作人质，集体控制在他处从事生产。[①]

为防止“士”的反抗，曹操还制定了严厉的《士亡法》。若有屯田兵选择逃亡，官府会杀死他们的家属。但是即便如此，“太祖患犹不息，更重其刑”[②]，让曹操头疼的逃亡现象仍不断发生，可见对百姓压榨之严重。

《晋书·文苑传》里的赵至就是曹魏政权下的一个“士息”，也就是屯田兵的儿子。他和母亲作为人质被官府从家乡代郡迁至河南缑氏，与其他屯田兵家属共同生活。赵至不

---

① 唐长孺:《〈晋书·赵至传〉中所见的曹魏士家制度》，见《魏晋南北朝史论丛》，商务印书馆 2017 年版，第 27—33 页。

② 陈寿:《三国志·魏书·韩崔高孙王传》，中华书局 1959 年版，第 684 页。

甘心像父亲那样一辈子做毫无自由的奴隶，想要逃跑，又怕家人遭到官府的报复，于是在15岁的时候开始装疯，经常假装走出三五里找不到回家的路，然后被人寻回；他还拿火烧自己的身体，烧伤十多处。一年后，觉得基层的监管者真的已经相信自己疯了，他才正式出逃，最后在遥远的辽西用假身份洗掉了低贱的“士息”出身，成为可以做官的自由民。①

所以，曹魏之所以能够在汉末、三国的乱世之中胜出，核心原因并不仅仅在于曹操、曹丕个人如何雄才大略，而是他们的手段够狠、够硬、够有效，建立起了比其他军阀更强大的人力、物力的汲取机制。下文还会提到，与之鼎立的蜀汉也是相似的情形。

二、直百五铢钱的奥秘

建安十九年（公元214年）的益州百姓大概会很怀念刘璋。因为他们发现，益州的新主人刘备上台后干的第一件大事是建立一套强大的新汲取机制，对益州的百姓进行搜刮。

① 房玄龄等:《晋书·文苑传》，中华书局1974年版，第2377—2379页。

新的汲取机制来自刘巴与诸葛亮等人的设计。据《三国志·蜀书·董刘马陈董吕传》的裴松之注记载，刘巴在建安十九年曾就如何有效敛财向刘备献计："军用不足，备甚忧之。巴曰：'易耳，但当铸直百钱，平诸物贾，令吏为官市。'备从之，数月之间，府库充实。"[①] 刘备苦于军用不足，刘巴建议实施两条政策，第一条是铸造"直百钱"，也就是铸造一种新货币，一枚新币的面值相当于一百枚过去蜀地的五铢钱；第二条是由官府接管市场、控制物价，不许价格发生不利于官府的波动。刘备采纳刘巴的建议，蜀国的国库很快丰盈。

刘备发行的"直百五铢钱"出土甚多，绝大多数重 8—9 克，钱上的文字显示，它们或在成都铸造，或在犍为郡铸造。而刘璋父子统治益州时铸造的蜀地的五铢钱的重量一般在 2—3.7 克左右，以 2.5 克较为常见。[②] 也就是说，刘备铸造的新钱的重量仅相当于旧钱的 3—4 倍，法定面值却是旧钱的 100 倍。他一手铸钱，一手控制市场与物价，空手套白狼，迅速从百姓手中汲取了 30 倍上下的财物。

---

① 陈寿：《三国志·蜀书·董刘马陈董吕传》裴松之注引《零陵先贤传》，中华书局 1959 年版，第 982 页。

② 朱活：《古钱小辞典》，文物出版社 1995 年版，第 50—52 页。

保障蜀汉的高强度汲取政策顺利推行的是由严刑峻法构筑起来的高压统治。

建安十九年，在刘备的授意下，诸葛亮、法正、刘巴、李严、伊籍五人共造“蜀科”[①]，亦即在汉律的基础上，专门制定了一套针对益州百姓的法律。蜀科的具体内容已经失传，但对它的大致面貌，《三国志·蜀书·诸葛亮传》的裴注中有载：“亮刑法峻急，刻剥百姓，自君子小人咸怀怨叹。”[②]意思是：诸葛亮制定了严刑峻法来保障对百姓的盘剥。益州的百姓，上至豪族、士人，下至庶民、奴婢，都心怀怨言。

参与制定蜀科的法正起初未能理解严刑峻法的必要性，他跑去跟诸葛亮提意见：“昔高祖入关，约法三章，秦民知德，今君假借威力，跨据一州，初有其国，未垂惠抚；且客主之义，宜相降下，愿缓刑弛禁以慰其望。”[③]法正建议诸葛亮，学学汉高帝刘邦入关的做法，约法三章，不要搞大部头的律典。毕竟刘备是外来的政治势力，应该先用宽大政策来

① 陈寿：《三国志·蜀书·许麋孙简伊秦传》，中华书局1959年版，第971页。

② 陈寿：《三国志·蜀书·诸葛亮传》裴松之注引《蜀记》，中华书局1959年版，第917页。

③ 陈寿：《三国志·蜀书·诸葛亮传》裴松之注引《蜀记》，中华书局1959年版，第917页。

笼络本土的势力，获得他们的支持。

诸葛亮的回答深得商鞅、韩非之道，他说：“君知其一，未知其二。秦以无道，政苛民怨，匹夫大呼，天下土崩，高祖因之，可以弘济。刘璋暗弱，自焉已来有累世之恩，文法羁縻，互相承奉，德政不举，威刑不肃。蜀土人士，专权自恣，君臣之道，渐以陵替；宠之以位，位极则贱，顺之以恩，恩竭则慢。所以致弊，实由于此。吾今威之以法，法行则知恩，限之以爵，爵加则知荣；荣恩并济，上下有节。为治之要，于斯而著。”①

诸葛亮的意思是：我们现在面临的局面和汉高帝当年不同。秦实行暴政，征敛无度，豪族与庶民都活不下去，所以匹夫振臂一呼，天下响应，汉高帝必须顺应当时的潮流。但是刘璋父子统治益州的手段是与豪族合作，与他们共享权力与利益，结果导致刘璋父子与豪族之间已不存在“君臣之道”。有刘璋父子的宠信在前，我们再拿官职、爵位、财富笼络他们，就显不出区别，没有意义，他们也不会感恩。我们需要的是严刑峻法，用刑罚来威吓他们。被律法狠狠地修理过，他们才会知道什么叫君王的恩典；用地位来诱惑他

① 陈寿:《三国志·蜀书·诸葛亮传》裴松之注引《蜀记》，中华书局1959年版，第917页。

们，被阶层难以提升的忧虑折磨过，他们才会懂得获得的官爵有多么荣耀。简言之，益州的豪族与庶民之前的日子过得太舒服，我们要把政策变一变。

不过，蜀汉的高压统治也会因人而异。在诸葛亮心中，什么人可以无法无天，什么人不可以乱说乱动，有一本明明白白的账。法正在蜀郡“一餐之德，睚眦之怨，无不报复，擅杀毁伤己者数人”，有人跑到诸葛亮那里，求他主持公道，他告诉那个人从前主公落魄，多亏法正襄助才有今天，“如何禁止法正使不得行其意邪”，反问那个人，为何不能让法正随心所欲。[①] 另一位因得庞统、法正推荐而得刘备重用的彭羕“宣传军事，指授诸将，奉使称意，识遇日加”，他也想随心所欲，于是“形色嚣然，自矜得遇滋甚”，却被诸葛亮打了小报告，对刘备说他“心大志广，难可保安”，导致其失宠。[②]

法正可以乱说乱动，是因为他来自雍州，是一位客居者。纵容他乱说乱动，不会妨害蜀汉政权针对益州的汲取政策。彭羕不可以乱说乱动，因为他是益州本地人，纵容他乱

① 陈寿:《三国志·蜀书·庞统法正传》，中华书局 1959 年版，第 960 页。

② 陈寿:《三国志·蜀书·刘彭廖李刘魏杨传》，中华书局 1959 年版，第 995 页。

说乱动，等同于增强他在益州本地豪强中的声望，等于将他推上“益州本土利益集团代言人”的地位。二人身份的差别是理解法正与彭羕命运迥异的关键。对刘备和诸葛亮而言，一切都得为汲取让位。是否能够维持高强度的汲取机制，是蜀汉政权能否存在下去的关键。

因史料匮乏，今人已无法还原蜀汉的民力汲取机制全貌。幸好出土文物不但发现了汉昭烈帝（刘备）时代铸造的“直百五铢钱”，还发现了诸葛亮辅佐刘禅时铸造的“太平百钱”“定平一百”等。由出土的蜀汉钱币可以推断，以敛财为目的的滥铸货币是蜀汉长期实施的一项基本国策。诸葛亮在建兴六年（公元 228 年）有能力出兵北伐，也与滥铸货币的政策有很直接的关系。据出土文物提供的信息，至迟在此之前一年，太平百钱已在蜀国铸造发行。相比刘备时代重约 8—9 克的直百五铢钱，太平百钱的重量从 8 克下跌至 1 克，极端的甚至不足 1 克。①

重量的下降意味着蜀汉敛财力度的加重。为了维持敛财力度，除了用严刑峻法构筑高压统治，诸葛亮还有一个袭自

---

① 曾维华：《蜀汉是“太平百钱”的铸主》，见《中国古史与文物考论》，华东师范大学出版社 2008 年版，第 183—186 页。安剑华：《蜀汉钱币探微：以武侯祠馆藏蜀汉钱币为例》，见《成都大学学报》（社会科学版）2005 年第 6 期。

商鞅、韩非的诀窍——平等的贫穷。所谓平等的贫穷，简言之就是在百姓当中制造一种印象：社会不富裕，但社会是平等的。下层百姓每日只能吃一顿干饭，上层官僚每日也只能吃一顿干饭。他制造的平等契合了百姓“不患寡而患不均”的心理，可以极大地消解他们内心因遭到压迫、受到剥削而感到的不满。诸葛丞相家中只有“桑八百株，薄田十五顷”，很容易让大多数人忘了直百五铢钱与太平百钱对自身带来的伤害，一如陈寿在《三国志·蜀书·诸葛亮传》里所写的那样：

> （诸葛亮）开诚心，布公道……刑政虽峻而无怨者。[①]

遗憾的是，诸葛亮死后，刘禅放飞自我，开始大兴土木修建宫苑[②]。“平等的贫穷”破产，那些满脸菜色的百姓[③]开始

① 陈寿:《三国志·蜀书·诸葛亮传》，中华书局 1959 年版，第 934 页。

② 《三国志·蜀书·杜周杜许孟来尹李谯郤传》，载谯周劝谏刘禅，有“四时之祀，或有不临，池苑之观，或有仍出……愿省减乐官、后宫所增造，但奉备先帝所施，下为子孙节俭之教”之语。中华书局 1959 年版，第 1028 页。

③ 《三国志·吴书·张严程阚薛传》裴松之注引《汉晋春秋》，载有吴国使臣薛翊自蜀国归来后，给吴主孙休的汇报：“主暗而不知其过，臣下容身以求免罪，入其朝不闻正言，经其野民皆菜色。”中华书局 1959 年版，第 1255 页。

怀念诸葛丞相，“遂因时节私祭之于道陌上”[①]。

三、皇权缘何“破浮华”

何晏活跃于曹魏，他的祖父是东汉末年的大将军何进。何晏的父亲早逝后，母亲尹氏被曹操收为妾，他遂与曹丕等人一并在魏王宫中成长。成年后，何晏又“尚公主”，做了曹操的女婿。

何晏一生经历了曹操、曹丕、曹叡、曹芳四个时代，死于司马懿发动的高平陵政变。在曹操时代，何晏是一个非常注重学识和修养的人。他“少以才秀知名，好老庄言，作道德论及诸文赋著述凡数十篇”[②]，且对兵书也有独到的见解，《何晏别传》里说曹操“读兵书有所未解，试以问晏，晏分散所疑，无不冰释”[③]。《何晏别传》里还说，何晏在魏王宫与曹氏子弟相处时，“坐则专席，止则独立。或问其故，答

① 陈寿:《三国志·蜀书·诸葛亮传》裴松之注引《襄阳记》，中华书局 1959 年版，第 928 页。

② 陈寿:《三国志·魏书·诸夏侯曹传》，中华书局 1959 年版，第 292 页。

③ 李昉:《太平御览》卷三八五引《何晏别传》，中华书局 1995 年版，第 1779 页。

曰：'礼，异族不相贯坐位。'"[①] 在曹魏的第三位皇帝曹芳时代，也就是何晏人生的末年，他位列朝堂，也是一个有"大儒之风"（清代史学家钱大昕的评语）的人。比如，鉴于皇宫内大搞装修，大玩舞乐、饮宴，骑马射箭，何晏曾劝谏曹芳"所与游必择正人，所观览必察正象。放郑声而弗听，远佞人而弗近"[②]，淫乱的声音不要去听，奸佞的小人也不要去亲近。

这样重学识、讲修养、有大儒之风的人物在曹丕、曹叡父子主政的时代却穿起了女装，闹得洛阳城中无人不知。史载，何晏不但"好服妇人之服"，被人斥为"妖服"[③]，还"动静粉白不去手，行步顾影"[④]。

这样的反差与何晏的政治抱负不为皇权所容、长期遭受政治打压与思想管控有直接关系。作为一个身份尴尬的边缘"官二代"，何晏在仕途上很不得志。曹丕不喜欢他，故"黄初时无所事任"[⑤]，未能进入官场。曹叡也不喜欢他，

---

① 同上，第 1817 页。

② 陈寿:《三国志·魏书·诸夏侯曹传》,中华书局 1959 年版,第 122—123 页。

③ 房玄龄:《晋书·志第十七·五行上》，中华书局 1974 年版，第 822 页。

④⑤ 陈寿:《三国志·魏书·诸夏侯曹传》裴松之注引《魏略》,中华书局 1959 年版，第 292 页。

故“颇为冗官”[①]，只担任了一些无足轻重的职务。曹丕的不喜欢，可能与何晏被曹操收养却又不肯做曹操的养子有关。曹叡的不喜欢，则缘于何晏的政治思想与皇权的需求背道而驰。

何晏、王弼与夏侯玄一干人等是开魏晋玄学先河的知识分子。他们的政治思想，按顾炎武的说法，是“蔑礼法而崇放达。视其主之颠危若路人然”[②]。简单说来就是：曹魏以法家权术为治国手段，辅以儒学礼教作为粉饰；何晏、王弼、夏侯玄等人则尊孔子为圣人，且援老庄之说入儒，试图用自然秩序来规范政治秩序（本质上仍不脱离董仲舒用天命来约束“皇权”的思路），主张君主抛弃严刑峻法、退而无为，将治理天下的责任交托给官僚集团。这些人不具备《白虎通义》定义的那种无条件的忠君思想，如见皇帝有难就像碰上路人遭厄而无动于衷。

这样的主张自然不会为曹魏皇权所容。魏明帝即位次年，就下诏警告“浮华交游”之风，针对的便是何晏、夏侯

① 陈寿：《三国志·魏书·诸夏侯曹传》裴松之注引《魏略》，中华书局1959年版，第292页。

② 顾炎武著，黄汝成集释，秦克诚点校：《日知录集释》，岳麓书社1994年版，第1012页。

玄这类人物。太和四年（公元230年），又有司徒董昭上书魏明帝，请求皇帝对浮华交游之徒采取更具实质性的惩治措施。董昭在奏章中攻击何晏等人，说他们不用心钻研学问，专爱交游，聚在一起褒扬彼此、批评他人（主要是批评朝政）。董昭说："凡此诸事，皆法之所不取，刑之所不赦！"①随后，魏明帝下诏："浮华不务道本者，皆罢退之！"②

知识分子旨趣相投，彼此来往，交流议论时事，本无任何过错，给他们扣上一顶"浮华交游"的帽子不过是曹魏打压舆论的惯用手段。建安年间，孔融曾对曹操推行的政策多有批评，曹操即写信恐吓孔融，说自己"破浮华交会之徒"的办法，也就是镇压异己的手段，是相当多的。这封信由曹操的幕僚路粹起草，原文是："孤为人臣，进不能风化海内，退不能建德和人，然抚养战士，杀身为国，破浮华交会之徒，计有余矣。"③

据《三国志》中的蛛丝马迹，魏明帝"破浮华交游"后，诸多与何晏旨趣相投的知识分子，如邓飏、李胜、诸葛

① 陈寿：《三国志·魏书·程郭董刘蒋刘传》，中华书局1959年版，第442页。
② 陈寿：《三国志·魏书·明帝纪》，中华书局1959年版，第97页。
③ 范晔：《后汉书·郑孔荀列传》，中华书局1965年版，第2273页。

诞、夏侯玄等，“凡十五人……皆免官废锢”[①]。“废锢”即免除官职、监视居住。魏明帝本有意如曹操杀孔融一般制造一场文字狱，且已将李胜等人逮捕，后因牵涉之人太多，其中还有夏侯玄、何晏这样的“官二代”名士，为免造成政局震荡，才改以“废锢”作为惩罚。

或许是因为“尚公主”之类的原因，何晏未被列入“废锢”名单，但现实的高压也让他不得不屈服。“破浮华交游”的同一年，魏明帝巡幸许昌，大兴土木修筑景福殿，命何晏作《景福殿赋》。何晏在赋的末尾写了这样一段话：“圣上……招忠正之士，开公直之路。想周公之昔戒，慕咎繇之典谟。除无用之官，省生事之故。”[②]“除无用之官，省生事之故”指的正是“破浮华交游”的思想禁锢与言论打压。为求自保，何晏不得不违心赞颂魏明帝做得好、做得对，其英明神武直追传说中的周公。

大约在同期，何晏爱穿女人衣服、喜欢涂脂抹粉的特殊癖好传入了魏明帝耳中。为验证真假，魏明帝做了一次实验：“何平叔（何晏）美姿仪，面至白。魏明帝疑其傅粉，正夏

① 陈寿：《三国志·魏书·王毌丘诸葛邓钟传》裴松之注引《世语》，中华书局1959年版，第769页。

② 萧统编：《文选·何平叔景福殿赋》，上海古籍出版社1986年版，第537页。

月，与热汤饼。既啖，大汗出，以朱衣自拭，色转皎然。”[①]何晏仅存的两首《言志》诗，一首说自己“常恐夭网罗，忧祸一旦并”，一首说自己“且以乐今日，其后非所知”[②]，其惴惴不安、朝不保夕、今朝有酒今朝醉的心态可以说是相当明显。涂脂抹粉，穿上“妖服”，成了何晏自污求存的无奈手段。

从何晏开始，魏晋南北朝时期，诸多名士抛弃了阳刚之美，转走阴柔路线。皇权既然以集权为阳刚，追求阴柔的审美也就自然成了臣僚寻求政治安全的常规路径。在西晋，有潘岳“妙有姿容”[③]，与夏侯湛合称“连璧”[④]；有裴楷号为“玉人”[⑤]，卫玠号为“璧人”[⑥]，王衍“容貌整丽”[⑦]，

① 刘义庆撰，刘孝标注，龚斌校释：《世说新语校释》下册“容止第十四”，上海古籍出版社2011年版，第1191页。

② 陈祚明评选，李金松点校：《采菽堂古诗选》，上海古籍出版社2019年版，第216—217页。

③ 刘义庆撰，刘孝标注，龚斌校释：《世说新语校释》下册“容止第十四”，上海古籍出版社2011年版，第1196页。

④ 同上，第1198页。

⑤ 刘义庆撰，刘孝标注，龚斌校释：《世说新语校释》下册“容止第十四”，上海古籍出版社2011年版，第1200页。

⑥ 同上，第1204页。

⑦ 刘义庆撰，刘孝标注，龚斌校释：《世说新语校释》下“容止第十四”，上海古籍出版社2011年版，第1197页。

手润如玉。东晋则有杜弘治“面如凝脂，眼如点漆”[①]；王恭身材婀娜，唐朝时人称赞他“春风濯濯柳容仪”[②]。进入南北朝，皇权愈加残暴，朝堂之上的阴柔之风更盛。何炯“白皙，美容貌”[③]；韩子高“容貌美丽，状似妇人”[④]；谢晦“眉目分明，鬓发如墨”，被皇帝赞为“玉人”[⑤]。这些阴柔的美男子均闻名于世。《颜氏家训》里也说，“梁朝全盛之时，贵游子弟，多无学术……无不熏衣剃面，傅粉施朱”。[⑥]

个体审美异于常人是一件应该得到充分理解的事情，集体审美异于常人则往往意味着社会出了毛病，魏晋南北朝时期朝堂上的阴柔之风正是如此。西晋建国后，很快就走向了上有晋惠帝“何不食肉糜”，下有“八王之乱”蹂躏、屠杀天下百姓的丛林社会。南北朝的情况也大体相仿。理想无处安放，有志者遭逆向淘汰，留存在权力游戏之中的人为了让

① 同上，第 1216 页。

② 同上，第 1229 页。

③ 姚思廉：《梁书 · 孝行列传 · 何炯》，中华书局 1973 年版，第 655 页。

④ 姚思廉：《陈书 · 韩子高传》，中华书局 1972 年版，第 269 页。

⑤ 李延寿：《南史 · 谢晦传》，中华书局 1975 年版，第 522 页。

⑥ 颜之推撰，王利器集解：《颜氏家训集解》“勉学第八”，上海古籍出版社 1980 年版，第 145 页。

皇权（或皇权的代理人）放心，也只好“熏衣剃面，傅粉施朱”，以阴柔之态表示自己胸无大志。

第九章
控制与汲取的“进化”

自秦汉而至于明清，“百代皆行秦政”。但秦制并非始终停留在商鞅、韩非子设计的模样一成不变，它也是有所“进化”的。

秦制的“进化”主要集中在两个方面：1. 完善对自身的统治基础（也就是官僚系统）的扁平化、原子化控制——新莽以打击土地兼并为名整肃官僚集团，东汉以宦官主持鸿都门学来削弱世家大族的势力，都是出于这个目的。2. 寻求更有效的方法，控制更多的百姓，汲取更多的人力、物力——商鞅变法“民有二男以上不分异者，倍其赋”，曹操以屯田为名对百姓实施暴虐的农奴制度，都是出于这个目的，而且都相当成功。这两个方面中，第一个方面是重点，也是难点，新莽和东汉的做法都没有取得成功。第二个方面相对容易，因为与官僚系统相比，散沙化的底层百姓面对皇权花样百出的汲取手段，几乎很难有什么像样的抵抗。

科举取士与历次变法是秦制最成功，也最重要的“进化”。

一、科举重塑官僚集团

自隋炀帝大业元年（公元605年）创设进士科，到清德宗光绪三十一年（1905年）清廷废除科举，科举取士在中国实行了一千三百余年。作为秦制最重要的一次完善，科举制度给了普通读书人一种“我有机会进入体制，成为统治集团的一分子”的幻象。这种幻象极为坚固，以至于清廷取消科举之后，很多读书人对新的教育体制充满了抵触情绪。

山西太谷县的读书人刘大鹏就是一个典型的例子。刘是山西太原县赤桥村人，生于清文宗咸丰七年（1857年），逝于1942年。光绪二十年（1894年）中举，之后三次入京会试，均落榜而归，没能进入官场。为了谋生，他在太谷县某富商家中担任坐馆教师，一做就是二十年。1905年10月，废除科举的消息传到该县，刘大鹏深受打击，在日记中写下了

“甫晓起来心若死灰，看得眼前一切，均属空虚”[①]的文字。

他的“心若死灰”，既是哀叹自己再无机会通过科举进入官僚集团，也是在哀叹自己私塾教师的职业将要不保，往后将生计艰难。刘在日记中说，科举废了，“有子弟者皆不做读书想”（1905 年 10 月 15 日）[②]，再没人要送孩子来私塾读四书五经；“昨日在县，同人皆言科考一废，吾辈生路已绝”（1905 年 10 月 23 日）[③]，县里做私塾教师的同行都在哀叹马上就要失业；“科考一停，同人之失馆者纷如，谋生无路，奈之何哉”（1905 年 11 月 3 日）[④]，同行们纷纷丢了工作，可怎么办；“去日，在东阳镇遇诸旧友借舌耕为生者，因新政之行，多致失馆无他业可为，竟有仰屋而叹无米为炊者”（1906 年 3 月 19 日）[⑤]，又在路上碰到因失业而无米下锅的老同行……

到了 1914 年，刘大鹏仍在日记中对科举的废除耿耿于怀：“予之幼时，即有万里封侯之志，既冠，而读兵书，及至中年被困场屋，屡战屡踬，乃叹自己志大而才疏，不堪以肩大任。年垂四十，身虽登科，终无机会风云，不得已舌耕

①② 刘大鹏：《退想斋日记》，山西人民出版社 1990 年版，第 146 页。

③④ 同上，第 147 页。

⑤ 刘大鹏：《退想斋日记》，山西人民出版社 1990 年版，第 149 页。

度日。光绪季年，国家变法维新，吾道将就渐灭，迄宣统三年，革命党起，纷扰中华，国遂沦丧，予即无舌耕之地，困厄于乡已数年矣，年垂六十，遭逢世乱，无由恢复中原，不才孰甚焉，俨具七尺之躯，毫无补于时艰，不亦虚生矣，予惭仄曷极！”（1914 年 11 月 2 日）[①]

“万里封侯之志”“不堪以肩大任”“无机会风云”等词句饱含着未能进入清帝国官僚系统的遗憾；“国遂沦丧”“无由恢复中原”等词句则饱含着对新时代的敌意和对旧时代（清朝）的怀念。刘大鹏的遗憾、敌意与怀念其实都源于他相信：只要科举的上升通道存在，自己作为士，就有机会实现阶层跃升，进入统治集团。

遗憾的是，他似乎并不了解，官僚集团虽然是清帝国的核心统治基础，但科举取士并不是官僚的主要来源。何炳棣的研究认为，“在 1871 年七品至四品的地方官中有 51.2% 是捐的官”[②]，也就是拿钱买官的比例已经超过了科举（剩余的 48.8% 的官员也并非全部来自科举）。另一项针对湖北和山西太谷、安泽、虞乡三县的统计显示，只有 3%—4%

① 刘大鹏：《退想斋日记》，山西人民出版社 1990 年版，第 198 页。

② ［美］费正清：《剑桥晚清中国史》上卷，中国社会科学出版社 1985 年版，第 518 页。

的“士”（生员）能通过科举取士完成从体制外向体制内的流动。[①]

科举之于清帝国，既在于造就一个由士构成的统治基础，也在于给士制造一种幻象，让他们觉得自己“永远有机会进入统治集团”。这种幻象没有年龄限制，每三年举行一次。无论落第多少回，只要还活着，似乎就仍有成功的机会和希望。换句话说，与其说它是一条上升通道，不如说更像是安慰剂，成功地让“天下英雄尽入吾彀中”。1905年之前，包括刘大鹏在内的上百万读书人（以获得“生员”资格为准），就安安静静地活在这样的幻象里。

清代官僚的主要来源不是科举取士，其他朝代也不是。

齐陈骏估算过唐代的情况，他的结论是：“唐代每30年为一代的官僚总数是19000人，而每30年科举出身的有3100人，那么科举出身的官僚仅占整个官僚集团的16%，另外80%以上都是非科举出身。如果我们将胥吏（基层的办事人员）包括在内，则科举出身的连1%也不到了。”[②]宋

① 王先明：《近代绅士：一个封建阶层的历史命运》，天津人民出版社1997年版，第656—657页。

② 齐陈骏：《枳室史稿·唐代的科举与官僚入仕》，甘肃文化出版社2005年版，第245页。

代号称“与士大夫治天下”，但依据南宋嘉定六年（1213 年）的统计，科举出身的官员只占到了全部官员的 26.1%，远比不上占比 56.9% 的“恩荫出仕”。这一统计只包括了官，没有将吏计算在内，否则科举出身者所占比例会更低。[①]

元代统治者对中原王朝的秦制不甚了解，虽也开科取士，但只学了形式，未能真正制造出“永远有机会成为统治集团的一分子”的幻象。所以，元末明初人叶子奇曾言：“(元代) 科目取士，止是万分之一耳。”元代立国近一个世纪，科举出身的官员占官员总数的比例不超过 3.88%。[②] 至于明代，据郭培贵的考证：“明朝选官除科举外，还有荐举、学校和吏员等途径，而以数量论，洪武年间荐举一度成为选官制度的主体……洪武至景泰间，‘七卿’中的 57.6% 来源于以荐举为主的非科举出身者。而永乐、宣德以后，国子监生入仕在数量上也远远超过科举，科举只是在选任重要和高级官员中占据绝对，甚至垄断优势。”[③]

其实，清朝之所以废除科举，重要目的之一就是将读书

---

① 方健：《北宋士人交游录》，上海书店出版社 2013 年版，第 3 页。

② 冯尔康：《中国社会结构的演变》，河南人民出版社 1994 年版，第 772 页。

③ 郭培贵：《二十世纪以来的明代学校与科举研究》，《明史研究论丛》2014 年第 2 期。

人从“永远有机会进入统治集团”的幻象中解放出来。只有读书人得到了解放，抛弃了八股，转而与近代制度文明、科技文明接轨，国家才有自强的希望。很可惜，读了一辈子书、教了一辈子书的刘大鹏并不明白这个道理。

除了给读书人制造幻象，科举还有一重功能，那就是重塑官僚集团。

秦制的要义是废除分封制，以官僚系统而非诸侯、贵族为统治基础，以求最大限度满足皇权的独大欲望，进而最大程度实现对人力和物力的汲取。所以，秦制政权在做制度设计时，最核心的诉求是约束官僚集团，避免其向诸侯、贵族的方向演进。基于最基本的人性，每一个秦制官僚都会追求从制度上巩固自己的社会地位与财富，并将之传给后代。这样的追求若不加以遏制，官僚集团就会变成新的诸侯、贵族，就会挑战“普天之下莫非王土”，进而寻求“私有财产神圣不可侵犯”，寻求与皇权之间的契约关系，而不再甘于奴仆的身份。这是皇权绝对不愿意看到的，皇权希望社会扁平化、散沙化，不但百姓如此，官僚也应如此。

皇权欲控制官僚集团，使之成为忠实的奴仆，首要之务是控制进入官僚集团的路径。然而，无论是常规的察举、征辟（两汉），还是非常规的唯才是举（曹魏），选拔人才的政策虽然出自皇权（或那些架空皇权的强者），但具体选拔仍受制于世家大族。士人要想获得被察举、征辟的机会，首要之务是与有组织、有影响的世家大族建构起良好的关系。汉末汝南许劭、许靖兄弟的“月旦评”之所以炙手可热，是因为它相当于一张进入官僚集团的门票；汝南袁氏之所以能够“门生故吏遍天下”，也是因为袁家“四世三公”，其组织力和影响力可以助人进入官僚集团。袁氏也乐意这么做，因为这样可以巩固乃至壮大袁氏家族在统治集团中的实力。袁绍在汉末能够成为最大的军阀，与他的家族“门生故吏遍天下”这一背景有着直接的关系。即使是曹操的“唯才是举”，刻意想要重用寒族士人，但仍须依赖世家大族发掘寒族士人。只要依赖无法消除，“唯才是举”就无法长久。于是到了曹丕时代，历史又回到了“九品中正制”，终究还得由世家大族来组成官僚集团。

科举的出现改变了这种局面。皇权自此有了稳定可控的选拔工具，用来更新官僚集团。皇权不在乎官僚集团中究竟有多少人出自科举，它在乎的是进入官僚集团的路径必须控制在皇权手里——如前文所述，据南宋嘉定六年（1213 年）的统计，科举出身的官员只占到了全部官员的 26.1%，远不及占比 56.9% 的“恩荫出仕”。但科举也好，恩荫也罢，选拔人才的路径均控制在皇权手里，这才是最重要的。站在皇权的角度，唯有如此才能防范门阀的出现，才能让官僚集团扁平化、原子化。而且，相较于消灭拥有紧密血缘关系的世家大族，消灭松散的所谓“科举朋党”要容易得多。换言之，科举取士完全改变了官僚集团的生态，极大地提升了秦制政权的安全系数。

二、增收变法花样百出

秦制的另一重“进化”是通过变法来不断提高政权的汲取能力。

细察中国古代历次变法的诉求，不难发现，它们大多是以解决财政问题为中心的变法。变法的核心目的是增加朝廷收入，而非解决民生疾苦、实现税负公平。

试举几例。商鞅变法前文已有述及，不再赘言。

第一，来看汉武帝刘彻的改革。

自元狩四年（公元前 119 年）开始，为增强对人力、物力的汲取，刘彻的改革至少使用了三种“空手套白狼”的手段。第一种手段是在当时流通的半两钱之外，发行一种奇怪的新货币“白金三品”。它并不是真的白金，而是用银和锡混合铸造，原因是皇家库房里银和锡最多。“三品”是三种大小与纹刻不同的钱，代表不同面值，一种上面刻着龙，一种上面刻着马，再一种上面刻着龟。白金三品不是真金，但刘彻强行给它定了一个比真金还离谱的面值。离谱到什么程度？刘彻规定：一枚龙纹钱值 3000 钱，一枚马纹钱值 500 钱，一枚龟纹钱值 300 钱。汉代银价贱，每两不过 50 钱。一枚龙纹钱的标准重量是 8 两，用银价换算，等于 400 钱，龙纹钱中还掺杂了大量更廉价的锡。也就是说，一枚龙纹钱的实际价值其实连 100 钱也不到，货币面值是货币实际价值的 30 倍。刘彻滥发货币的实质是利用通货膨胀疯狂敛财。[①]

不过，刘彻忽略了一点，白金三品仿造起来不难。老百姓不是傻子，官府造，我也造，结果刘彻敛财的目的没达到，国家的货币体系反而崩溃了。刘彻不得不出台严酷的法律，凡盗铸者，不论情节轻重，数额多寡，发现后一律处死。结果，“自造白金五铢钱后五岁，赦吏民之坐盗铸金钱死者数十万人。其不发觉相杀者，不可胜计。赦自出者百余万人。然不能半自出，天下大抵无虑皆铸金钱矣”[②]。刘彻时代的全国人口总数在 3000 万—4000 万人之间。这意味着，

① 胡诚：《白金三品之管见》，《考古与文物》1994 年第 5 期。

② 司马迁：《史记 · 平准书》，中华书局 1959 年版，第 1433 页。

为了打击盗铸之风，不得不把天下至少三十分之一的人关进监狱，多少人因此掉了脑袋则未可知。

第二种手段是向全国百姓征收“财产税”。鉴于国家对基层的控制能力太弱，无法切实调查每户人家的资产，刘彻发动了一场声势浩大的“算缗告缗”运动。“缗”指的是百姓财产中来自非农业收入的部分，“算缗”就是对这部分收入征收财产税，比例是6%；特殊人群可享受优惠，比例是3%。“告缗”就是鼓励百姓举报一切认识的人的资产。刘彻规定：凡告发他人隐匿资产或呈报资产不实，查证确凿后，被告资产全部没收，没收资产的一半作为对告发人的奖励。告缗令传达下去之后，一场持续四年之久的全民大告密运动就此启动。

算缗告缗到底卷入了多少百姓？刘彻究竟从中掠夺到了多少财富？司马迁给出的答案是：“告缗遍天下，中家以上大抵皆遇告……治郡国缗钱，得民财物以亿计，奴婢以千万数，田大县数百顷，小县百余顷，宅亦如之。于是商贾中家以上大率破，民偷甘食好衣，不事畜藏之产业，而县官有盐铁缗钱之故，用益饶矣。”①商人、中产以上的家庭全都破产，

① 司马迁：《史记·平准书》，中华书局1959年版，第1435页。

百姓从此满足于得了钱就吃掉、喝掉、花掉，不敢再有任何积累财富的欲望。官府的钱多到花不完。

第三种手段是消灭民间商人，让官府成为唯一的经商者，也就是“利出一孔”。最先启动的是盐铁官营。为了生存，百姓必须吃盐；为了有效率地耕种，百姓必须买铁农具。官府垄断盐、铁等于向所有百姓变相征税，结果是百姓不但必须花高价才能购到盐、铁，而且买回的还是劣质货。刘彻死后，来自基层的贤良、文学控诉这一政策造成了如下恶果：“今县官作铁器，多苦恶，用费不省，卒徒烦而力作不尽……盐、铁贾贵，百姓不便。贫民或木耕手耨，土櫌淡食。”[①] 盐、铁卖得那么贵，质量又那么差，走半天山路进城去买，还经常碰上不营业。用不起铁器，老百姓只好退化到用木头农具耕地，用手去除草；吃不起食盐，老百姓只好退化到吃那些有点咸味的土和草梗。

尝到盐铁官营的甜头后，刘彻又采纳了桑弘羊的均输法，将整个汉帝国变成了一台商业机器。所谓均输法，简单说来，就是官府包揽商品的购买与销售。官府在甲地廉价买进当地土特产，然后由均输官运输到不出产该商品的乙地高

① 桓宽：《盐铁论·水旱》，上海人民出版社 1974 年版，第 80 页。

价出售。整个政策的核心是由官府垄断国内的主要商业活动。百姓想卖哪些商品、想买哪些商品都只能去官府在各地开办的收购点和销售点。

以上种种掠夺民财的政策，造成的结果是汉帝国的百姓大量破产、逃亡。唐代史学家司马贞因此评价武帝“俯观嬴政，几欲齐衡”，可与暴君秦始皇相提并论。

第二，来看北魏孝文帝的均田制改革。

这场改革的核心驱动力同样是增强朝廷在人力、物力方面的汲取能力。自魏晋以来，战乱频繁，一方面，人口大量死亡，出现了许多空地、荒地；另一方面，中原豪强聚族自保，许多人口依附（或被控制）到了他们名下，时人称“民多隐冒，五十、三十家方为一户”[①]。北魏旧的赋税征收方式是按户计算。50户、30户人口隐蔽在一户豪强名下，意味着朝廷只能征收到一户的赋税。面对这种状况，孝文帝不愿放任自流，于是就有了均田制。

均田制的内容很简单：1. 土地归朝廷所有。2. 朝廷将土地按标准分配给农民耕种。该政策之所以能够从豪强手中抢夺百姓与赋税，关键在于朝廷掌握了大量荒地。因为荒地总

---

① 魏收：《魏书·李冲传》，中华书局1974年版，第1180页。

量太大，以至于不仅仅是人丁，每头牛也可以从朝廷手里分配到30亩耕地。当然，如果仅仅是分配土地，对依附于豪强名下的百姓来说吸引力还是不够，毕竟人口锐减之后，土地资源并不紧张。于是，朝廷又制定了新的租税征收方式，将按户计算改成了按“一夫一妇”计算，且额度低于豪强向依附农户征收的私租。如此一来，依附豪强的农户权衡利弊，就会很自然地倾向于脱离豪强，转而投入朝廷怀抱。

为避免豪强的抵制与反抗，北魏朝廷还制定了还授政策。先将豪强的耕地名义上收归朝廷，再由朝廷“还授”给他们，实际上等于没动。朝廷还给豪强的私家奴婢分配土地，形同于增加了他们的资产。如此，国家与豪强之间成功达成妥协，和平分割了百姓的租税。百姓脱离豪强，看似减轻了负担，实则隐性损失更大，不但名下土地的所有权归了朝廷，自己只保留了使用权，一个个原子化的个体面对强大的皇权及其代理人，其政策层面的“议价能力”也远不如面对豪强。尤其是北魏官员的俸禄发放与赋税征收挂靠在一起，使得北魏的官僚系统长期倾向于最大限度压榨那些脱离了豪强的自耕农，其结果便是“均田制施行后小农的经济负担并没有减轻，反而在敲骨吸髓的征收方式下，走上破产流亡、沦为依附豪族的佃农的道路”[①]。

第三，唐德宗的两税法。

唐德宗时的宰相杨炎在建中元年（公元780年）推行的两税法改革，目的也是为了增强朝廷对人力、物力的汲取能力。

所谓两税法，简单说来就是将过去的田税、户税并为一税，每年分春、秋两季征收。过去的“租庸调”是按户征，新的“两税”是按地征税、量出制入、折钱纳物。具体说来就是：资产和田地越多，征税就越多；财政上有多大的开支，就征多重的税；农产品必须卖成钱或者按官方制定的市值折算成钱来缴纳。

按官方说法，两税法改革之后，以前那些“租庸杂徭”就全免了，百姓只需要交正规的两税。但实际情况是：不但以前的租庸调变成了两税，租庸调之外那些无法律依据的苛捐杂税，如唐代宗搞的“青苗钱”“地头钱”“夏税”“秋税”以及双倍的庸和调，也全部并入了两税。所谓免去“租庸杂徭”，不过是把苛捐杂税的名目取消，实际征敛的量并没有减少。而且，很快那些被并入了两税的苛捐杂税又会以其他

① 薛海波:《论北魏均田制下的国家、豪族与小农》,《中国社会经济史研究》2010年第1期。

名目再次出现。所以，对两税法的本质，王夫之有一段沉痛的批评：

> 盖后世赋役虐民之祸，杨炎两税实为之作俑矣……两税之法，乃取暂时法外之法，收入于法之中……人但知两税之为正供，而不复知租、庸、调之中自余经费，而此为法外之征矣。既有盈余，又止以供暴君之侈、污吏之贪，更不能留以待非常之用。他日者，变故兴，国用迫，则又曰：“此两税者正供也，非以应非常之需者也。”而横征又起矣。[①]

大意是：后世那些虐待百姓的“赋役之祸”（王夫之后文提到了宋代的“庸外加役”与明代的“一条鞭法”），始作俑者是杨炎的两税法。所谓两税法，是将征租庸调时那些临时性的没有法律依据的苛捐杂税一并收进两税之中。自此，百姓只知道两税是正税，再也意识不到其中还包含许多“法外之税”。两税带来的财政盈余也全被暴君和贪官污吏挥霍一空，并不会存留下来，以供非常时期应急使用。真到了非常

① 王夫之：《读通鉴论》卷二四《德宗》，中华书局1975年版，第711—712页。

时期发生了变故，财政不够用了，朝廷又会跑出来说："两税是征税，不包括应对变故的经费。"于是，新的横征暴敛又开始了。

对百姓来说，两税法还有一件要命之事。过去的租庸调用实物支付，两税须用货币支付。在农业国家，用钱纳税往往等同于变相大幅加重农民负担。必须用钱纳税导致市场上农产品的供求体量巨大，进而直接导致农民在交易过程中没有了议价能力。而且，市场上农产品增多，还会直接引发钱荒。再者，官府究竟参考何种物价来制定赋税额度，农民也没有任何发言权。所以，两税法推行之后，唐代农产品和日用品的价格即呈现出暴跌之势，一路跌得百姓胆战心惊，家破人亡。

两税法实施的前一两年，一匹绢可以卖3000—4000文钱；到唐德宗贞元十二年（公元796年），只能卖1500多文；到贞元二十一年（公元805年），已跌到800多文了。米价也是一样，唐代宗大历五年（公元770年）前后，正常年景的米价是每斗1000文或800文；到了贞元元年（公元785年）前后，正常年景关中地区的糙米只能卖30多文一斗，好米最多也只能卖70文一斗；到唐宪宗元和五年（公元810年）前后，若遇丰收，米价甚至跌到2文钱一斗。大体而言，因为钱重物轻，两税法实施的第 8 年，百姓的负担已然“倍输”（唐人陆贽之言），也就是翻了一倍；实施到第 30 个年头，“纳税户的实际负担加重了四倍”；实施到第 40 个年头，“纳税户实际负担几乎增加为原来的五倍”。[①]

简言之，两税法的推行越得力，百姓生产出来的农产品价格就越低，遭受到的实际盘剥就越多，从而出现了白居易与韩愈这两位两税法的激烈反对者。当然，他们的反对是没有用的，相比白居易在诗里哀叹百姓因“岁岁输铜钱”而“岁暮衣食尽，焉得无饥寒”，唐德宗和重臣杨炎等更喜欢用两税法将国库装得盆满钵满。唐朝灭亡之后，宋、元、明、清各代仍对两税法情有独钟，也是相同的道理。

第四，来看北宋的王安石变法。

这次变法争议甚多，但其本质不在“均税”而在“增税”，这个结论是没有疑问的。

越穷越纳税，越富越不纳税，税赋不均的现象自北宋开国之时就已经很严重。范仲淹曾试图通过“方田均税”（清查、丈量每户人家的实际耕地，按实际耕地的数量征税）来解决这个问题，但阻力重重，结果是不了了之。王安石变

① 刘玉峰、钊阳：《试论唐代两税法的制度缺陷和执行弊端》，《唐史论丛》2013 年第 2 期。

法也曾高举“方田均税”的旗帜。但旗帜归旗帜，实操归实操。按理说，宋代对人口和土地的控制能力远超前代，清查土地的实际占有情况较之前代要容易一些，而且当时设计的“方田”办法即使在今天看来也还算实用。然而，方田均税法在宋神宗熙宁五年（1072 年）颁布，拖到熙宁七年才开始实施，搞了一个月，就以天旱为由停了下来。之后，干一阵停一阵，到元丰八年（1085 年），朝廷干脆把方田均税法取消了。虽然折腾了十余年，但毫无成效。

方田均税搞不起来，原因其实很简单：宋神宗对税负公平的兴趣不大，他更在意如何通过变法征敛到更多的财富，填满自己的国库。这也是为什么除了方田均税之外，那些可以增加财政收入的变法项目，如青苗法、免役法、市易法等，均被执行得异常坚决、异常彻底。以青苗法为例，官方文件说得好听，青黄不接时百姓可以向官府借“青苗钱”，贷款利率比民间高利贷的利率低，如此朝廷能多收些利息钱，老百姓也能少受高利贷的盘剥。这项看起来似乎很好的政策在实际操作中却变成了“抑配”——挨家挨户按资产多少进行摊派，无论缺或不缺粮食，都要向官府“借”青苗钱。越有钱的人家，必须“借”得越多。这实际上形同官府强行向百姓集体放高利贷。民间高利贷的利率虽然高，但百姓不到万不得已是不会去借的，借民间高利贷的百姓数量终究有限；青苗钱的利率虽低，受到祸害的却是全民。市易法也是类似的情况，它实际上相当于汉武帝消灭民间商人的翻版。官府贱买贵卖，“尽收天下之货，自作经营”，最后连水果之类的商品都被朝廷设置的市易司给垄断了。[①]

第五，明朝万历年间张居正的“一条鞭法”。

这次变法的核心驱动力仍然是明朝政府的钱不够用了。

钱为什么会不够用？自然是因为朝廷的开销没有节制，一年多过一年。朱明皇室疯狂生子，朝廷供养他们的费用以几何级数递增。百姓不堪重负，不断逃去依附官僚地主。朝廷能够征税的户口基数越来越少，开支的费用却越来越大，那么平均摊派到每户头上的赋税就只能越来越重。结果就成了恶性循环。

一条鞭法本该终止这种恶性循环，但实际结果恰恰相反。明朝百姓的税负分为按田亩计算的“赋”和按人丁计算的“役”两部分。百姓大量跑去依附官僚地主，让明朝政府在役这个部分损失巨大。一条鞭法解决这个问题的方式是将赋和役合并到一起，按田亩征收，缴纳银钞。这种改变对朝

① 邓广铭：《北宋政治改革家王安石》，生活·读书·新知三联书店 2017 年版，第 145—155、175—183 页。

廷是大好事，役的收入大增，对百姓却是灾难，因为被合并为一条鞭（编）的，不仅仅是正规的赋和役，还包括大量不合法但已形成惯例的苛捐杂税。合并之后，那些苛捐杂税的名目很快又在一条鞭之外再度出现，施加在了百姓的头上。一条鞭法可谓与唐代的两税法如出一辙。①

当然，百姓也有自己的应对智慧。为了摆脱沉重的负担，许多人选择卖掉田产。因为一条鞭法将丁役挂靠在田亩之上，有土地才需要纳丁役。也就是说，放弃田产去经商、从事手工业，是可以免役的。于是，湖广湘乡的士绅洪懋德当年观察到，一条鞭法推行后，他的家乡发生了巨变：

> （民田）十年而五六易其主，且就荒焉。民无十世之族，而散于四方，皆自此起。
>
> （民）视田如荼毒，去之唯恐不速……于是而世业之田皆归于无籍之豪民。②

为了逃避负担，百姓开始卖田，听任土地荒芜，选择离

---

① 邝士元：《中国经世史》，上海三联书店 2013 年版，第 40—41 页。

② 《同治湘乡县志卷三下赋役志》，见杨国安：《明清两湖地区基层组织与乡村社会研究》，武汉大学出版社 2004 年版，第 156—157 页。

开土地去外乡谋生，聚族而居的风俗开始消失。土地被视为一种有害的东西，许多人将世代耕种的土地卖给了那些拥有不必纳税特权的豪族。

洪懋德的描述并非个案。湘潭人李腾芳在他的家乡也看到了相似的情形，“一望数百里而尽弃之，素封大家化为逃亡”。地方史料证实，明神宗万历四年（1576年），长沙府、茶陵州及攸县推行一条鞭法后，“土地的易手较前频繁，且多集中于志在规避赋役的新的豪强、地主的手里”[①]。

再往后，清代的“摊丁入亩”也是大体相似的情形。它的内容与一条鞭法相似，是把按人丁征收的“丁银”合并到按田亩征收的田赋当中。它造成的结果也与一条鞭法基本一致，各种不合法的苛捐杂税被摊丁入亩正规化后，新的苛捐杂税很快又以相同的名目再度出现。雍正曾自诩摊丁入亩是大德政，但现实是雍正至乾隆时期，百姓以卖田、流亡来逃避赋税的现象愈演愈烈。

① 梁方仲:《梁方仲文集》，中山大学出版社 2004 年版，第 98—99 页。

三、减负改革中途夭折

自秦汉至明清的绝大多数变法是奔着为朝廷增收而去的，但范仲淹主持的“庆历新政”是其中一个难得的异数。这场北宋建国八十余年后启动的改革，主要目的不在敛财，而是想要缓解民生疾苦、整顿腐朽的官僚系统。

庆历三年（1043 年），范仲淹奉命向宋仁宗“条陈十事”，列举了十条亟须改革的问题，其中有八条涉及对官僚系统的整顿。

第一条叫作“明黜陟”。废除文官三年升一次官、武官五年升一次官的论资排辈旧例。只有做出了“大功大善”的官员，才能得到升迁。

第二条叫作“抑侥幸”。减少官二代、官三代靠着恩荫制度，不必参加任何选拔、考核就可以直接做官的比例。南宋嘉定六年（1213 年）的统计显示，宋代靠着恩荫出仕的官二代、官三代占到了官僚总数的 56.9%（在宋真宗时代，比例可能更高）。

第三条叫作“精贡举”。科举考试要公正，要加大选拔难度。

第四条叫作“择官长”。建立一套从中央到地方的针对官僚的监察、举荐制度。

第五条叫作“均公田”。整顿官员名下的“职田”（用作俸禄之用，离职时交回朝廷），多的吐出来，少的补上去。

第六条叫作“厚农桑”。发展经济，改善民生。

第七条叫作“修武备”。恢复府兵制以加强国防力量。

第八条叫作“减徭役”。具体的做法是合并行政区（比如合五县为一县），以减少官吏的总量，进而减少百姓负担。

第九条叫作“覃恩信”。严格考察官僚对朝廷恩惠（“赦书中及民之事”）的执行情况。

第十条叫作“重命令”。严格考察官僚对朝廷命令（“宣敕条贯”）的执行情况。[①]

除了第七条，其余九条全部获得了宋仁宗的认可，“皆以诏书画一颁下”[②]。被写入诏书之中，成了庆历新政的改革内容。

在秦制时代，要推动这样一场以整顿官僚集团为核心目的、严重损害官僚利益的改革，无疑只能依赖皇权。宋仁宗

① 范仲淹:《范仲淹全集·答手诏条陈十事》，四川大学出版社 2002 年版，第 523—538 页。

② 脱脱等:《宋史·范仲淹传》，中华书局 1977 年版，第 10274 页。

最初是愿意支持这场改革的。

官僚是北宋王朝的统治基础，但官僚的利益与皇权的利益并不完全一致。皇权希望官僚尽职尽责，替自己运作人力、物力的汲取体制，维持统治的稳定，但官僚往往更在意任内不出事和捞足钱。论资排辈，官二代、官三代直接上位的规则很符合官僚的利益，但未必符合宋仁宗的利益。这些规则带来了“冗官”（人员严重超编）、“冗费”（财政不堪负荷）和玩忽职守（反正熬够时间就可以升迁），对宋仁宗追求的统治稳定显然都是不利的。这是宋仁宗支持范仲淹改革的主要原因。

但宋仁宗对改革的支持只维持了一年时间。原因是宋仁宗发现在整顿官僚集团的过程中，范仲淹等改革派以“君子”自居，公开肯定“朋党”，抱成了一团。而在皇帝眼里，官僚中的好人（君子）抱团是比坏人结党更有害的事情。后者为了腐败、怠政、升迁，言行上往往选择迎合皇帝的喜好，前者却相反，为了政治理想常常会走到要求制约皇权的道路上去。

对好人抱团这件事，宋仁宗毕生存有极高的警惕。早在宝元年间（1038—1040 年），他就问过大臣张士逊：“君子小人各有党乎？”张士逊回答：“有之，第公私不同尔。”君子和小人都有朋党，不过公私不同，好人抱团为公，小人结党为私。宋仁宗没有正面评价张士逊的回答。他转而强调“法令必行，邪正有别，则朝纲举矣”——所有的官僚都应该遵守、执行朝廷的法令。①

到了庆历四年（1044年）四月，当主持庆历新政的范仲淹因损害了官僚集团的利益而被指责搞朋党时，宋仁宗对着范仲淹又提出了相同的问题：“自昔小人多为朋党，亦有君子之党乎？”

皇帝提出这个问题，并不是真的在提问，答案早已在他心中。他希望朝中君子个个“退无私交，非公事不言”，一盘散沙才好。皇帝只是在以提问的方式，希望范仲淹体察到他心中的答案，并希望范仲淹遵照这个答案去修正自己的言行——上个月，皇帝刚刚在迩英阁向部分官员出示了一份“御书十三轴”，里面列有“治政要目”三十五项，其中有一项正是“辨朋比”。但范仲淹的回答令宋仁宗非常失望，他说：“臣在边时，见好战者自为党，而怯战者亦自为党，其在朝廷，邪正之党亦然，唯圣心所察尔。苟朋而为善，于国家何害也？”意思是，我在边境带部队的时候，好战者会结

① 脱脱等：《宋史·张士逊传》，中华书局1977年版，第10218页。

党，怯战者也会结党。朝廷中也是一样，好人会结党，坏人也会。结党做好事，对国家能有什么害处呢？[①]

二人的对话其实并不在同一维度上。范仲淹觉得朝中好人团结起来有益，对国事有益。宋仁宗觉得臣僚们抱成一团有害，对皇权有害。

同月，范仲淹的支持者欧阳修又自诩“朋党”，公开撰文《朋党论》，为好人抱团正名，且将文章送到了宋仁宗眼前。文章说，朋党是个很正常的东西。自古以来，君子与君子“以同道为朋”，小人与小人“以同利为朋”。皇帝应该做的，不是禁止朋党，而是“退小人之伪朋，用君子之真朋”。[②] 如此，宋仁宗就更不高兴了。

不高兴的后果是终止改革。庆历四年六月，改革的反对者捏造了一则流言，说范仲淹有意废黜宋仁宗，另立新君。流言很蹩脚，毫无可信度，但宋仁宗已不愿再表达对范仲淹等改革派的信任——他只信任散沙式的范仲淹，而非与人抱团的范仲淹。为求自清，范仲淹只好以外出巡守为名，离开中央，去地方做陕西、河东宣抚使，另一位改革旗手富弼也离开了中央，去地方做河北宣抚使。

---

① 毕沅：《续资治通鉴》，岳麓书社 2008 年版，第 612 页。

② 欧阳修：《欧阳修全集·朋党论》，中华书局 2001 年版，第 297 页。

庆历四年九月，靠着恩荫进入体制的官二代陈执中被宋仁宗任命为参知政事（大体相当于副宰相）。限制官二代、官三代靠恩荫上位是庆历新政的核心内容。皇帝如此任命新的宰相，等于变相宣告废除新政。

十一月，又发生了“进奏院狱”。一班官员用卖废纸的公费会餐，饮酒作诗，召妓相陪，席间的某些言辞（如“醉卧北极遣帝扶，周公孔子驱为奴”）被有心人记下，成了弹劾他们的罪状。宋仁宗并不在意他们的酒后狂言，但参加聚餐的多有支持改革者。皇帝遂借题发挥，下了一份严厉的诏书，大谈盛世之下只应有贤君和明臣，绝不该存在朋党，痛斥了知识分子交游往来的风气，命令相关部门“采察以闻”，对类似行为进行监视、汇报。[①]

诏书指向明显，宋仁宗的立场已然明确。心领神会的范仲淹随即辞去了参知政事一职，庆历新政至此彻底归于失败。

① 李强:《北宋“进奏院狱”的政治文化解读》,《江苏社会科学》2008 年第 2 期。

第十章

王朝的盛世潜流

忆昔开元全盛日，小邑犹藏万家室。稻米流脂粟米白，公私仓廪俱丰实。

这是杜甫在唐代宗广德二年（公元764年）前后写下的《忆昔二首》中第二首的开头部分，也是后世赞颂唐玄宗“开元盛世”的核心材料之一。

但诗人的赞颂当不得真。写这首诗的时候，杜甫正在安史之乱的大动荡中过着风雨飘摇的生活，距离潦倒去世只有数年时间。“稻米流脂粟米白”其实是一个饥荒中人对往日太平生活的事后美化。十多年前的杜甫眼中并无什么“开元盛世”，他的《兵车行》《丽人行》讽刺的是唐玄宗与杨贵妃的骄奢淫逸。他的“朱门酒肉臭，路有冻死骨”“入门闻号啕，幼子饥已卒”描述了另一个真实的玄宗时代。

那是一个百姓纷纷脱离朝廷控制的时代。武周时代，宰相韦嗣立说的是“今天下户口，亡逃过半”。唐玄宗在开元九年（公元 721 年）的诏书里也承认百姓“逃亡未息”。天宝十四载（公元 755 年），杜佑撰《通典》中又说天宝年间“所在隐漏之甚也”，许多百姓将自己藏了起来，躲避朝廷，原因是“有司不以经国驭远为意”，朝廷的政策只顾眼前的汲取，没有更长远的考虑。①

自秦汉至明清的所谓“盛世”大体如此。当然，有地方可以逃亡来躲避朝廷，终究要好过无处可逃、只能去做盗贼的时代。这也是开元盛世何以成为杜甫怀念对象的重要原因。下面再以“贞观之治”为例，对盛世（或曰治世）的含金量略做管窥。

一、“贞观之治”的民生疾苦

先来看一组数字：西汉初年，全国的人口约为 1400

① 杨际平：《隋唐均田、租庸调制下的逃户问题》，《中国社会经济史研究》1986 年第 4 期。

万—1800万[①]。东汉光武帝刘秀去世时，全国人口约为2100万[②]。晋武帝司马炎太康元年（公元280年），全国人口约为1616万[③]。唐朝贞观初年，全国人口约为1235万[④]。

在这组数字的背后是一串璀璨夺目的名词：文景之治、光武中兴、太康之治与贞观之治。

再来看另一组数字：秦灭六国后，全国人口接近4000万[⑤]。汉平帝元始二年（公元2年），全国人口约为5959万[⑥]。汉桓帝永寿二年（公元156年），全国人口约为5648万[⑦]。隋炀帝大业五年（公元609年），全国人口约为4602万[⑧]。

在这组数字的背后是另一串黯淡无光的名词：秦末流民、绿林赤眉流民、黄巾流民与隋末流民。

---

① 葛剑雄：《中国人口史》第一卷，复旦大学出版社2002年版，第316页。

② 司马彪：《续汉书·郡国志一》刘昭引《帝王世纪》，见葛剑雄：《中国人口史》第一卷，复旦大学出版社2002年版，第402页。

③ 《晋书·地理志上》，见葛剑雄：《中国人口史》第一卷，复旦大学出版社2002年版，第452页。

④ 《旧唐书·地理志一》，见冻国栋：《中国人口史》第二卷，复旦大学2002年版，第96页。

⑤ 葛剑雄：《中国人口史》第一卷，复旦大学出版社2002年版，第304页。

⑥ 班固：《汉书·地理志下》，中华书局1962年版，第1640页。

⑦ 《晋书·地理志上》，见葛剑雄：《中国人口史》第一卷，复旦大学出版社2002年版，第402页。

⑧ 《隋书·地理志上》，见冻国栋：《中国人口史》第二卷，复旦大学2002年版，第54页。

有些时候，历史是会符合数学逻辑的。从秦汉到隋唐，近千年的漫长时光里，人口的生殖力与土地的生产力之间一直在做着殊死搏斗。朝廷控制下的大多数人口长期集中在古老的黄河流域。耕地面积没有大幅度的增长，农作物的亩产量也没有质的飞跃，无论先民们如何披星戴月，6000 万人口似乎一直是这块土地所能承载的极限——这承载既包括满足百姓免于饥寒，也包括满足统治集团的横征暴敛。

其实，横征暴敛是秦制下的一种常态。“王朝建立初期政治清明，后来才逐渐腐败”只是后人脑补出来的一种幻象。比如西汉初年的文景之治，常见的描述是汉文帝如何节俭，可谓政治清明，但实际情况是“守县官财物而即盗之”（也就是监守自盗，挪用本该上交给朝廷的财富）的情况非常严重，以至于自吕后到文帝均在不断出台政策，或制定严厉的法律，或派遣御史前往地方监察。缺乏制度性约束的官僚系统敢于贪墨皇帝的财富，自然更敢于侵夺底层百姓。所以，贾谊呈给汉文帝的奏疏里说：“汉之为汉几四十年矣，公私之积犹可哀痛。失时不雨，民且狼顾；岁恶不入，请卖爵、子。既闻耳矣。”[①] 大意是：我大汉建国四十年了，长安

① 班固:《汉书·食货志上》，中华书局 1962 年版，第 1128 页。

的国库是空的，民间也没有积蓄。气候失调、雨水失常，百姓就要饿肚子、逃荒、卖儿卖女。为什么国库是空的，民间也没有积蓄？当然是因为官僚系统贪污腐败，不受约束。类似的情况也见于汉景帝时代。汉景帝在诏书中给出的对时代的诊断是："吏或不奉法令，以货赂为市，朋党比周，以苛为察，以刻为明，令亡罪者失职。"[①] 整个官僚系统腐败透顶，烂到根了。所谓文景之治尚且如此，其他历史时期也就可想而知了。

因此，秦制下的太平盛世可以粗略地简化为一个公式：

朝廷汲取量＋人口生存必须量≈土地出产总量。

一旦朝廷汲取量激增（如皇帝有了对外扩张、宣示武力的欲望），或人口增长至一个比较高的水准，"盛世"就要出问题（如出现流民），如果再发生外敌入侵或统治集团内部分裂，王朝就有可能崩盘。当然，前文提到的6000万人口并不是一个绝对上限。新作物的引进、种植技术的变化、水利工程的修筑、南方山地的开发等都会对可供养的人口上限

① 班固：《汉书·景帝纪》，中华书局1962年版，第151页。

有所提升。同样，如果朝廷对人力、物力的汲取超出了一般水平，急速增加，也不必等人口达到6000万，王朝同样有可能崩盘。隋朝亡于流民和统治集团内部分裂，就是一个典型的例子。

传统的历史叙述对皇权有着浓厚的仁政情结，认为治世、盛世一定是仁政的结果，实则是一个典型的认知误区。当中国土地上的人口从6000万锐减至1000多万，任何智力正常的君主，只要他没有丧心病狂，都可能实现所谓的文景之治或光武中兴。贞观之治也是同样的情形。生殖力与生产力之间紧张的关系突然缓和下来，偌大的唐帝国只剩下不足300万户，总人口已不及隋炀帝时代的四分之一。人均耕地的大幅度增加既意味着百姓物质条件的极大改善，也意味着对劳动力的迫切需求。于是，生产力和生殖力迅速攀升。十年生聚，十年教训。自唐高祖李渊晚年社会渐渐安定，到唐太宗贞观八年（公元634年）前后人丁繁庶、家给人足，"盛世"的到来恰恰用了二十来年。一切不过是自然调节的结果，既不必说贞观之治有多伟大，也不必谬赞李世民有多英明。

下面再具体说一说贞观之治下的民生。按唐朝户籍制度，百姓有"课户"与"不课户"两类。前者主要指家中有男丁、需要承担赋役的自耕农和半自耕农，后者主要指享有免赋役特权的官僚及其部曲、奴婢。官僚吃饱吃好自然不成问题，部曲、奴婢是官僚的私有财产，为了保值，也不会随随便便就被饿死。所以，要判断贞观之治的含金量，主要得看自耕农和半自耕农过得怎样。

这方面，学术界已有许多的研究可供参考。

比如，学者晏金铭的考据结论是，贞观年间的百姓至少需要拿出收成的四分之一交给朝廷："一家'课户'如能拥有耕地五十亩，全年生产粮食（粟或稻米）五十石，每年须无偿地将其中的十一石二斗贡纳给国家，占收获总量的22%，再加上各种杂徭、附加税，则在25%以上，这是就正常年景而言的。如遇水、旱、蝗虫等自然灾害，粮食歉收，那就不是25%了。至于那些'受田'二三十亩乃至十亩、五亩的贫下户……他们的赋役负担，则不是全年农业生产收入的百分之二十几，而是百分之三四十，甚至五十以上。这样苛重的赋役剥削显然远远地超过了农民的实际负担能力……贞观年间'课户'的负担竟高达全年收获总量的四分之一以上。难得的'治世'尚且如此，其他时代就更不用说了。"[①]

学者王士立的考证也得出了近似的结论。他认为，余粮

① 晏金铭:《唐贞观年间"课户"赋役负担考释》,《湖南师范大学社会科学学报》1982年第3期。

只够百姓维持最低的生活水准和最简单的再生产需求，也就是较之隋末乱世遍地饿殍，贞观年间的百姓终于过上了饿不死的日子："贞观时期……宽乡农民受田百亩，如都种粮食，中常年景一年可得粟百石左右。但是这百石的收获约有四分之一要交给国家……以一家五口计算，岁食米三十六石或粟六十石。除去口粮尚余粟十五石，加上其他副业收入，大致可维持全家穿衣，修理和购置炊具、农具，送往迎来和养生送死等费用。这只是维持最低的生活水平和最简单的再生产需求。若遇丰稔，其境况可能要好一点；如遇凶歉，则境况还要差些。受田三十亩的狭乡农民，中常年景只能得粟三十石，加上其他副业收入，除去租调，即使不以庸代役，也只能是糠菜半年粮的生活了。"①

历史学家韩国磐研究敦煌和吐鲁番的出土文献，得出结论："天宝时的农民生活并不像旧史所渲染的那样美满，根据敦煌和吐鲁番发现的关于物价资料的探讨，好的只能勉强维持生活，差的必至破产流亡。"② 开元盛世尚且如此，贞观之

① 王士立:《对贞观年间农民生活状况的初步探讨》,《河北师范大学学报》1983年第1期。

② 韩国磐:《唐天宝时农民生活之一瞥——敦煌吐鲁番资料阅读札记之一》,《厦门大学学报》(哲学社会科学版)1963年第4期。

治自然也不会好到哪里去。

《中国赋税史》中计算得出的结论也大体差不多：“均田、租庸调制下农民生活的真实情况如何呢？贞观年间唐太宗到灵口时，见到这里农民一丁授田三十亩，敦煌户籍残卷中各丁授田的平均数也在三十亩左右或略多，我们按一丁授田三十亩计算。当时的粮食产量……亩产一般为一石，三十亩共收三十石。丁男为户主的一夫一妇五口之家主要就是靠这三十石来生活的。这三十石中……按唐代规定……所缴租庸调、户税、地税共为七石七斗五升。三十石收获物在上缴租税外，还余二十二石二斗五升。一夫一妇的五口之家所需口粮，据《唐六典》卷六《尚书刑部》所载……全家五口每日需口粮七升二合，全年共需口粮二十五石九斗二升。但缴纳租税后只剩下二十二石二斗五升，还缺少三石六斗七升，也就是说每年还缺少一个月以上的口粮。何况农民除吃饭以外，还需要种子、农具、肥料等生产资料和衣物等日常必不可少的开支，那就更加入不敷出了……至于像敦煌户籍残卷中记述的那样，贫苦农民授田数额还要低于三十亩的平均数，如果一户只能授田十亩、五亩，那是连租调也缴不起的。”①

① 孙翊刚主编：《中国赋税史》，中国税务出版社 2003 年版，第 175 页。

总结一下就是：农民吃不饱也饿不死的日子从贞观之治一直延续到了开元盛世。

学者吴章铨也研究过唐朝初年的民生，他的结论是："（唐初）平常人家耕地三十余亩，可以养活三四口，家庭人口再多，便要忍饥耐寒了。如果耕的是上好田地，土地生产力好，那就宽裕些，如果是贫瘠田，就很难支持。"[①]

其实，贞观时期的君臣自己也很清楚贞观之治的含金量。

贞观四年（公元 630 年），李世民"狩于鹿苑，见野人多褴褛"[②]，发现很多穷人连衣服都穿不起。

贞观五年（公元 631 年），李世民拟修造洛阳宫，民部尚书戴胄上奏，批评朝廷赋役繁重，沉痛说道："九成作役，余丁向尽……乱离甫尔，户口单弱，一人就役，举家便废。入军者督其戎仗，从役者责其糇粮，尽室经营，多不能济。"[③]戴胄说：陛下修筑洛阳宫，就等于把征兵役剩余的民间壮丁全征完了。百姓家中有一个人去服役，全家生计就要陷入困顿，服兵役还要自己准备器具，服徭役还要自己准备

① 吴章铨：《唐代农民问题研究》，中国台湾商务印书馆 1963 年版，第 12 页。
② 王钦若等编：《册府元龟》，中华书局 1962 年版，第 1256 页。
③ 刘昫等：《旧唐书·戴胄传》，中华书局 1975 年版，第 2534 页。

粮食，举全家之力，许多百姓也无力置办齐备。

贞观六年（公元632年），李世民心痒难耐要去泰山封禅，魏徵极力劝阻，理由是从伊水与洛水往东，一直到泰山与东海，“苍茫千里，人烟断绝，鸡犬不闻，道路萧条，进退艰阻”[①]。远不是什么天下大治的景象。

贞观十一年（公元637年），李世民往怀州游猎。有人上奏批评说，朝廷长期勒令“山东众丁”营造宫苑，还说如今的徭役可与暴隋相比，怀州、洛阳以东“残人不堪其命”，老百姓都要活不下去了。李世民对着侍臣发怒，说这样的批评是在诋毁君王，“有似咒诅”。[②]同年，还有侍御史马周上奏说，本朝人口不及隋朝的十分之一，但征发徭役不遑多让，“供官徭役，道路相继，兄去弟还，首尾不绝，远者往来五六千里，春秋冬夏，略无休时”，老百姓被朝廷的徭役折磨得死去活来，“臣每访问，四五年来，百姓颇有怨嗟之言，以陛下不存养之”[③]——我去基层访查，百姓对朝廷怨声载道，认为陛下根本不在乎他们的死活。

贞观十四年（公元640年），侯君集平高昌，李世民执

---

① 刘昫等:《旧唐书·魏徵传》，中华书局1975年版，第2560页。

② 吴兢:《贞观政要·畋猎》，上海古籍出版社1978年版，第285页。

③ 吴兢:《贞观政要·奢纵》，上海古籍出版社1978年版，第207—208页。

意在其地置州县，当地百姓全都遭了殃。用褚遂良的话说，是“飞刍挽粟，十室九空，数郡萧然，五年不复”[①]，百姓或死于徭役，或为逃避徭役而成为流民，十室九空。也是在前一年，魏徵上奏批评李世民的爱民之心不能有始有终，“顷年以来，疲于徭役，关中之人，劳弊尤甚……脱因水旱，谷麦不收，恐百姓之心，不能如前日之宁帖”[②]，百姓已被朝廷的徭役弄得筋疲力尽，关中的百姓尤其惨，如果遇上水旱之灾，作物歉收，吃不上饭，恐怕会有人造反。也是在这一年，吴楚、巴蜀之地共二十八州因久旱出现了“饥人相食”[③]的惨剧。

贞观十五年（公元641年），房玄龄、高士廉路遇少府少监窦德素，询问为什么又在修太极宫北门。窦把二人的询问上报给李世民，李世民大怒，对着房玄龄、高士廉大骂“何预君事”[④]（关你屁事），自此“朝臣都不论事”[⑤]，众人缄默不言。

贞观十六年（公元642年），李世民下发诏书：“‘自今

① 吴兢:《贞观政要·安边》，上海古籍出版社1978年版，第278页。
② 吴兢:《贞观政要·慎终》，上海古籍出版社1978年版，第300页。
③ 邓云特:《中国救荒史》，生活·读书·新知三联书店1958年版，第12页。
④ 司马光:《资治通鉴》卷一百九十六，中华书局1956年版，第6173页。
⑤ 吴兢:《贞观政要·求谏》，上海古籍出版社1978年版，第52页。

有自伤残者，据法加罪，仍从赋役。’隋末赋役重数，人往往自折支体，谓之‘福手’‘福足’，至是遗风犹存，故禁之。”[①] 皇帝下令：从今往后，再有百姓胆敢弄断自己的手足，以逃避朝廷的赋役，不但要依法治罪，赋役也不能因为残疾而免除。李世民在诏书中把百姓自残归咎于“隋末遗风”，纯属狡辩。如吕思勉所言：“是时役苟不重，民安肯自伤残？”[②] 如果不是朝廷的赋役逼得百姓活不下去，谁会狠下心来自残？如果不是百姓自残的现象已经很严重，李世民也不至于下这样的诏书。

贞观二十二年（公元648年），李世民准备第二次进攻高丽，征发剑南道百姓造船，百姓欲用钱来代替劳役，结果“州县督迫严急，民至卖田宅、鬻子女不能供，谷价踊贵，剑外骚然”[③]。卖房子、卖田产、卖儿女，也没法缴足朝廷规定的役钱，只有外逃一途。百姓外逃，土地无人耕种，粮价随之暴涨，社会陷入动荡。同年，因不堪赋役，眉、邛、雅三州百姓起来造反。次年夏，李世民去世。

简言之，终贞观之世，百姓始终处于一种相当困顿的境

---

① 司马光：《资治通鉴》卷一百九十六，中华书局1956年版，第6176页。

② 吕思勉：《隋唐五代史》下册，中国友谊出版公司2009年版，第831页。

③ 司马光：《资治通鉴》卷一百九十九，中华书局1956年版，第6262页。

遇之中。他们的困顿与李世民所信奉的“百姓无事则骄逸，劳役则易使”的理念直接相关。贞观十三年，魏徵在进谏时说：“陛下这些年来一直滥用民力，忘记了谦逊节俭的美德，而且还振振有词，说什么不给百姓找事干他们就会骄逸，多给百姓派劳役他们会更容易驱使。自古以来，从来没有因为老百姓安乐悠闲而导致亡国的事例。”①

其实，魏徵的谏言并不准确。在李世民之前，早已有商鞅与韩非子阐述过“百姓无事则骄逸，劳役则易使”的驭民之道。

商鞅的话是“民贫则力富，力富则淫，淫则有虱……故国富而民治，重强”②——百姓贫穷，就会有求富的上进心；富有之后，就会有更多的想法，追求更多的东西，然后国家有“虱”，就不能强盛。所以，百姓富裕了，钱财没地方消耗，就该制定制度促使他们拿出粮食来换取爵位。他们重新陷入贫穷，就不会怠惰，将精力全用在耕作上，不会有过多的想法，追求过多的东西，“六虱”就不会产生。让国家富

① 《资治通鉴》卷一百九十五载：“魏徵上疏，以为：‘陛下志业，比贞观之初，渐不克终者凡十条。’其间一条，以为：‘顷年以来，轻用民力。乃云：“百姓无事则骄逸，劳役则易使。”自古未有因百姓逸而败、劳而安者也。此恐非兴邦之至言。’”中华书局1956年版，第6147页。

② 商鞅：《商君书·弱民》，上海人民出版社1974年版，第66页。

有，让百姓保持贫穷，可以让国家强上加强。

韩非子的话是“凡人之生也，财用足则隳于用力……君人者虽足民，不能足使为君天子，而桀未必为天子为足也，则虽足民，何可以为治也”[①]——人的本性是财富充裕后就想要别的东西，在生产上变得懒惰。君主再如何满足百姓的欲望，也不能让他们做皇帝，而且像桀那样的人做了君主也未必满足，所以，满足百姓的欲望，不是治国的正确路径。

二、心照不宣的纳谏游戏

史书上的“贞观之治”有两个重要标签：民生丰足与从谏如流。民生丰足的含金量已如前文所述，下面再说一说从谏如流的含金量。

贞观二年（公元628年），秋雨已至，暑热未去。宫中炎热潮湿，大臣们联名上奏李世民，请求陛下营建一座干燥、避暑的阁楼。李世民说：“朕有哮喘病，确实不适合长期住在潮湿的地方。不过若答应你们的请求，花费恐怕会很多。当年汉文帝珍惜十户中人之家的资产，而放弃修建露

① 韩非著，王先慎集解，姜俊俊校点：《韩非子·六反》，上海古籍出版社2015年版，第510—511页。

台。朕的德行不及汉文帝，如果花费比汉文帝还多，哪里有资格做百姓的父母？”[①]

贞观四年，李世民又对身边的侍臣说：“大造宫殿、池苑、台阁是帝王喜欢的，却是老百姓不喜欢的……朕贵为帝王，富有四海，凡事都取决于朕。但朕能够自我控制，只要百姓不喜欢，朕一定会顺从他们的意愿。”[②]魏徵在边上接话，称赞陛下英明：“陛下本怜百姓，每节己以顺人。臣闻：‘以欲从人者昌，以人乐己者亡。’隋炀帝志在无厌，惟好奢侈，所司每有供奉营造，小不称意，则有峻罚严刑。上之所好，下必有甚，竞为无限，遂至灭亡。”[③]魏徵说：陛下能够怜爱百姓，克制自己的欲望让百姓过得更好，而隋炀帝就是个惨痛的教训。

但李世民并不是一个能够自我控制的人。同样是在贞观四年，与说出上面那番自夸的话大略同期，他也曾下诏大兴

---

① 《贞观政要·俭约》载唐太宗李世民之言：“朕有气疾，岂宜下湿？若遂来请，靡费良多。昔汉文将起露台，而惜十家之产，朕德不逮于汉帝，而所费过之，岂为人父母之道也？”上海古籍出版社 1978 年版，第 186 页。

② 《贞观政要·俭约》载唐太宗李世民之言：“崇饰宫宇，游赏池台，帝王之所欲，百姓之所不欲。帝王所欲者放逸，百姓所不欲者劳弊……朕尊为帝王，富有四海，每事由己，诚能自节，若百姓不欲，必能顺其情也。”上海古籍出版社 1978 年版，第 186 页。

③ 吴兢：《贞观政要·俭约》，上海古籍出版社 1978 年版，第 186 页。

土木，营建东都洛阳的皇宫。大臣张玄素对此极为不满，上奏说："陛下以前去东都，把那些华丽的建筑拆了，以示节俭，天下人交口称颂。如今又去重建，这算什么？……陛下天天说巡幸不是什么要紧事，只会浪费钱财。如今国库空虚，陛下又要营建宫殿，这又算什么？……当日太上皇要烧毁东都多余的宫殿，陛下觉得如果不烧，拆下来的瓦木还有用，可以赐给贫民。虽然太上皇没有采纳，但天下人都称赞陛下仁德。事情才过去五六年，陛下却又要大兴土木，这又算什么？"①

张玄素的挤兑没留余地，李世民很尴尬，只好回头对房玄龄"解释"说："洛阳土中，朝贡道均，朕故修营，意在便于百姓。今玄素上表，实亦可依，后必事理须行，露坐亦复何苦？"这句话的意思是：朕营建东都的本意是因为洛阳处在国家的中央，可以方便各地州府前来朝贡。玄素既然这么

① 《旧唐书·张玄素传》，载张玄素之言："陛下初平东都之始，层楼广殿，皆令撤毁，天下翕然，同心欣仰。岂有初则恶其侈靡，今乃袭其雕丽……每承音旨，未即巡幸，此则事不急之务，成虚费之劳。国无兼年之积，何用两都之好，劳役过度，怨讟将起……太上皇敕大殿高门并宜焚毁，陛下以瓦木可用，不宜焚灼，请赐与贫人。事虽不行，然天下翕然讴歌至德。今若遵旧制，即是隋役复兴。五六年间，趋舍顿异，何以昭示子孙，光敷四海？"中华书局1975年版，第2639—2641页。

说了，日后朕去洛阳，就算露天而坐，也不会觉得苦。房玄龄当然知道“方便朝贡”是个蹩脚的借口，但皇帝自己给自己找了个台阶下，他也只好附和一句“陛下圣明”。①

士大夫希望君王寡私欲而好仁德。李世民善于纳谏、勇于改过的事迹史不绝书，其“镜鉴论”与“水舟关系论”深入人心，看起来也很符合寡私欲以弃巧利的圣君标准。不过，如何说是一回事，如何做又是另一回事。就在魏徵激赏张玄素阻止李世民营建洛阳的皇宫，有“回天之力”的不久之后，贞观五年，刚刚建完仁寿宫的李世民突然再次将营建洛阳宫提上了日程。民部尚书戴胄再三劝谏，李世民称赞了戴胄的直言，并提升了他的官爵，也没忘了兴建洛阳宫，且极为奢华，“凿池筑山，雕饰华靡”。②

徘徊在物质欲望与仁德表演之间，李世民深受煎熬。出于私欲，他一心想要修筑洛阳宫；为了那众人称颂的仁德，他又屡次接受人臣们的劝谏，放弃修筑。当屈从物欲而不顾一切把华丽的洛阳宫修筑起来之后，他似乎又受不了满朝士大夫的议论。最终，洛阳宫问题变成了一场闹剧。李世民痛骂了负责工程的官员，将其免职，然后狠心把刚刚落成的宫

① 刘昫等:《旧唐书·张玄素传》，中华书局 1975 年版，第 2641 页。

② 司马光:《资治通鉴》卷一百九十三，中华书局 1956 年版，第 6088 页。

殿拆了。

这样的煎熬长期伴随着李世民。贞观六年正月，他准备从皇宫搬往新落成的九成宫居住。九成宫距离京城三百多里，著作郎姚思廉觉得皇帝跑去那里，处理政务会不方便，于是极力劝阻，但李世民坚持要去，理由是自己患有“气疾”——李世民似乎忘了，贞观二年有大臣提议给他修一座避暑阁楼时，他的表演式回应是为了不加重天下百姓的负担，自己可以忍受气疾。当然，若真是气疾严重，倒也可以理解。只不过，李世民决定搬去九成宫是在正月，与需要避暑的气疾并无关系。他之所以想去九成宫，是因为新落成宫殿的居住条件远好于现在的寝宫。姚思廉的劝阻让李世民暂时留在了京城。三月份，长安春暖花开，李世民还是去了九成宫，一直在那里待到十月份，冬天将至，实在无暑可避，才回到长安。[①]

在贞观年间漫长的“进谏—纳谏”游戏之中，李世民与他的臣僚变得越来越形式主义。大臣频繁进谏，极力想要压

① 《旧唐书·姚思廉传》载李世民游幸九成宫一事：“太宗将幸九成宫，思廉谏曰：‘离宫游幸，秦皇、汉武之事，固非 尧、舜、禹、汤之所为也。’言甚切至。太宗谕曰：‘朕有气疾，热便顿剧，固非情好游赏也。’因赐帛五十匹。”中华书局1975年版，第2593页。

抑李世民的私欲，将他纳入“内圣外王”的轨道。李世民则几乎逢谏必纳，对进谏者几乎无不大加赏赐，行动上却又几乎没有什么改观。奖赏了谏臣后，他想去游猎，仍然会去，他想修筑新的别宫，也仍然会修。

即便是形式主义的游戏，玩久了难免会有失控的时候。贞观八年（公元634年），中牟丞皇甫德参进谏说：“陛下往日修筑洛阳宫，耗费民力；收取地租，过分征敛；民间女子都喜欢梳高髻，也是跟宫里学的。”李世民听了大怒，对着房玄龄发飙：“这个皇甫德参是不是国家不征用一个劳动力，一斗地租都不收，朕的宫女都剃光头，他才满意？”[①]李世民还曾对长孙皇后说，要找机会杀了魏徵这个“田舍汉”。也是在贞观八年，魏徵敏感地察觉出了李世民心理上的微妙变化，他直言不讳道：“陛下如今不再喜欢直言了。虽然还勉强接受，却早已没有了往日的豁达。”[②]贞观十年（公元636年），魏徵开始以“目疾”为借口，屡屡“求为散官”。[③]

① 《资治通鉴》卷一百九十四载皇甫德参之言：“修洛阳宫，劳人；收地租，厚敛；俗好高髻，盖宫中所化。”亦载李世民之言：“德参欲国家不役一人，不收斗租，宫人皆无发，乃可其意邪！”中华书局1956年版，第6109页。

② 《资治通鉴》卷一百九十四载魏徵之言：“陛下近日不好直言，虽勉强含容，非曩时之豁如。”中华书局1956年版，第6109页。

③ 司马光：《资治通鉴》卷一百九十四，中华书局1956年版，第6119页。

追溯起来，唐太宗君臣形式主义的“进谏—纳谏”游戏实始于玄武门事变之后。彼时的李世民急于打造自己帝位的合法性，遂与怀有“内圣外王”理想的士大夫们一拍即合，开启了一场从谏如流的表演秀。李世民不断纳谏，不断奖赏进谏者，但对执行进谏的内容一直兴趣索然。随着在位时间越来越长，帝位的合法性越来越不是问题，李世民也渐渐不想再玩这种游戏。贞观十一年，先是魏徵对李世民说：“陛下欲善之志不及于昔时，闻过必改少亏于曩日。”[①] 陛下知错就改的精神已远不如往日。然后又有李世民对魏徵发牢骚：“上封事者皆言朕游猎太频；今天下无事，武备不可忘，朕时与左右猎于后苑，无一事烦民，夫亦何伤！”李世民抱怨：进谏的人都指责我游猎过于频繁，但我以为如今天下虽然无事，武备还是不能松弛，我时而与侍臣在后苑狩猎，没有劳民伤财，有什么错呢？魏徵无奈回答：“陛下既使之上封事，止得恣其陈述。苟其言可取，固有益于国；若其无取，亦无所损。”魏徵的意思是：陛下既然鼓励进谏，应该让人畅所欲言。说得对，陛下采纳，对国家有好处；说得不对，陛下不理会，也没什么损失。李世民闻言大悦。[②]

---

① 司马光：《资治通鉴》卷一百九十五，中华书局1956年版，第6129页。

② 同上，第6131—6132页。

魏徵的回答流露出了强烈的悲观情绪。李世民的牢骚清晰地传达出一种不想将形式主义的“进谏—纳谏”游戏进行下去的情绪。这种情绪也体现在同年发生的另一件事上。贞观十一年十月，御史柳范弹劾吴王李恪（李世民第三子）频繁外出游猎，严重扰民。处罚了李恪后，李世民发怒道：“长史权万纪事吾儿，不能匡正，罪当死。”他说：长史权万纪辅佐我儿，却不能有所匡正，论罪当死。柳范梗着脖子回答：“房玄龄事陛下，犹不能止畋猎，岂得独罪万纪！”他说：房玄龄辅佐陛下，也未能阻止陛下四处游猎，该死的不光权万纪一人！李世民拂衣而去。[①]这一年，朝臣屡次劝谏李世民节制游猎，李世民则屡次借游猎之事向朝臣发难。

李世民想要放纵自己的欲望，同时很在乎自己的历史形象。为兼顾二者，他选择一再违制向史官索求与自己相关的历史记录。贞观九年（公元635年），他要求阅读国史，被谏议大夫朱子奢驳了回去。[②]贞观十三年，他又询问褚遂良自己起居注的具体内容，担心里面记载了自己的缺点。[③]最终，他如愿以偿从房玄龄手里看到了国史，也对国史如何纂

① 司马光：《资治通鉴》卷一百九十五，中华书局1956年版，第6134页。
② 司马光：《资治通鉴》卷一百九十七，中华书局1956年版，第6203页。
③ 司马光：《资治通鉴》卷一百九十六，中华书局1956年版，第6175页。

修给出了自己的指导意见。

在位二十余年，李世民犹如一位演员，在台上对自己的一举一动都做了刻意的修饰。他不止一次通过与臣僚对话的方式，来为自己塑造生活简朴、爱惜民力的光辉形象。在那些令人感动的对话背后，九成宫、大明宫、飞山宫、襄城宫……不断破土动工。舆论指责九成宫修建得过于华丽，他下令将其摧毁；襄城宫同样被摧毁，原因却是建成之后不合李世民的心意。在那漫长的“进谏—纳谏”游戏里，李世民获得了从善如流的美誉。但接受谏言是一回事，执行谏言是另一回事。李世民在朝堂之上充分展示着自己虚怀若谷的帝王风度，史官将他对犯颜直谏者的宽容载入实录之中，而他很快就忘记了谏言的具体内容。

但贞观之治的士大夫仍然是幸运的，至少，李世民愿意陪他们玩这样的形式主义游戏。

三、唐长安城的畸形繁华

自秦汉而下，中国古代的大城市有两个基本特点：1. 不是经济发展的自然产物，而是由政治权力推动建筑，在布局与管理上完全遵从权力的意志。2. 城中不存在独立的市民群体，也没有独立的经济结构。城中的农业、手工业、服务业、商业全部依赖城中贵族的消费而存在，是政治权力的附属品，从业者与行业俱受到政治权力的严格管控。

号称最能体现盛唐气象的长安城也不例外。长安共计 108 坊（唐高宗龙朔至唐玄宗开元间为 110 坊，唐玄宗开元之后为 109 坊）。其中西 54 坊由长安县管辖，东 54 坊由万年县管辖，两县统属京兆府。全城呈规整的棋盘式布局。

这是一种典型的权力化的布局，其设计思路的出发点是为权力服务，而非便利城内居民的日常生活。用日本学者妹尾达彦的话说就是："长安城的建筑原本就不是以居民生活为出发点的，而是根据 6 世纪末到 7 世纪初王都的理念，设计建成的一座宏伟的理想都市。"①

"宏伟的理想都市"追求的是凸显皇权的神圣性与保障皇室的安全。这种追求对普通市民而言往往意味着束缚、禁锢与不宜居。布局上，街道纵横笔直，坊区四四方方，全方位的整齐划一追求的是神圣性。管理上，实施里坊制度与夜禁制度，严格控制城内居民的人身自由，追求的是安全。

---

① ［日］妹尾达彦：《唐都长安城的人口数与城内人口分布》，见《中国古都研究》（十二），山西人民出版社 1998 年版。

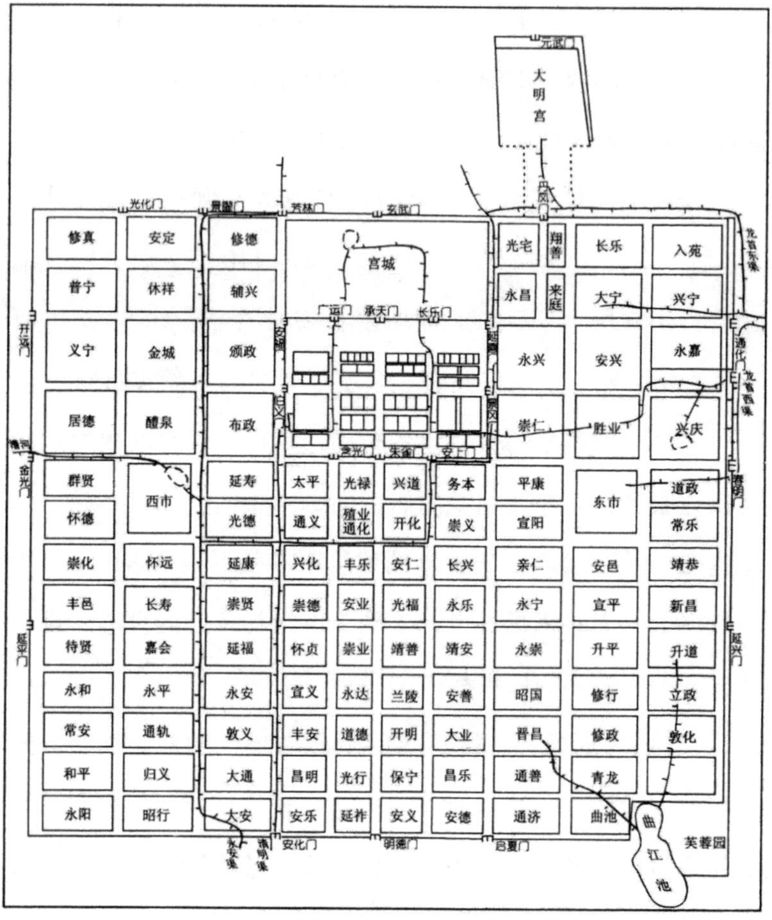

唐长安城布局示意图①

① 徐松撰，李健超增订:《增订唐两京城坊考》，三秦出版社 2006 年版，第 17 页。

里坊制度源于秦汉时代的闾里制。所谓闾里制，简单说来，就是在城内用围墙圈出许多方块状的“闾”或“坊”。居民住在墙内的房子里，不许临街开门，不许临街起楼，只能从官府设置的坊门出入。坊门设置有“弹室”之类的机构，配备了“坊正”“里正”之类的管理人员，用来监控居民的进出。北宋定都开封后，里坊制才被抛弃——并不是赵宋王朝不喜欢里坊制，而是开封的自然环境不允许，取而代之的是《清明上河图》中那种较为开放的“街坊制”，城市居民不再被官府用高墙禁锢。及至清代，爱新觉罗氏入关后欠缺自信，用栅栏将北京城的居民住宅再次分割、封闭。据《大清会典》记载，清初，北京内城有大小栅栏 1100 余道，外城有大小栅栏 440 余道，栅栏门晨启昏闭。直到清代中叶栅栏才渐渐消失，“大栅栏”的地名则流传至今。①

再说夜禁制度，简单说来就是，长安城的外郭城门、宫城城门、皇城城门与坊市之门会在入夜前定时关闭，形成三层封闭结构（长安城—宫 / 皇城—坊），以控制城内人员入夜后的活动半径（坊内之人只能在本坊内部活动）。

为将夜禁制度落到实处，唐朝皇帝想了很多办法。具

① 孙大章：《中国古代建筑史话》，中国建筑工业出版社 1987 年版，第 65—74 页。孙慧羽：《清代皇家档案里的北京栅栏》，《北京档案》2019 年第 7 期。

体包括：1. 若有人不守夜禁出坊，严厉追责坊正。2. 设左、右街使（由左、右金吾卫中郎将担任），左、右巡使（由殿中侍御史担任）。3. 左、右金吾卫上街夜巡，遇到犯夜禁之人可以毒打、砍杀、杖毙。4. 于城门坊角设“武侯铺”，由武装兵士值班，巡查周边区域，兵士少则五人，多则百人。5. 京兆府、长安县、万年县须参与夜禁的落实。[①] 如此层层落实、级级追责，目的当然只有一个：调动尽可能多的资源来防范城中居民夜间行动，以满足皇权对安全的追求。

这种防范既针对底层百姓（使其散沙化，无力酿成群体性事件），也针对城内显贵。比如，唐肃宗时设有特务机构“察事厅子”，由宦官李辅国掌控，用以监督城中官僚、贵族，“官吏有小过，无不伺知”。武则天时代，为了控制李唐皇室，又将包括李隆基在内的诸多李唐皇室成员控制在兴庆坊内集中居住。晚唐皇权落入宦官之手，宦官又将这种做法继承了下来。有唐一代，长安城内先后出现过五王同坊、十王同坊、十六王同坊乃至“百孙院”。[②]

---

① 刘浩：《唐长安城夜禁制度施行的时空背景及内容研究》，《人文杂志》2017 年第 4 期。

② 孙英刚：《隋唐长安的王府与王宅》，见荣新江主编：《唐研究》第九卷，北京大学出版社 2003 年版，第 185—214 页。

里坊制度与夜禁制度为上述监控与监管提供了极大的便利。但监控与监管也并非一成不变，其强度的大小取决于皇权的兴衰。皇权兴，打压显贵游刃有余，监控的力度就强；皇权衰，不得不笼络权贵以维系统治，监控的力度就弱，对突破坊墙者也就睁一只眼闭一只眼，甚至还出台过政策，允许皇室及三品以上官员临街开门。比如，安史之乱后，长安城的里坊就出现了许多穿墙破洞的现象——显贵们不愿绕道走官府铸造的坊门，更喜欢在自家临街的墙上破洞开门。唐代宗下诏命京兆尹李勉严查“侵街打墙、接檐造舍”[①]的现象，要求一律拆毁私开的门，并予以重罚，但并无太大成效。

后来，皇权落入宦官之手，长安城向街开门的现象更普遍了。唐文宗（计划诛杀宦官，却反遭宦官软禁的那位）时期，负责落实夜禁政策的左右巡使曾在报告中哀叹说，向街开门的太多，有皇帝特批可以开的，有未得特批自己就开了的，总之无法遏制，那些住户常常不等晨钟响就开门，暮鼓怎么敲也不关门，使得长安城的夜禁制度形同虚设。[②]

① 王溥：《唐会要》卷八十六《街巷》。宫崎市定：《汉代的里制与唐代的坊制》，见《宫崎市定亚洲史论考》中册，上海古籍出版社 2017 年版，第 635 页。

② 王溥：《唐会要》卷八十六《街巷》。宫崎市定：《汉代的里制与唐代的坊制》，见《宫崎市定亚洲史论考》中册，上海古籍出版社 2017 年版，第 633 页。

城市监控力度的衰弱确实增加了安全隐患。元和十年（公元815年）六月三日，晨钟敲过，天色未明，为了赶上早朝，家住靖安坊的宰相武元衡骑马走出了家门。他穿过靖安坊东门，进入大街时，突遭埋伏在侧的刺客围杀，被割去了头颅。同日，家住永乐坊的另一位高官裴度也遭遇了刺客袭击，他滚落到街旁水沟之中，头颈负伤，因毡帽厚实而侥幸捡回一条性命。事后查明，刺客来自地方藩镇（平卢节度使李师道）。因武元衡与裴度正协助皇帝加强中央集权，试图对藩镇用兵，故遭遇此劫。[①]

但另一方面，监控力度的衰弱也让城市有了更多的活力，城市的灵魂——商业有了很大发展。

唐长安城虽设有东、西二市，但因位置固定（所有交易只能在东、西二市进行），且营业时间短（中午开市，日落闭市），服务对象始终非常有限。为了能够最大限度地享受到东、西二市带来的生活便利——市中不但可以买到各种商品，包括米、麦、肉类、酒类、蔬菜水果、衣物、纺织品、金银、宝石、药品、马匹、车辆等，还有酒宴、戏曲等娱乐项目，唐长安城的官僚、贵族在置办住宅时，首先考虑的是

① 刘昫等：《旧唐书·武元衡传》，中华书局1975年版，第4161页。

靠近位于城市东北部的大明宫和兴庆宫（那里是唐王朝的政治中心），其次就是靠近东市和西市——二市营业时间短，长安城又实行里坊制度和夜禁制度，住得离二市远了，既没有办法痛快地购物，也有可能因为购物耽搁时间太久而赶不及回坊，被巡夜的金吾卫抓住打个半死。①

为皇室的安全而施加的限制直接导致东市周边地区（该区域靠近大明宫和兴庆宫）成了长安城官僚、贵族府邸最为集中之处，也是唐长安城住宅价格最昂贵的地区。②事实上，不止官僚、贵族的府邸，整个长安城的住宅分布也基本处于“东贵西贱”“南虚北实”的状态。具体来说就是：以纵贯全城的朱雀大街为界，“公卿以下民（居）止多在朱雀街东”，街西则“浮寓流寄不可胜计”——官僚、贵族和有钱人集中住在街东，平民百姓和外来人口集中住在街西。而“自朱雀门南第六横街以南，率无居人第宅”——从皇城向南数，第六条横街以南的地方大多无人居住。“自兴善寺以南四坊，东西尽郭，虽时有居者，烟火不接，耕垦种植，阡

① 唐长安城官僚权贵的住宅分布，参见王才强《唐长安的数码重建》中的“皇室贵族府邸示意图”，中国建筑工业出版社 2006 年版。

② 杨清越、龙芳芳：《长安物贵居大不易——唐代长安城住宅形式及住宅价格研究》，见樊英峰主编：《乾陵文化研究》（六），三秦出版社 2011 年版，第 221—238 页。

陌相连”——最南边的四排坊，从东城墙到西城墙只偶尔有人居住，已被开垦为“阡陌相连”的农田。[①]

当皇权衰微，对城市的监控力度减弱时，长安城才渐渐有了烟火气，出现了宜居的一面。宜居的变化如下：

第一个变化是穿墙破洞与临街开门现象增多，前文已有叙述。

第二个变化是商业活动突破东、西二市的范围，扩展到了其他坊。崇仁坊里出现了造乐器的工匠作坊，平康坊里有人卖姜果，宣阳坊里开设了彩缬铺，长兴坊里有毕罗店，宣平坊里可以买到油，升平坊里可以买到胡饼，延寿坊里出售各种金银珠宝……诸多的酒肆与旅店也出现在了东、西二市周边，“昼夜喧呼、灯火不绝”的夜市随之兴起。唐德宗时期，旅人可以在酒肆里喝到酩酊大醉，不必担心天黑后回不了旅店；韦庄也在诗里说“朝闻奏对入朝堂，暮见喧呼来酒市”，早上去朝廷上班，晚上去酒楼买醉。[②] 这都是只有在皇权衰微、城市控制放松的中晚唐才有的快活。

遗憾的是，这些快活与长安城内的普通百姓关系不大。无论皇权如何衰微，唐代的长安终究是一座权力之城。金吾

---

① 张永帅：《唐长安住宅的分布》，《史林》2009 年第 2 期。

② 李瑞：《唐宋都城空间形态研究》，西安地图出版社 2006 年版，第 154 页。

卫奈何不了达官显贵，对付底层百姓却绰绰有余。所以，草民照样不敢临街开门，照样暮鼓一响就得撒丫子往坊内跑，照样与城市的喧闹繁华无关。

与底层百姓有关的只有掠夺与汲取。

唐人诗词中常有“长安城中百万家”一类的句子，这当然是夸张之辞。开元、天宝年间的长安城，总人口约为 70 万，除去军队（约 10 万左右），簿籍所载宗室、宫人、宦官、外国人（共计 5 万余人）、僧人和道士（约 2 万—3 万人）以及脱漏人口等（约 10 万人），长安城内由长安县与万年县管辖的普通百姓有三四十万人。[①] 这三四十万普通百姓在这座“无与伦比的国际化大都市”中并没有过上舒适的生活。除了负担所有唐帝国百姓都必须负担的常规的赋役、徭役外，他们还得不断承受来自皇权的“随兴掠夺”。

比如“金融榨取”，自唐帝国铸造“开元通宝”之后即已开始。为满足日益增长的财政开支，朝廷率先铸造减重的铜钱敛财，民间随之跟风盗铸。唐高宗时期，“恶钱”（含铜量不足之钱）即已充斥长安城。恶钱是一种官方称呼，它

① ［日］妹尾达彦:《唐都长安城的人口数与城内人口分布》,见《中国古都研究》（十二），山西人民出版社 1998 年版。另可参考王社教、龚胜生、郑显文等人的研究结论。

流行的根源其实是唐帝国官方不愿为市场提供足量的合格铜钱——铸造合格的铜钱成本很高（主要是缺铜），没有多少收益，多数时候还会亏损，但官府又不愿将铸币权下放民间。铜钱不足导致通货紧缩、钱贵物轻，民间只好流通私铸的恶钱。①

对朝廷而言，铸造“好钱”会亏损，收缴“恶钱”却有利可图。

显庆五年（公元660年）唐高宗下令“以五恶钱酬一好钱”，命百姓用五个恶钱向政府换一个好钱，在长安率先实行。结果百姓不愿换，“私自藏之，以候官禁之弛”，等着朝廷取消不许恶钱流通的禁令。唐高宗无奈，改为“以好钱一文买恶钱两文”，两个恶钱换一个好钱，百姓仍然不愿。百姓又不傻，换了就等于将自己的部分财富无偿让给了皇帝。于是，六年之后，唐高宗采取了另一种敛财之法：铸造一种名为“乾封泉宝”的大钱，官定新钱一文等于旧钱十文（一文新钱的含铜量远低于十文旧钱），且给出期限，一年之后将废除旧钱，禁止旧钱流通，实际上仍是逼迫百姓拿旧钱来换新钱，将部分财富转移给朝廷。作为率先执行换钱政策的

① 钟兴龙：《唐代“铜贵”问题》，《古籍整理研究学刊》2013年第6期。

地方，长安百姓深受其害，史称“京城纷然，卖买殆绝”。[①]

类似的手段，唐肃宗也用过。

乾元元年（公元 758 年），唐肃宗采纳铸钱使第五琦的建议，铸造发行了“乾元重宝”，与开元通宝的兑换比例是 1∶10——乾元重宝每缗重十斤，开元通宝每缗重六斤四两，朝廷以一个“十斤”强行兑换民间的十个“六斤四两”，这显然是赤裸裸的抢劫。稍后，第五琦变本加厉，又主持铸造了“重轮乾元钱”（每缗重十二斤），与开元通宝的兑换比例是 1∶50。这场敛财运动制造了巨大的民生灾难。史载：“法既屡易，物价腾跃，米斗钱至七千，饿死者满道……京师人人私铸……郑叔清为京兆尹，数月榜死者八百余人。”[②] 刚刚重归李唐的长安百姓成了这场敛财运动最直接的受害者。为了止损，为了活下去，他们选择冒死私铸乾元重宝与重轮乾元钱。自然，这是皇权不能容许的，仅仅一个月，长安城内就处死了 800 余名盗铸者。

而相比遮遮掩掩，收效迟缓的“金融榨取”，皇权有时候更喜欢直接暴力掠夺。

唐德宗时期，长安城的百姓有过这样的遭遇。当时，为

① 刘昫等：《旧唐书·食货志上》，中华书局 1975 年版，第 2095 页。

② 欧阳修等：《新唐书·食货志四》，中华书局 1975 年版，第 1387 页。

了支持与藩镇之间的战争，唐德宗采纳韦都宾、陈京的建议，决定搜刮天下富商，尤其是长安商人。史载：“判度支杜佑大索长安中商贾所有货，意其不实，辄加搒捶，人不胜苦，有缢死者，长安嚣然如被寇盗。计所得才八十余万缗。又括僦柜质钱，凡蓄积钱帛粟麦者，皆借四分之一，封其柜窖。百姓为之罢市，相帅遮宰相马自诉，以千万数。卢杞始慰谕之，势不可遏，乃疾驱自他道归。计并借商所得，才二百万缗，人已竭矣。”[①] 杜佑具体负责搜刮长安城中百姓，他的做法是搜查长安所有商人的财货，动辄以申报不实为由对他们进行鞭笞、棒打。如此搜刮之下，所得也不过 8 亿文。朝廷又决定对其他行业动手，结果导致整个长安城的百姓罢市，集体跑去拦宰相的马诉苦。宰相卢杞开始还开导他们，实在挡不住群情激奋的百姓，从别的道跑了。最后总计搜刮到了 20 亿文。

以上种种，只是长安底层居民命运无常的几个典型案例。在当时，长安确实可以称为国际化的大都市，城池规模大，城内人口多，官僚、贵族的宅邸占地广阔，而且相当雄伟，城内还有许多外国人带着外国的货物来来往往。但长安

① 司马光：《资治通鉴》卷二百二十七，中华书局 1956 年版，第 7325—7326 页。

的繁华终究只是权力的繁华，不是民生的繁华。

四、“怀柔远人”的两笔账

贞观四年，唐王朝平定了东突厥。投降的突厥首领被唐太宗李世民封为将军、中郎将等，集体安排到朝中做官，五品以上的多达百余人。同时，大约15万突厥人南下归附，成为大唐百姓，其中“入居长安者数千家”[①]。

李世民很高兴，下令赏给他们钱粮布匹和土地。有些部落没有前来归附，李世民觉得美中不足，一而再再而三地派出使臣带着各种优惠政策前去招抚。

开国功臣、担任过凉州大都督的李大亮对皇帝的做法很不认同。他上书李世民：“臣听说，想要安抚远邦，必须要先让身边的人获得安定。中原的百姓是天下的根本，四夷之人只是枝叶。损害根本，却对枝叶倍加爱护，以求取天下安定，是不可能的。自古以来，贤明的帝王都是对自己的百姓讲信义，对外族使用权术。《春秋》上说：‘戎狄等外族犹如豺狼，不能满足他们贪得无厌的欲望；中原各族是自家人，

① 刘昫等：《旧唐书·突厥传上》，中华书局1975年版，第5163页。

不可以抛弃。’陛下现在的做法，臣看不出有什么好处。依臣的愚见，应该停止招抚不愿归附的部落。他们即使愿意归附，陛下也不应该接纳。周王朝爱护自己的百姓，排斥外面的夷狄，所以能传国700多年；秦王朝动不动就想把胡人纳入版图，常年发动百姓去征伐胡人，所以40年就亡国了。汉文帝只养兵防守，天下安定，百姓富足；汉武帝一心征伐夷狄，结果耗尽国库，民生凋敝，后悔莫及。”①

李大亮的话字字句句都是在责备李世民优待归附与未归附的突厥人，胜过了爱惜大唐的百姓。李大亮还说，皇帝给归附的突厥人发放物资是在浪费大唐百姓的财富：“突厥人集体归附大唐，但我们没办法把他们迁徙到江淮，没办法改变他们的风俗，只能把他们安置在距离京城不远的地方。这不是长久之计。每一个突厥人来归，陛下都赏赐布帛五匹和一件袍子；部落头领来归附，一律授予高官。突厥人俸禄多，地位高，很费钱。拿我大唐百姓上交的钱粮、布帛来供养他们，对我大唐实在是没有任何好处。”②

李大亮讲的道理是对孔子“远人不服，则修文德以来之”的继承，李世民其实也全明白。早在贞观三年，他就对靺鞨的使者说过：“昔人谓御戎无上策，朕今治安中国，而四夷自服，岂非上策乎！”[3] 意思是，朕把自己的国家治理得繁荣、安定，周边的夷狄心生羡慕，自然而然就奔着我们来了，这才是驾驭戎狄的上策。李世民的话与贞观四年李大亮奏折里的“九州殷盛，四夷自服”的含义完全相同。

但明白道理是一回事，是否愿意按照道理去做又是另一回事。“治安中国”，实现“九州殷盛”，需要付出许多心力，需要复杂的制度建设，不是一朝一夕可以完成的。就效率而言，李世民更喜欢玩倒推游戏，先用武力威慑与物质诱惑让“四夷自服”，然后再反推出“治安中国”，已经完成了“九州殷盛”的丰功伟业。贞观四年的李世民正策划着要加冕为“天可汗”，不会因为李大亮的进谏就终止给新归附的突厥人赏赐官职、土地、钱粮、布匹，尽管李世民嘉奖了李大亮，

①② 《旧唐书·李大亮传》载李大亮之言:“臣闻欲绥远者,必先安近。中国百姓，天下本根；四夷之人，犹于枝叶。扰于根本，以厚枝附，而求久安，未之有也。自古明王，化中国以信，驭夷狄以权。故《春秋》云：‘戎狄豺狼，不可厌也；诸夏亲昵，不可弃也。’自陛下君临区宇，深根固本，人逸兵强，九州殷盛，四夷自服。今者招致突厥，虽入提封，臣愚稍觉劳费，未悟其有益也……以臣愚惑，请停招慰。且谓之荒服者，故臣而不内。是以周室爱人攘狄，竟延七百之龄；秦王轻战事胡，四十载而遂绝。汉文养兵静守，天下安丰；孝武扬威远略，海内虚耗。虽悔轮台，追已不及……近日突厥倾国入朝，既不能俘之江淮，以变其俗；置于内地，去京不远，虽则宽仁之义，亦非久安之计也。每见一人初降，赐物五匹、袍一领，酋帅悉授大官，禄厚位尊，理多縻费。以中国之币帛，供积恶之凶虏，其众益多，非中国之利也。”中华书局 1975 年版，第 2388 页。

③ 司马光:《资治通鉴》卷一百三十九，中华书局 1958 年版，第 6067 页。

且“纳其奏”。

也是在贞观四年，李世民还对长孙无忌说过这样一番话：“贞观之初，有人上书对我说，应该出动大军去征伐周边的夷狄。只有魏徵劝我偃武修文，说中国既安，四夷自服，我们把自己的国家治理得欣欣向荣，周边的夷狄就会向我们靠拢。朕采纳了魏徵的话，如今擒获了颉利可汗，魏徵的话应验了。”[①] 李世民也是在用四夷自服的结果来反推自己已经通过偃武修文实现了九州殷盛、四夷自服，从而突厥人自愿成为归化人，成为唐帝国的百姓。

有唐一代，李大亮不希望拿唐朝百姓的税赋去供养外国移民和归化人的愿望，从来没有实现过。唐玄宗开元二十五年（公元737年），对外国人移居大唐颁布过一份专门规定：“化外人归朝者，所在州镇给衣食，具状送省奏闻。化外人于宽乡附贯安置。”[②] 地方官府要给他们提供吃穿，要将他们的情形报告给朝廷，要将他们安置在比较好的地方。大约

---

① 《资治通鉴》卷一百三十九载李世民之言：“贞观之初，上书者……又云：‘宜震耀威武，征讨四夷。’唯魏徵劝朕‘偃武修文，中国既安，四夷自服’。朕用其言。今颉利成擒，其酋长并带刀宿卫，部落皆袭衣冠，徵之力也。”中华书局1958年版，第6085页。

② ［日］仁井田陞原著，栗劲、霍存福、王占通、郭延德编译：《唐令拾遗·户令第九》“没落外蕃人、化外人附贯安置”条，长春出版社1989年版，第146页。

在同期，还出台了另一项赋税上的优惠政策："外蕃之人投化者，复十年。"[①]前来大唐，且接受归化的外国人可以享受免除十年赋税的特权。十年后，再与华夏百姓承担相同的赋役。

在以上优惠政策的刺激下，一批又一批的化外人通过各种渠道进入唐王朝境内。

长安常年居住着四五千户归化人。扬州、楚州、泗州、海州、密州、登州、青州全部设有新罗坊或新罗馆，也就是说新罗人在今天的江苏、山东沿海形成了相当规模的聚居区[②]。敦煌、肃州、甘州、西州、伊州、凉州有来自中亚的粟特等国的"昭武九姓"（中国南北朝、隋、唐时期对来到中原的粟特人及其后裔泛称"昭武九姓"，共来自十多个小国，其王均以昭武为姓），他们是唐王朝境内实力最大的归化人，在唐玄宗时期他们参与过两次武装起事：一次是开元九年（公元 721 年）的"康待宾之乱"（康国的粟特人康待宾率部起兵反唐），参与者多达 7 万余人；另一次是著名的

① 杜佑:《通典》卷六，中华书局 1988 年版，第 109 页。

② ［韩］金文经:《唐代新罗侨民的活动》，见《古代中韩日关系史研究》，香港大学亚洲研究中心 1987 年版。转引自朱建君、修斌主编:《中国海洋文化史长编 · 魏晋南北朝隋唐卷》，中国海洋大学出版社 2013 年版，第 432 页。

安史之乱，这场规模空前的叛乱得到了胡商的经济支持，也得到了昭武九姓胡人的支持。[①]广州、扬州则是波斯人和大食人的主要聚居地。唐肃宗乾元三年（公元760年），扬州刺史叛唐，淮南节度使攻陷扬州，数千名波斯人被杀。[②]唐僖宗乾符六年（公元879年），黄巢攻陷广州，大杀外国人，据说有多达12万人遇难。[③]外国移民中既有富商大贾，也有普通小民；既有印度归化人罗好心那样做到神策军正将的上层人，也有常见于唐人诗歌、传奇的昆仑奴一类的底层人。

在夷狄问题上，唐王朝大多数时候算的是政治账。但这并不意味着他们是“人傻钱多”的冤大头，基于现实需要，他们偶尔也会算一算经济账。

贞观二年（公元628年），李世民下令，“诸蕃使人所娶得汉妇女为妾者，并不得将还蕃”[④]。外国人跑到大唐来，娶唐的女子为妾是可以的，但不允许将其带出大唐。显然，经历了隋末大乱的人口锐减，李世民很在意保护唐王朝的生殖

① 张广达:《唐代六胡州等地的昭武九姓》,《北京大学学报》(哲学社会科学版)1986年第2期。

② 房仲甫、汪政平:《唐代扬州的大食和波斯商人》,见《江苏省考古学会1983年考古论文选》。

③ [日]桑原骘藏:《唐宋贸易港研究》,山西人民出版社2015年版,第38页。

④ 王溥:《唐会要》卷一百，中华书局1955年版，第1796页。

力，不许唐朝妇女随外国人离开，实际上就是要把唐朝妇女作为一种“生殖资源”留在大唐。唐高宗再度重申了这条禁令：“如是蕃人入朝听住之者，得娶妻妾，若将还蕃内，以违敕科之。”[①]外国人来唐王朝居住，可以在唐王朝娶妻妾，但不许把妻妾带走，否则将以违反皇帝的敕令论处。

到了唐代宗时期，因为安史之乱的缘故，唐朝妇女再度成为唐王朝的“稀缺资源”。史载，因借回纥兵平安史之乱的缘故，“回纥留京师者常千人，商胡伪服而杂居者又倍之，县官日给饔饩，殖赀产，开第舍，市肆美利皆归之，日纵暴横，吏不敢问。或衣华服，诱取妻妾”[②]——长安城中常年驻留着上千回纥人，还有人数是回纥人数倍的胡商，他们穿着唐朝人的服装杂居在唐朝人中间。朝廷款待他们，准他们置办资产与房舍，市场上的利润都归了他们，可他们一日比一日蛮横，官吏也不敢过问。有些人还故意穿上“华服”（应该是指有钱、有身份的唐朝人穿的服装），来引诱唐朝妇女做他们的妻妾（“诱取”二字显示，不许汉妇随外国人离开唐朝的政策确实对外国人在唐朝娶妻妾造成了不小的影响）。

① 长孙无忌等：《唐律疏议》卷八《卫禁》“越度缘边关塞”条，丛书集成初编本，商务印书馆 1939 年版，第 184 页。

② 司马光：《资治通鉴》卷二百二十五，中华书局 1958 年版，第 7265 页。

为保护汉妇不被骗走，大历十四年（公元779年），唐代宗下诏“回纥诸胡在京师者，各服其服，无得效华人与汉相参”[①]，要求住在京城的回纥人和其他外国人必须穿自己本国的服装，不许与唐朝人一般装束。

对胡人在大唐挣到的巨额财富，唐王朝有时候也会很眼红。

按唐代律法，“海商死者，官籍其资，满三月无妻子诣府，则没入”[②]，来自海外的商人死了，三个月没有妻儿来衙门认领遗产，遗产就归官府所有。孔戣做岭南节度使的时候觉察出了三个月期限的微妙：“海道岁一往复。”波斯客商的死讯传回本国，本国的亲属再坐船来到唐王朝，往往要一年的时间，三个月的期限无异于直接没收海外客商的资产。于是在他的任期内，无视三个月的期限，随便什么时候，只要是海外客商的亲属来认领遗产，都同意交还。这个故事出自韩愈给孔戣写的墓志铭。孔戣的做法被韩愈拿出来赞叹，显示它并非主流，以三月为限没收海外客商遗产才是普遍的做法。历史学家吕思勉评价唐律规定的三个月的期限，说它的

① 司马光：《资治通鉴》卷二百二十五，中华书局1958年版，第7265页。

② 欧阳修等：《新唐书·孔戣传》，中华书局1975年版，第5009页。

实质是“故立苛例以规利”[①]，故意制定苛刻的法律来谋利。

唐文宗大和八年（公元 834 年），朝廷又出台了一项政策：“死波斯及诸蕃人资财货物等，伏请依诸商客例，如有父母、嫡妻、男儿、亲女、亲兄弟元相随，并请给还。如无上件至亲，所有钱物等并请官收，更不牒本贯追勘亲族。”[②]

这是一项非常意味深长的政策，政策的微妙之处在于“元相随”三个字。大意是：波斯人和其他外国人死在了唐王朝，留下了资产、货物，如果他有“元相随”的父母、嫡妻、儿子、女儿与亲兄弟，可以继承他的财产，如果没有，那财产就归官府所有了，且不发公文去他的本国寻找亲属。所谓“元相随”，指的是客商来唐王朝时随行的父母、妻子、儿女、亲兄弟，而非在唐朝娶的妻妾、生的儿女。这项政策让许多海外客商辛辛苦苦一辈子，只是在给唐王朝积攒财富。

《太平广记》中有两则波斯商人托付遗产的故事，颇能反映时代的变化。

第一则故事的主角是活跃于唐玄宗时代的李勉。故事中说，李勉遇到一个重病的波斯商人，因感念其照顾，商人临

① 吕思勉:《隋唐五代史》下册，中国友谊出版公司 2009 年版，第 646 页。

② 窦仪等:《宋刑统》卷十二《户婚律》，法律出版社 1999 年版，第 224 页。

死前将一颗“当百万”的宝珠赠给李勉。李勉将宝珠藏在胡商口中一并埋葬。后来，李勉在扬州遇到胡商之子，带了他去胡商之墓中取走了宝珠。①

第二则故事的主角是李勉的儿子李约。故事中说，李约在江上遇到一位重病的胡商，胡商将自己的两个女儿托付给李约，还送了他一颗宝珠。胡商死后，“财宝约数万，悉籍其数送官，而以二女求配”。埋葬胡商时，李约把宝珠塞在了他口中。后来，胡商有亲属前来要求继承财产，打开坟墓，看到了宝珠。②

都是胡商，都是在江边相遇，都是相赠宝珠，都是放在尸体口中，都是掘墓得宝，元素如此雷同，两则故事显然出自同一个蓝本。但前者的故事发生在唐玄宗时代，“元相随”条款尚未形成，故事中也就没有将波斯商人的财产送官的情节；后者的故事大概发生在唐文宗时代，所以李约做出了“财宝约数万，悉籍其数送官”的举动——胡商身边的两个女儿不符合“元相随”的继承条件，李约只好将胡商的财产造册送官，后来，符合“元相随”条件的亲属来到，放在官

---

① 《太平广记》卷四百零二《宝三》，北京燕山出版社 2011 年版，第 7034 页。

② 《太平广记》卷一百六十八《气义三》，北京燕山出版社 2011 年版，第 2418 页。

府的胡商的财富连带墓中的宝珠才能被拿走。这是同一则故事在不同的时代流传，为了显得真实而糅进时代元素的典型案例。

也是在唐文宗时代，发生了显贵子弟向胡商借钱没有偿还、被胡商起诉的事件。唐文宗将政治账与经济账一起算。政治上，他觉得太丢大唐脸面，贬了欠债者的官职，又在大和五年（公元 831 年）下了一道诏书，要有关部门好好“抚安”被欠债的胡商，“免令受屈”，别让他们要不回钱，受了委屈。经济上，朝廷出台了新规定，“自今已后，应诸色人，宜除准敕互市外，并不得辄与蕃客钱物交关”，从今以后，不许唐朝百姓再向胡商借钱。政策看似是在保护胡商的利益，实际上是限制胡商经营放贷业务，是在试图阻止唐王朝的财富外流。文宗开成元年（公元 836 年），朝廷再次重申了这项政策，禁止唐朝百姓拿自己的产业、奴婢做抵押，去向胡商借钱。[①]

但是朝廷的政治账与经济账，无论怎么算，对唐朝的普通百姓来说，都不会有什么好处。

① 吕英亭：《唐宋时期涉外法律研究：以外国人来华为中心》，光明日报出版社 2010 年版，第 55—57 页。

第十一章
另一个造极之宋

陈寅恪说过:“华夏民族之文化,历数千载之演进,造极于赵宋之世。”[①] 王国维也说:“天水一朝,人智之活动与文化之多方面,前之汉、唐,后之元、明,皆所不逮也。”[②] 宋史专家邓广铭则有论断称,就中国古代史而言,“宋代物质文明和精神文明所达到的高度,在中国整个封建社会历史时期之内,可以说是空前绝后的”[③]。

上述赞誉只是两宋历史的一重面相,主要有赖于科举塑造的大批新型知识分子,他们在经济和政治地位上获得了前

① 陈寅恪:《陈寅恪集》,生活·读书·新知三联书店 2009 年版,第 245 页。

② 王国维:《宋代之金石学》,见《王国维考古学文辑》,凤凰出版社 2008 年版,第 113 页。

③ 邓广铭:《谈谈有关宋史研究的几个问题》,见《邓广铭全集》第七卷,河北教育出版社 2005 年版,第 61 页。

所未有的优待。优待既包括丰厚的俸禄，也包括不抑兼并带来的产业安全感，还包括“不杀士大夫及上书言事人”[①]的祖训带来的政治安全感（两宋亦有文字狱）。

尽管如此，两宋也没能走出秦制时代，控制与汲取仍是两宋官府施政的核心考量。而且，两宋的控制与汲取不但强度更大，还有一些其他朝代所没有的特色。

那是另一重面相的造极之宋。

一、赵匡胤的“百代之利”

北宋军队战斗力低下是当时朝野公认的一个事实。司马光对宋仁宗说过，宋朝最大的隐患就是“士卒不精”[②]；欧阳修说宋朝养了七八十万禁军，却“不得七八万人之用”[③]，可用的士兵不足十分之一；《宋史》卷一百八十七《兵一·禁

① 这条“祖训”究竟是否刻成碑文实体性存在，学术界有很大争议。可参见张荫麟：《宋太祖誓碑及政事堂刻石考》，见《两宋史纲》，北京出版社 2016 年版，第 35—42 页；杜文玉：《宋太祖誓碑质疑》，《河南大学学报》（哲学社会科学版）1986 年第 1 期；徐规：《宋太祖誓碑辨析》，《历史研究》1986 年第 4 期；杨海文：《“宋太祖誓碑”的文献地图》，《学术月刊》2010 年第 10 期。

② 司马光：《司马光奏议》卷三《拣兵》，山西人民出版社 1986 年版，第 28 页。

③ 欧阳修：《准诏言事上书》，见《欧阳修集编年笺注》第三册，巴蜀书社 2007 年版，第 243 页。

军上》说，宋仁宗时，西部边境有战事，从京城派了禁军过去，结果却是“大率不能辛苦，而摧锋陷阵非其所长”[①]。后来招募的新部队虽命名为“万胜军”，结果却是“痿”名远扬，在党项军中传为笑柄。倒是名将狄青曾利用这一点，拿了“万胜军”的旗帜来给自己麾下的精兵做伪装，成功欺骗过党项军。[②]

至于北宋军队为何战斗力如此低下，常见的解释是宋代以“重文轻武”为国策，推行更戍法（频繁调动军队主帅），导致军中兵不知将、将不知兵。这种解释有它的道理，但仍显不足。毕竟，中国历史上绝大多数统一王朝都重文轻武，即以文职官僚为统治基础的主体，也都致力于用与更戍法类似的方式来防范军队的私人化。也就是说，除了重文轻武、更戍法等常规因素之外，应该还有其他的特殊因素在起作用，使得规模远超前代的北宋军队在战绩上反不如前代。

这个特殊因素也是影响北宋军队战斗力的核心因素，即北宋王朝对军队的定性，见于宋太祖赵匡胤与赵普等“二三大臣”之间的一次谈话。众人讨论的主题是怎么做才有“百代之利”，也就是如何才能让王朝延续千秋万代。赵匡胤给

① 脱脱等:《宋史·兵志一·禁军上》，中华书局 1977 年版，第 4574 页。

② 沈括:《梦溪笔谈》，中华书局 1957 年版，第 141 页。

出的答案是:“可以利百代者,唯养兵也。方凶年饥岁,有叛民而无叛兵;不幸乐岁而变生,则有叛兵而无叛民。”[①] 意思是:唯有养兵可以让王朝延续千秋万代。遇上大灾之年,只会有造反的百姓,不会有造反的士兵;太平年岁出了变故,只会有造反的士兵,不会有造反的百姓。

赵匡胤的几句话意思有点模糊。宋神宗后来有一段解释,有助于准确把握赵匡胤的思路。宋神宗说:

> 前世为乱者,皆无赖不逞之人。艺祖平定天下,悉招聚四方无赖不逞之人以为兵,连营以居之,什伍相制,节以军法,厚禄其长,使自爱重,付以生杀,寓威于阶级之间,使不得动。无赖不逞之人既聚而为兵,有以制之,无敢为非,因取其力以卫养良民,各安田里,所以太平之业定而无叛民,自古未有及者。[②]

前代那些造反作乱的人都是无业游民。宋太祖平定天下

① 晁说之:《嵩山文集》卷一《元符三年应诏封事》,见《四部丛刊续编·集部》,上海书店 1985 年版。

② 李焘:《续资治通鉴长编》卷三二七,中华书局 2004 年版。

后，吸取了前代的教训，将全国的无业游民都招募到军队之中，用军队的组织和纪律来约束他们，给他们提供优厚的俸禄，让他们珍惜自己的生命，然后以奖惩和等级制度将他们困住。如此，无业游民不仅不敢为非作歹，且可以利用他们去保护（也可以换个词，叫控制）良民，于是天下太平，再无百姓起来反叛。这实在是亘古未有的大智慧。

也就是说，以军队吸纳无业游民与地痞流氓是北宋王朝的一项基本国策。对赵匡胤而言，除了抵御外敌，军队还承载着吸纳社会上的无业游民、消化国家内部不安定分子的意义。北宋军队这一对内职责的重要性绝不弱于抵御外敌，甚至犹有过之。

在宋太宗时代，将民间“与人为害者”全部招募到军队中，以实现“乡闾静谧”，是朝中大臣奏疏中称赞的治国良策。[①] 宋神宗时期，王安石曾批评道：“募兵皆天下落魄无赖之人”，“募兵多浮浪不顾死亡之人”[②]——朝廷招兵的重点是吸纳那些无法无天的流氓无赖。他建议宋神宗以“良农”为

① 田锡:《应诏言关右利病疏》,见《宋代蜀文辑存校补》第一册,重庆大学出版社 2014 年版，第 16 页。

② 邓广铭:《北宋政治改革家王安石》,生活·读书·新知三联书店 2017 年版，第 199 页。

兵，却也不主张废弃对流氓无赖的招募，理由是将流氓无赖弄到军队当中，可以“令壮士有所羁属，亦所以弭难也”，将他们约束起来也是消弭不稳定因素的好办法，即“每募一人，朝廷即多一兵，而山野则少一贼”[①]。

宋末元初的马端临在《文献通考》里对北宋的这一国策有一段很准确的总结：“所谓愿应募者，非游手无藉之徒，则负罪亡命之辈耳，良民不为兵也。”意思是：北宋军队招募来的兵员全是些游手好闲的地痞流氓和亡命之徒，鲜少有良民。[②]马端临还提到，武人在北宋是受到歧视的，“老兵”在当时是非常难听的骂人话。以军队吸纳无业游民与地痞流氓的基本国策直接导致北宋军人素质集体低下，也进而导致了武官在政治集团中备受文官的歧视。

北宋的中央禁军与地方厢军即是在这样一项基本国策下迅速膨胀起来的。每有饥荒、水灾之类的变故，当局就会募兵，从灾民中招募那些破产的青壮年流民入伍，以免他们成为社会上的隐患，且以招募数量的多少作为考核地方官员的指标。建国之初，宋军数量只有 40 万上下，至宋仁宗时，已有 120 万之多，用时人蔡襄的话说，这是自五

① 林瑞翰：《熙宁变法丛考》，见《宋史研究集》第八辑，1976 年版。
② 马端临：《文献通考》第六册，山东画报出版社 2004 年版，第 133 页。

代往上直到秦汉从未有过的规模，可以说是“祖宗以来无有也”[①]。也唯有这种规模，才能实现“每募一人，朝廷即多一兵，而山野则少一贼”的治国理想。

与之相配套的是优厚的待遇。宋太祖时期，一名禁军士兵的年俸大约是 17 贯，一名厢兵大约是 10 贯。这笔钱足够维持一户中等人家的全年温饱。到宋仁宗后期，禁军士兵的年俸上调至 50 贯，厢兵的年俸上调至 30 贯，以至于宰相富弼说朝廷的财政收入“十中八九赡军”，即绝大多数都用来供养军队了。到了宋徽宗时期，禁军士兵的年俸上调至 60 贯，厢兵的年俸上调至 36 贯。

庞大的规模与优厚的待遇确实在一定程度上消弭了北宋王朝的内部不安定因素，一个可能的证据就是北宋民变的密度与强度要小于其他朝代，但它毁掉的是北宋军队的战斗力。冷兵器时代，军队的战斗力主要取决于：1. 军人的身体素质。2. 军人所受的拼杀训练、战阵训练。3. 武器的数量与质量。4. 军队的纪律性。5. 军队长官的战略判断与临场指挥。

北宋禁军专门拣选精壮之人，且与地方厢兵之间有升降

---

① 蔡襄：《蔡襄全集 · 强兵》，福建人民出版社 1999 年版，第 429 页。

流动，厢兵里的精壮者可以升入禁军，禁军里身体垮掉的要降为厢兵。身体素质方面，北宋的士兵总体上不会有太大问题（当然也免不了有弄虚作假）。北宋以超过七成的财政收入供养军队，武器的数量与质量也不会与外敌有太大的差距（马匹除外）。北宋享国160余年，在这个时间跨度里观察，也不能说所有的军事长官都不合格。因此，真正值得注意的是军队的训练状况与纪律性。而问题恰恰出在这里。所谓“无恒产者无恒心”，指望游民在军营中好好训练，在战场上令行禁止，乃至奋不顾身，古往今来，都是不切实际的幻想。

北宋朝廷其实也很清楚这一点。宋仁宗时，御史吕景初上奏请求停止“养兵”，停止往军队里招募游民，理由之一正是游民毫无战斗力，“战则先奔，致勇者亦相牵以败”[①]，游民上了战场无视军令，拔腿就逃，连带着把军中的勇士也坑了。石介也说，军中的游民士兵拿着丰厚的俸禄，“或老卧京师，或饱食塞下，或逸处郡邑，或散居邮亭，未尝荷一戈也”[②]，算不得正经的士兵。

---

① 黄淮、杨士奇:《历代名臣奏议》卷二二一《吕陶奏》，上海古籍出版社2012年版。

② 石介:《徂徕集·兵制》，中华书局1985年版，第97页。

宋神宗时期，大臣张方平建议朝廷实施军垦制度，引起诸多的反对意见。最有力的一条意见就是游民无组织、无纪律、无法屯垦。反对者说：唐代以前，士兵与农民一体，士兵本就是从田间征召上去的，所以不难让他们从事农耕。然而，“今之军士，皆市井桀猾，去本游惰之民，至于无所容然后入军籍”，意思是当今的士兵全是些在社会上为非作歹、没有出路的流氓无赖，早就骄纵惯了，平时军官也不敢强迫他们做不愿做的事。“是可使之寒耕暑耘者乎”，要他们老老实实去种地，太不现实了。①

中央禁军存在的问题，地方厢兵全有。厢兵的本质是挑选禁军剩下的和从禁军中退下来养老的，战斗力更逊一筹。宋仁宗时期，朝廷财政吃紧，于是下令让地方官府从厢兵中调人去做“役人”，这个口子一开，厢兵就更不成样子了。他们被地方官府或调去做买卖，或调去砍树、烧炭，或调去从事纺织，或调去吹奏乐器。以至于苏舜钦上奏说，厢兵“终日嬉游市间”，以刺绣、绘画为业，实在与军队完全挂靠不上。类似的情况到了南宋也没有改观，兵部侍郎李邴曾愤然对宋高宗说，厢兵在给人抬轿子、玩杂耍、跑腿，“所谓

① 严可均:《全宋文》卷八一三《张方平“屯田”》，巴蜀书社 1991 年版，第 438—440 页。

厢军者，臣不知其所谓也”，所谓的厢军，臣实在不知道它是个什么东西。[①]

厢军变成了这副模样，于是就有了《宋史纪事本末》里记载的“宋江起为盗，以三十六人横行河朔，转掠十郡，官军莫敢撄其锋”[②]，也有了后来的金军长驱直入，直抵汴京。

不能用无业游民和流氓无赖来构筑国防本是一个常识——明朝抗倭名将戚继光在《纪效新书》里就说过，招兵“第一切记不可用城市游滑之人……第一可用，只是乡野老实之人”[③]。戚继光懂的道理，行伍出身的赵匡胤自然也懂。他之所以做出与戚继光相反的事情，是因为他愿意牺牲军队对外的战斗力，来换取王朝对内的“百代之利”。

二、仁宗时代亦无仁

宋仁宗皇祐年间（1049—1053 年），包拯给皇帝呈递了一道奏疏。这位以刚直著称的官员在奏疏中列举了一大堆数据：1. 过去的四十多年里，朝廷供养的文武官员增加了一

① 粟品孝等:《南宋军事史》，上海古籍出版社 2008 年版，第 49—51 页。
② 冯琦:《宋史纪事本末》第十二卷，“方腊之乱”小节。
③ 戚继光:《纪效新书》卷一《束伍篇》，中华书局 1996 年版，第 23 页。

倍有余。2. 当下所有的官吏加起来是治理国家实际所需的三倍有余。3. 真宗景德年间（1004—1007 年），国家每年的财政收入是 4721.1 万两，支出是 4974.89 万两。4. 庆历八年（1048 年），国家每年的财政收入增长至 10359.64 万两，财政支出增长至 8938.37 万两。[①]

依据这些数据，包拯提出了一个问题：天下的纳税户口“有常数”，并没有多少变化，土地的产出“虚耗”还不如以往，朝廷的财政收入却增长了一倍有余，这是为什么？

答案只有一个，那就是：横征暴敛在宋仁宗时代正愈演愈烈。

在另一道奏疏里，包拯说：近些年来，朝廷花钱的地方越来越多，官府于是在正税之外玩起了“折变”之类的把戏，以临时需要的名义改征其他物产，原定交麦子的折变成交布帛，原定交丝绸的折变成交大米。比如江淮、两浙的赋税，本来该交小麦，每斗小麦折钱 34 文，发运司却要求小麦每斗折钱 94 文，百姓的负担变成了原来的三倍。再如，陈州遭灾后，官府下令将交小麦变更为交铜钱，每斗小麦折税 100 文，再加上脚钱、头子钱、仓耗钱等，一共是 140

① 包拯:《包拯集》卷一《论冗官财用》，中华书局 1963 年版，第 14—15 页。

文，而当地市场上每斗小麦的价格仅为50文。这样征税是二倍、三倍地“诛剥贫民”，是在搞“重率暴敛”，是在向百姓疯狂地变相增税，残暴地重复征税。[①]

基于这些观察，包拯向宋仁宗发问：“日甚一日，何穷之有……输者已竭，取者未足，则大本安所固哉！”[②]如此一天天地聚敛，何时才是尽头？受剥削的百姓已经被抽干，搞汲取的人还不满足，国家的根本还要不要？

包拯所言并非个案，而是宋仁宗时代乃至整个两宋的常态。

北宋开国之时，百姓承受的税赋就很高。用朱熹的话来说，“祖宗创业之初”有很多事要花钱，百姓承受的负担“比之前代已为过厚重”，与前代相比已重了许多。朱熹还说“古者刻剥之法本朝皆备”[③]，历朝历代盘剥百姓的手段都被我大宋继承了下来，并发扬光大。南宋人李心传也说，北宋的税赋自开国之时就很高，宋太宗时的财政收入已“两倍唐室”，是唐王朝的两倍，之后“月增岁广”，朝廷的收入一年比一年多，百姓的负担一年比一年重。南宋偏安一隅，在

① 包拯:《包拯集》卷七《请免陈州添折见钱》,中华书局1963年版,第89页。
② 包拯:《包拯集》卷一《论冗官财用》,中华书局1963年版,第14—15页。
③ 朱熹:《朱子语类》卷一一〇《论兵》。

“祖宗正赋”之外，又搞出“经制钱”“总制钱”“月桩钱”等税外之税，“宜民力之困矣”，[1]百姓当然会被压得喘不过气来。

包拯的奏疏并没有起到什么作用。十余年后，宋仁宗嘉祐年间，刘挚被派往冀州南宫县做县令。他到任后发现，该县“民多破产”，原因是赋税极重，而赋税之所以重，是因为官府在南宫县乐此不疲地搞折变：一匹绢的市价是1300钱，官定折变价只有500钱；一两绵的市价是76钱，官定折变价只有30钱。这意味着折变前交1匹绢所纳的税赋，折变后需要交2.6匹，百姓的负担无形中翻了一倍有余。[2]

史载，刘挚要求按市场价折算绢绵，结果“转运使怒，将劾之”。转运使相当于宋代省级行政单位的最高行政长官，他的发怒意味着以折变剥削百姓的做法并非南宫县的特例，而是其治下的普遍行为。这场纠纷最后闹到了朝廷，恰好此时包拯暂任中央的最高财政长官三司使，对折变之事不满已久，刘挚才赢了这场官司，保住了自己的官职。但刘挚是官员中鲜有的特例，刘挚的官司遇上包拯是特例中的特例。

折变只是宋仁宗时代百姓遭受官府变相盘剥的一个

---

① 李心传:《建炎以来朝野杂记甲集》卷一四《国初至绍熙天下岁收数》。

② 脱脱等:《宋史·刘挚传》，中华书局1977年版，第10849页。

缩影。

陈舜俞是庆历六年（1046年）的进士。在他眼中，宋仁宗时代是一个民生凋敝的时代。他在给宋仁宗的一道奏疏中总结了民生困苦的主要原因，具体而言是八项盘剥："今天下之赋五：曰公田、曰民田、曰城邑、曰杂变、曰丁口。天下之禁三：曰盐、曰茗、曰酒。生民之衣食，举此八者穷矣。"①

租种朝廷的公田要缴纳地租。公田的地租在字面上比租种私田要低，但佃户常年受到官吏的敲诈勒索，实际负担往往远超过字面上的地租。宋神宗熙宁年间（1068—1077年），朝廷掌控的公田为44.7万公顷，超过了全国垦田数的十分之一；宋仁宗时代的比例应与之大体相仿。换言之，朝廷是北宋最大的地主。

百姓耕种自家田地，需要向朝廷缴纳各种赋税。前文里包拯与刘挚提到的折变，其重灾区即民田。折变之外，还有一种"支移"，也是北宋的自耕农闻之色变的盘剥项目。所谓"支移"，顾名思义，指的是百姓不但必须缴纳田赋，还须自费将田赋运送到需要粮草的指定仓库。与折变一样，在

① 陈舜俞：《都官集》卷二《厚生》。

实际操作中，支移也成了官府增收的常规手段，与指定的仓库是否有粮草需求并无必然关系。因为路途遥远，百姓往往选择携带银钱前往目的地，再在当地购入粮食交差，而非直接将粮食运过去，甚至还出现了边境州郡向内地州郡支移粮草的怪事。北宋中晚期，朝廷为了进一步创收，又对支移做了改革，将民运改为官运，转而向百姓收取“地里脚钱”，于是就出现了粮食并不出境，但人人都要缴纳“地里脚钱”的荒唐之事。宋哲宗元祐元年（1086 年），吕大忠担任陕西转运副使，即以支移的名义命令辖下百姓将缴纳的每斗粮“纳脚钱十八文”——陕西与西夏接壤，乃是支移的输入地，根本不存在将粮食运出去的费用。①

所谓“城邑”，指的是城市居民需要缴纳宅税、地税、茶课、盐课等杂税。北宋朝廷征税面之广前无古人，百姓日常生产、生活中的所有物品几乎都在征税之列，盖房子要征税，娶妻、嫁女要征税，出远门读书，路过税卡，随身携带的铜钱、铁钱也要纳税，连农具也要收税，且附在田赋之中，不管有没有购买新农具，每年按亩征收。倒是纸币一般不征税，因为官府很喜欢随意发行纸币来满足财政需要。对

① 陈振：《宋史》，上海人民出版社 2016 年版，第 348—352 页。

村野居民已然如此，城市居民更容易控制，对他们的征税力度也就更大。

“杂变”指的是各种稀奇古怪的税种。官府需要牛革了，就下文件向百姓征收牛革；需要箭杆了，下文件向百姓征收箭杆，极为随意。据《宋史·食货志》，征收的各类物资合计有四五十种之多。杂变的本质是权力的不受约束与财政收支的无计划。用欧阳修的话说，就是“一切临民而取之”，随心所欲，言出法随，朝廷向百姓伸手毫无节制，“制而不足，则有司屡变其法，以争毫末之利”，正常制度下的收入不够用了，朝廷就随意制定政策去盘剥百姓。[①]

“丁口”就是人头税。宋真宗时期，两浙、福建、荆湖、广南等路的人头税收得特别狠，使得当地百姓不敢再养儿子，“民有子者或弃不养，或卖为童仆，或度为释老”[②]，即生了儿子或是抛弃，或是卖掉，或是送给寺庙。

北宋朝廷还对食盐、酒、茶、矾和香等商品实施“禁榷”，也就是搞国家垄断。垄断的方式主要包括：1. 官产，官运，官卖；2. 由官府掌控货源，将销售许可证卖给私商；3. 民间生产的食盐、酒、茶、矾和香等商品必须集中卖给官

① 欧阳修：《欧阳修集·原弊》，江苏凤凰出版社 2014 年版，第 240 页。

② 《宋大诏令集》卷一八六。

府，再由官府卖到民间。

权力部门与利益部门挂一块牌子的结果是北宋朝廷在执行禁榷时，有一种异乎寻常的“积极”。

汴京的酒业经营实施的是“榷曲法”，对酒户实行“配曲”，一个酒户能造多少酒取决于他能从官府手里购买到多少酒曲的配额，购买酒曲配额的钱就叫作“曲钱”。北宋中期，汴京有正店酒户 70 家，每年要用掉造酒之米 30 万石，这些酒全部得向官府购买官曲才能酿造。为了牟利，北宋官府的一贯做法是多造酒曲，再摊派给酒户，根本不管酒户是否能把酒卖出去，于是就出现了酒户“蹶产以偿”的普遍问题，很多人把家产全卖了也还不上官府的曲钱。①

榷曲法直到宋神宗时才因为周直儒的建议而得到改变。周直儒上奏说：官府在汴京卖酒曲的收入一年不如一年，原因是摊派的酒曲太多。酒曲多，酿的酒就多；酒多了，酒价就要下降；价格下降，酒户就要亏本；酒户亏本、破产，官府卖酒曲的收入也会减少。最好的办法是控制酒曲配额的数量，提高酒价，每年下发的酒曲以 180 万斤为最高额度，闰年可以再增加 15 万斤。周直儒的建议得到了宋神宗的认

① 李华瑞:《宋代酒的生产和征榷》，河北大学出版社 1995 年版，第 229 页。

可。[①] 但 180 万斤的额度仍不足以让汴京的酒户盈利，于是不得不降至 150 万斤。150 万斤仍然太多，又降至 120 万斤。而在宋仁宗时期，这个额度曾高达 222 万斤。这意味着：基于赤裸裸的牟利冲动，朝廷利用自己的垄断权力，完全无视汴京市民的消费能力，超发、摊派了多一倍的酿酒配额。所以，清代史学家赵翼认为，“历代禁榷，未有如宋之甚者”[②]，就酒类垄断一事而言，历代之中以北宋朝廷的所作所为最过分。

食盐垄断也是类似的情况。堪称终极恶政的食盐垄断发生在燕云十六州。北宋联金灭辽后，收回了燕云十六州的一部分，将原北宋境内的盐法一并移植了过来。据《三朝北盟会编》记载，在辽国统治的时代，当地“每贯四百文得盐一百二十斤”，也就是 11.7 文钱可以买到 1 斤盐。北宋官员接收该地后，启动食盐专卖政策，“每斤至二百五十文足或二百八十文足”，将盐价提升到了 250—280 文钱一斤，是之前的 20 余倍。[③]

① 黄天华：《中国财政制度史》，上海人民出版社 2017 年版，第 1178 页。

② 赵翼：《陔余丛考》卷十八《宋元榷酤之重》，河北人民出版社 1990 年版，第 281—282 页。

③ 徐梦莘：《三朝北盟会编》上，上海古籍出版社 2008 年版，第 175—176 页。

指斥了上述八项盘剥政策后，陈舜俞在奏疏中对宋仁宗时代的民生做出了非常直接的否定："今夫取民之财可谓悉矣。一夫之耕，获者在田，而敛者在门。匹妇之蚕，织者在机，而征者在屋。天之所生，地之所产，苟可以衣且食者，皆为犯法禁，何民之不穷也！"[①] 陈舜俞说：如今，朝廷盘剥百姓可以说是用尽了手段。粮食在地里还没熟，征敛者已经上了门；布帛在织机上还没完成，汲取者已经进了屋。天地所生的东西，凡是可供百姓吃穿的，都变成了朝廷所有，由朝廷垄断，百姓怎么可能不穷！

与包拯的奏疏一样，陈舜俞的奏疏也没有起到什么作用。

赋税之外，更要命的是差役。宋代的差役是一种不同于徭役的负担。徭役一般是指百姓必须出人力、物力去修城、筑堤、疏河、造桥。差役则是指百姓必须出人去为官府运送物品、看管府库、督收赋税、追捕盗贼……总之就是州县衙门里的任何苦力活都可以无偿摊派给地方百姓。遭到摊派的百姓从事不同的工作内容，有衙前、乡书手、承符、弓手、散从、壮丁等名目。官府的差役不但强迫百姓脱离生产，还

① 陈舜俞：《都官集》卷二《厚生》。

要求百姓必须付出钱粮来完成工作的运转（比如押送纲运要自备路费，还得包赔损失），往往闹到破户败家的地步。

宋英宗治平四年（1067年），司马光在给皇帝的奏折里曾专门批评衙前差役对百姓造成的巨大危害。他说：朝廷以百姓恐惧担任里正的缘故，设置了衙前差役。为避免劳逸不均，还规定了衙前差役如果出现了缺口，就从各乡当中选择“物力最高者”，也就是最富有的人家作为补充。但结果是：“行之到今，已逾十年，民间贫苦愈甚于旧。”宋仁宗时期，衙前成为一种乡村、城镇百姓人人必须承担、人人害怕的差役。司马光的“行之到今，已逾十年”，即是指衙前差役的普及始于宋仁宗。

为什么衙前会让百姓陷入普遍贫困？司马光在奏折里以自身见闻做出了解释。他说：

> 故置乡户衙前以来，民益困乏，不敢营生。富者反不如贫，贫者不敢求富……臣尝行于村落，见农民生具之微，而问其故。皆言不敢为也。今欲多种一桑，多置一牛，蓄二年之粮，藏十匹之帛，邻里已目为富室，指抉以为衙前矣，况敢益田畴、葺

庐舍乎？[①]

意思是，自从朝廷设置了“乡户衙前”的差役，百姓的日子就越来越困顿了，他们都不敢努力致富。富人必须承担衙前的苦差，日子还不如穷人；穷人见了衙前差役这么苦，也不敢寻求致富之路。臣到过一些村镇，见到村民的生产工具和生活条件都很差，就问他们缘故。他们一致说是不敢求富。只要多种一棵桑树、多养一头耕牛、储蓄上两年的粮食、积攒上十匹布帛，就会被周围的人当成富户，然后被推举去承担会导致破户败家的衙前差役。至于买田造屋，就更不敢想了。

衙前差役让百姓两害相权取其轻，甘于贫困而不敢求富，是宋仁宗时期的士大夫观察到的普遍现象。嘉祐八年（1063 年），苏轼在给朝中大臣韩琦的书信中说：我在凤翔（今陕西省凤翔县）做官，“见民之所最畏者，莫若衙前之役”，百姓最害怕的东西就是衙前差役。按照朝廷的规定，家产满二百贯的家庭就可以被征去衙前服役，这是最低标准。但这些年来，被征来服衙前差役的百姓极少有家产超过

① 司马光:《论衙前札子》，见《司马温公集编年笺注》第六册，巴蜀书社 2009 年版，第 293—294 页。

二百贯的。作为百姓，从锅碗瓢盆算起，家产连二百贯都不到，“则何以为民”，要怎么才能活得下去呢？如今连家产不足二百贯的百姓都要被拉去服衙前差役，“民之穷困亦可知矣”，可知百姓已经穷困到了何种地步！[①]

大约在同期，郑獬也给皇帝写过一封奏疏，专门讲述了自己的家乡安州（今湖北省安陆市）如何被各种差役弄得民不聊生。他说：该地服差役的人家“类多贫苦”，都是些穷苦人。每次要征召衙前差役，州县就派人来估计每户人家的资产，够二百贯就会被选中。家中的东西，鸡、狗、簸箕、笤帚、刀具、绳子，只要能值上一文钱，都会拿来补足二百贯之数。去服衙前差役的人得先在胥吏身上花费上百贯钱，才能得到正经的待遇；然后被派去押送纲运进京或转往别处，一次动辄就要耗费三五百贯钱。管理酒务的衙前差役最惨，主管一回就要耗费一千余贯钱（可参考前文提到的酒类官营情况），且没有任何报酬，“以至全家破坏，弃卖田业，父子离散，见今有在本处乞丐者不少”，许多人卖了田宅也补不上窟窿，只好去做乞丐。纵使第一轮衙前差役还能剩下些“小家活”，长不过一年，短不过一两个月，又会再次

① 苏轼：《上韩魏公论场务书》，见《苏轼文集编年笺注》（六），巴蜀书社2011年版，第283—285页。

轮到，总之是“不至乞丐则差役不止”。而且，一个壮丁被抓来做衙前差役，往往既要负担场务管理，又要负责纲运押送，还要应付本州官府的各种临时差遣。他分身乏术，只好自己去押送纲运，让家人替自己看管场务，应付州县。“是一家作衙前，须用三丁，方能充役，本家农务则全无人主管”，某个家庭一旦被选中做衙前差役，至少得出三个壮丁，自家的农活就完全顾不上了。[①]

郑獬在安州观察到的情况与司马光“行于村落”访谈得到的讯息完全一致。郑獬说，安州现在的风俗是“为生计者尽不敢满二百贯”，没有人敢勤劳致富，没有人敢将家产提升至二百贯的水准，因为到了这个水准，就要被官府弄去服衙前役，然后就要家境败落，沦为乞丐。“虽岁丰谷多，亦不敢收蓄，随而破散，唯恐其生计之充，以避差役”，百姓即使丰收了，也不敢储蓄，会立即将之消耗掉，唯恐自家的家产超过了二百贯。如此一来，就变成了一个恶性循环：“民愈贫，差役愈不给，虽不满二百贯，亦差作衙前。”百姓越来越穷，官府的差役越来越找不到人，到后来即便家产不满二百贯，也会被抓来服衙前差役。[②]

① 郑獬：《郧溪集·论安州差役状》。

② 郑獬：《郧溪集·论安州差役状》。

衙前差役已是如此可怕，但只是北宋百姓要承担的诸多差役的一项。散从、弓手与手力负责月巡，要赔偿遗失的物品，抓捕出没的盗贼；负责接送人与物，远者可达四五千里，要自备衣装、粮食与路费；负责催收税赋，要自己填补窟窿……如此种种全部发端并盛行于宋仁宗时代。

朝廷对衙前差役之祸其实心知肚明。早在宋仁宗景祐年间（1034—1038年），大臣韩琦就写了奏疏，对皇帝说：州县生民之苦莫过于"里正衙前"。为了规避这种苦，"有孀母改嫁，亲族分居；或弃田与人，以免上等；或非命求死，以就单丁。规图百端，苟免沟壑之患"[①]——百姓不惜让丧夫的母亲改嫁，不惜与和睦的亲族分居，不惜将田地送给别人以减少家产，甚至不惜自杀，让家中只剩一个壮丁。这些极端的做法都是为了逃避衙前差役带来的家破人亡。

宋英宗时，又有大臣韩绛写了奏疏，对皇帝讲述自己的所见所闻："闻京东民有父子二丁将为衙前役者，其父告其子曰'吾当求死，使汝曹免于冻馁'，遂自缢而死。又闻江南有嫁其祖母及与母析居以避役者，又有鬻田减其户等者。"[②]为了让儿子躲避衙前差役活下去，在开封附近的京东路出现

① 脱脱等:《宋史·食货志上五·役法上》，中华书局1977年版，第4297页。
② 同上，第4298页。

了父亲上吊自杀的惨剧；在江南，也出现了让年迈的祖母改嫁，与母亲分居另立门户，不惜将田产贱卖等种种无奈的两害相权取其轻的做法。

但朝廷无意改革徭役。非但无意改革，在王安石变法期间，为将家产符合条件的百姓找出来服衙前役，朝廷又实行了“手实法”，用物质奖励来鼓动百姓告发邻居，导致户户惊惧，人人惶恐。

三、开封城的吸血游戏

宋哲宗元祐二年（1087年）三月，朝廷下旨，要在开封城搞一次“大拘掠”，也就是财产大清查和收入大管控。清查、管控的对象是那些欠了朝廷“市易均月钱”的人。圣旨里说，不管大户小户，一概采取强制措施，没收房屋，接管收入，直到他们将欠朝廷的钱连本带利还上。当然，朝廷是仁慈的，特许小户“拘掠一半”，即只按欠款的半数管控资产和收入。[①]

圣旨里提到的“市易均月钱”，大体可以理解为向朝廷

① 李焘：《续资治通鉴长编》卷三百九十六，中华书局2004年版。

按月还贷。宋神宗时，采纳王安石的建议推行市易法，成立了一个叫作市易司的新机构。该机构的主要业务之一是以略低于高利贷的利息（一般为 20%）向缺乏本金的商户提供贷款，商户则以房屋之类的固定资产作为抵押。市易司的金融服务推出后，迅速变成了一场摊派游戏——朝廷拿贷出多少款、收到多少利息来考核主持市易司的官员，官员们则利用手中的权力，强迫辖下商户贷款，有需要得贷，没需要也得贷。结果便是官员们顺利完成了绩效考核，朝廷顺利收获了一堆烂账。为消化这些烂账，元丰五年（1082 年），宋神宗法外开恩，允许商人将还款期限延长三年，“均月限以输”[①]——既然无力一次性还清，那就分期，按月定时还贷。

经历王安石变法折腾的开封城百业萧条。无论皇帝如何法外开恩，都不可能从破产或濒临破产的商户手里将钱和利息收上来，才有了元祐二年的“大拘掠”。

谏议大夫梁焘得知“大拘掠”即将启动的消息后非常吃惊，紧急上奏劝阻。他告诉皇帝万万使不得。市易司的贷款已经让许多开封百姓家破人亡，朝廷之前意识到了这一点，所以把被抵押的房屋还给百姓，还放宽政策，允许他们按月

① 脱脱等:《宋史・食货志下八・市易》，中华书局 1997 年版，第 4553 页。

还贷。这本是仁政，谁知没搞多久，又出政策说除了偿还本金和利息，还得按月缴滞纳金。滞纳金才搞没多久，又闹着要搞“大拘掠”，朝廷的政策怎么可以这样变来变去，毫无信用呢？更何况，把百姓每天的收入都拘掠到朝廷手里，不足的部分再勒索滞纳金，这是在断他们的生计，将他们逼上绝路。最后一定是百姓破产，朝廷也收不回欠款，对谁也没好处。

也许是觉得上面这些话还不足以说服朝廷，梁焘又站在朝廷的立场，以“贴黄”的形式（将内容写在黄纸上夹进奏章），纯从利益角度出发，对奏章的内容做了一番补充。他说：“我大宋有一项国策是高度优待京师之民，平常日子不怎么骚扰他们，所以京师之中能发育出数百家大户。仁宗庆历年间，西北边境有战事，急需钱用。朝廷将数十家大户弄过来，一天之内就筹足了军费。朝廷养着京师之民，平日不动他们，正是为了让他们在危急的时候派上用场。臣希望陛下能继承这一祖宗之法，好好爱护因变法已遍体鳞伤的京师之民。如此，再过个一二十年，他们又可以发育成若干大户，可供朝廷在紧急之时取用。”①

① 李焘：《续资治通鉴长编》卷三百九十六，中华书局2004年版。

梁焘拿“祖宗之法”说事的贴黄实际上是在劝告皇帝，不要光想着吸血，也得注意造血。血造多了，到了关键时刻再吸血，才能实现利益最大化。在梁焘的语境里，开封城是一座巨大的蓄血池，京师之民则是朝廷蓄的血。

梁焘是否真将京师之民看成待吸之血并不重要。重要的是他相信宋仁宗、宋哲宗一定是这样看问题的，相信他的话会对皇帝起作用。有意无意之中，梁焘道破了北宋都城开封乃是一座吸血之城的本质——在北宋治下，开封繁华了 160 余年。但开封的富丽、繁华并不是自由生长的结果，而是皇权疯狂吸血的产物。

而且，皇权吸血是有层次的。

第一个层次，是开封疯狂吸取全国之血。

按宋太宗的说法，“东京养甲兵数十万，居人百万家”，也就是说开封在宋初就已是一座常住人口过百万的大都市，直到北宋灭亡，其人口规模始终维持在 130 万—150 万左右。这当中包括驻军约 10 万—20 万人，皇室、贵族、官僚、官用工匠约 10 万人，僧尼、道士约 2 万—3 万人，这些人加上他们的眷属约占到了全城人口的三分之一。[①]

① 周宝珠:《宋代东京开封府》,《河南师大学报增刊》1984 年版，第 27—30 页。

司马光算过一笔账，在开封一户十口之家若想维持体面的中产生活，每月需要有 15 贯钱的收入（开封之外，15 贯钱维持一户中等人家全年的温饱绰绰有余）①。宋仁宗时禁军的月俸，底层士兵有 4—5 贯，基层军官有 7 贯，中层武官有 20—100 贯，高级武官有 150—400 贯。考虑到底层士兵不会带着十口之家驻扎在京城，可以说几乎所有的禁军中人都超过了司马光提出的“中产线”，是高消费乃至超高消费人群。再看官僚集团，北宋官员的俸禄，自宰相至岳渎庙令，共分为 41 个等级。宋神宗熙宁年间，最高级别的宰相与枢密使，月俸是 300 贯；最低一级的岳渎庙令，月俸也有 10 贯。考虑到群聚开封城的主要是中高级官僚，而非岳渎庙令这类底层官员，可以说城内官僚也全部超过了司马光提出的“中产线”，是高消费乃至超高消费人群。这还仅仅只计入了他们的俸禄，没有将各种合法福利（比如发绫、发绢、发绵）和灰色收入算进去，后者在禁军中人和官僚的收入中往往占比更大。②

---

① 司马光的原话是“十口之家，岁收百石，足供口食；月掠房钱十五贯，足供日用”，转引自［韩］曹福铉：《宋代城市租赁人的生活水平研究》，见《宋史研究论丛》（第 11 辑），2010 年。

② 黄纯艳：《宋代财政史·宋代官吏俸禄的构成和标准》，云南大学出版社 2013 年版，第 620—654 页。

由国家财政供养的军队、官僚和皇室、贵族（以及依附于他们的僧尼、道士）构成了开封城核心的消费人群。城内的其他居民，也就是普通百姓，则主要靠给这些人提供服务来维持生计。开封是一座没有产业的城市，它几乎完全依赖“公务员消费”来维持运转。这一点从孟元老的《东京梦华录》中可以看得很清楚。孟元老笔下的开封有着各式各样让人眼花缭乱的奢侈消费，但几乎没提到任何其他产业。若将吃财政饭的群体集体撤离，开封的繁华就会瞬间崩塌，整座城市也会瞬间失去活力，归于死寂。[①]

也就是说，宋都开封是一座纯消费型的城市，它的活力的源头是权力集团的极尽奢靡，它的繁华背后是全国税赋源源不断地输入。《玉照新志》里说开封城里到处都是“天姬之馆、后戚之里、公卿大臣之府、王侯将相之第”；孟元老说城中官员豪宅太多，自己实在是没法全记录下来；做过宰相的吕蒙正则说，开封的繁荣景象全赖皇帝、官僚和士大夫集中于此。为了维持都城的奢靡与繁华，权力集团在北宋全境长期实施高强度的汲取。朱熹说过，北宋自开国之日起，百姓的税赋负担就已远超前代，而且“古者刻剥之法，本朝

① 姜庆湘、萧国亮:《从〈清明上河图〉和〈东京梦华录〉看北宋汴京的城市经济》,《中国社会科学》1981 年第 4 期。

皆备”，历朝历代盘剥百姓的手段都被继承了下来，并发扬光大。即使在号称“仁治”的宋仁宗时代也是民生凋敝，百姓不堪重负。陈舜俞曾在奏折里公开批评仁宗朝的政策，说它“取民之财可谓悉矣”，用尽了所有盘剥百姓的手段。

权贵所在之地必然要优先保障各种需求。由汴河、蔡河、五丈河、金水河构成的水运网络犹如一条条巨大的血管将全国的血液源源不断吸入开封。宋真宗大中祥符元年（1008年），仅各地运往开封的漕粮就多达700万石。《东京梦华录》里说，每日里驱赶进入开封的生猪有上万头，每日里送入开封城的生鱼也有数千担。[①] 但负责保障开封物资供应的漕卒和养殖户的日子却过得很艰难。宋神宗时期，苏轼写过一篇奏议，专门分析漕卒为什么会沦落到去做盗贼。他的结论是：“上之人”的盘剥让漕卒收入微薄，没衣穿，没饭吃，手烂脚烂，一年到头得不到休息，不做盗贼是活不下去的。[②]

为了优先保障开封的需求，京师周边地区的百姓也会时常被拿来当牺牲品。宋仁宗嘉祐初年，蔡河发洪水，为免水

① 孟元老：《东京梦华录》，上海古典文学出版社1956年版，第13、28页。

② 苏轼：《关陇游民私铸钱与江淮漕卒为盗之由》，见《苏轼文集》上册，岳麓书社2000年版，第124页。

入开封，朝廷以邻为壑，出动军队与民工将河堤挖开，把滔滔洪水引向了开封西南县邑，沿线百姓俱成“鱼虾”。身在挖堤现场的王安石目睹了这一惨剧，在诗里留下了“妇子夜号呼，西南漫为壑”的句子。

第二个层次，是官府与官僚权贵在开封城内的疯狂吸血。

北宋有商业行会160个左右，多数总部设在开封。据《都城纪胜》和《梦粱录》记载，这些行会的成立全部由官府主导，让行会承担采购任务，目的是满足官府“科索”，而非维护商人利益。时人将成立行会的吸血之道总结为“京师百物有行，官司所需具以责办”。有利的买卖往往“责办”给那些有官僚、权贵背景的商户，没利润的买卖就“责办”给普通生意人。宋神宗时，米商曹赟被“责办”采购糯米500石，他根本无法完成，只好上吊自杀。更有甚者，官府或官僚权贵需要某物，开封根本没有经营该物的商家，他们也会强迫经营其他商品的商人成立行会，将采购的任务强行摊派到他们头上。这种风气愈演愈烈，闹到怨声载道的地步，宋神宗不得不颁下谕旨：“官司下行买物，如时估所无，不得创立行户。”官府有采购需求，若无商人经营该货物，不许强行设立行会。[①]

官府对行会的“责办”不仅限于采购，也包括售卖。官府常将积存的物资拿出来，强行摊派给行会，要他们按官定价格出售。有利可图的物资自然是交给有官僚、权贵背景的商户，无利可图的物资，比如“积压年深，以致陈损不堪食用”的茶叶之类，则往往强行塞给普通生意人，将损失转嫁到他们身上。

最要命的是，开封不允许任何一个商人游离在行会之外，即不允许他们脱离官府的控制和盘剥。宋人郑侠在给皇帝的奏折里提到过关于行会的苛政：“不赴官自投行者有罪，告者有赏。”不向官府登记、不参加官府组织的商人在开封城做买卖是有罪的，告发者可以领取赏金。苛政造成的结果是：“京师如街市。提瓶者，必投充茶行，负水担粥以至麻鞋头发之属，无敢不投行者。”连在开封城的街上提瓶卖水、挑担卖粥、摆摊卖鞋、为人理发，都得加入官府组织的行会。宋朝行会（与欧洲的行会组织区别极大）的存在意味着开封并没有真正的自由市场。[②]

---

① 魏天安、戴庞海主编：《唐宋行会研究》，河南人民出版社 2007 年版，第 84—108 页。

② 郑侠：《西塘集·免行钱事》。

恶政一旦付诸实施，很快就会形成一套以恶为轴运转的“生态系统”。先是官府利用手中权力从行会中的商人身上吸血，然后行会中的商人又会利用官府赋予的垄断地位，从底层成员和其他商人身上吸血。

首先，不向相应行会缴纳高额会费是不允许在开封城做买卖的。王安石雇用过一个洗衣妇，该妇人对王诉苦，说她有个儿子擅长做饼，“缘行例重，无钱赔费，开张不得”[①]，交不起高额的行会准入费，饼摊一直没法开张。

其次，外地商人携货来到开封，都得先让城内的相应行会吸足了血，才有机会赚钱。王安石对宋神宗说，开封的茶叶生意是控制在茶行手中的，茶行则由十多户有官僚、权贵背景的大商人控制。外地商人运茶来京，首要之务就是去拜见这十多户大商人，请他们吃饭喝酒，以亏本的低价将茶叶卖给他们，来博取他们的欢心。这样做的目的是为了得到他们的允许，将剩余的茶叶定个高价，再卖给城内茶叶行会里的那些“下户”。王安石说，不但茶行这样玩，城内其他行业“盖皆如此”，全是这样的套路。[②]类似的记载也见于《宋史·食货志》，书中说，行会商人从外地运货到开封，城内

① 李焘:《续资治通鉴长编》卷二百五十一，中华书局 2004 年版。

② 李焘:《续资治通鉴长编》卷三百三十六，中华书局 2004 年版。

的“坐贾铺户”会为他们充当担保人，让他们按正常价格迅速完成交易，拿钱走人。非行会商人运货来开封，“坐贾铺户”是不肯出具担保的。没了担保，这些商人就只好连人带货一起滞留京城，往往落得一个货价暴跌、只好亏本卖给城内行会商户的结果。①

也就是说，官府吸行会的血，行会的控制者们一头吸外来商人的血，一头吸行会底层成员的血。开封城内的行会控制者又大多有官僚背景，或是权贵的亲戚，或是高官的代理人。自宋太祖默许宰相赵普公开“营邸店，夺民利”开始，官僚从商的不正之风贯穿了整个北宋王朝。其间虽屡有谕旨下令禁止，但大多只是走个过场，鲜少真的严查。朝廷对官僚从商的宽容，即本节开篇梁焘提及的“优待京师之民”。于是，到了宋真宗时代，按宰相王旦的说法，开封城中已是巨富遍地——“京城资产百万者至多，十万而上，比比皆是”②。百万即一百万贯钱，一贯钱是1000文钱，也就是有10亿文钱的家产。资产百万的基本上都是从商的官僚、权贵。如在宋徽宗时期做过宰相的何执中，他名下的邸店数量“甲于京师”，每天可以收120贯房钱，一年可以收4万余贯；

① 脱脱等:《宋史·食货志下五·茶上》，中华书局1977年版，第4480页。
② 李焘:《续资治通鉴长编》卷八十五，中华书局2004年版。

他的同僚朱勔更厉害，光邸店一项买卖，每天可得数百贯。

在开封这座权力之城里，官僚、权贵与自己的商业代理人合作，个个赚得盆满钵满。[①]开封是一个世界，开封之外的北宋，又是另一个世界。城内是宝马香车、雕梁画栋，是新声巧笑、按管调弦，是集四海之奇珍、会寰区之异味。城外是被各种税赋和衙前差役压得喘不过气来、“不敢营生”“不敢求富”的赤贫世界。司马光、苏轼、郑獬等人在给皇帝的奏折里描述那赤贫世界中的百姓，他们不敢多种一棵桑树，不敢多养一头耕牛，不敢积攒超过十匹布帛，因为他们害怕成为朝廷登记簿里的富户，那意味着会被拉去承担衙前差役，而衙前差役必然导致破户败家。两个世界之间的差距也体现在富豪的规模上。如前文所言，早在宋真宗时期，开封城内资产百万贯以上者就已“至多”，资产十万贯以上者就已“比比皆是”，而开封城外京东西路的首富万延嗣的资产只有十四万二千贯。[②]路相当于省，京东西路紧邻开封，位置优越，并不是什么偏远、穷苦之地，它的首富放到开封城内却根本排不上号。

---

① 开封权贵与商人之间的关系，可参见李华瑞：《宋代的资本与社会》，见《宋史研究论文集（2016）》，中山大学出版社 2018 年版。

② 周宝珠：《宋代东京开封府》，《河南师大学报增刊》1984 年版，第 265 页。

第三个层次，是皇权疯狂吸开封城的血。

不论官僚、权贵将财富积累到何种程度，他们终究只是梁焘所说的被朝廷刻意优待、豢养的“京师之民”，是皇权的蓄血池，平常的宽纵是为了在非常之时抓出来放血。宋仁宗对西夏用兵，先是强行向开封城中数十户豪富借款，仅李氏一户就借了20余万贯；稍后在河东用兵，又向城中的“上等户”搞摊派，许多豪富被摊派了超过1万贯。宋徽宗也曾以收复燕云十六州为名，对包括开封豪富在内的全国富户进行勒索。这些摊派与勒索从不偿还，至多不过是像宋仁宗那样给被放了几十万贯血的人家赏赐个不值钱的京官名目聊作安抚。①

在这样的吸血游戏里，宋都开封的百年繁华不过是一场畸形的消费盛宴而已。

① 李焘:《续资治通鉴长编》卷三百八十八，中华书局2004年版。

第十二章

明太祖猛于虎

刘基在自己的文集里记有朱元璋对元朝灭亡教训的一条重要总结：

> 奈何胡元以宽而失。朕收平中国，非猛不可！[①]

所谓“宽”，用历史学者班布日（笔名“班布尔汗”）的话说，就是元朝的政策对民间的控制力不足：“推翻元朝的朱元璋评价元朝之亡，认为‘其失在于纵弛’，所谓纵弛，就是管控不善，空间太大。”比如，科举本是皇权将选官、任官之权操之于己的重要手段，是重要的秦制统治术，但元朝

① 《诚意伯刘文成公文集》卷一《御书·皇帝手书》，《四部丛刊》本。

人不甚明了。因此元朝统治初期不开科举，后来开了科举，又取士极少，仅可谓聊胜于无，这样做的结果就是无法将士绅纳入统治秩序之中，无法借助士绅的力量来掌控农村及农业收入，以至于元朝政府的主要财源不是农业税，而是盐税和商税。官府依赖商税，自然就会鼓励商业兴旺，商业天然追求自由贸易（包括人的自由流动与物资的自由流动），又会反过来进一步削弱官府的管控能力。比如，官方虽然有“人分四等”（蒙古人、色目人、汉人、南人）的等级制度，但现实中有大量的汉人、南人因为经商而富甲一方，也有大量的蒙古人、色目人因穷困而卖身为奴。元朝朝廷制定了“诸色户计”制度，本意是将职业与身份捆绑在一起，读书人是儒户、军人是军户、工匠是匠户，都不许随意变更，但在现实生活中，变更“户计”是一种很常见的事情。①

对百姓而言，宽意味着自由度高，自由度高意味着百姓对朝廷的依附性弱，依附性弱意味着百姓容易形成有力量的组织。作为造反者，朱元璋亲眼见证过发达的民间组织对元政权造成的冲击。所以，夺取天下后，采取与元朝之“宽”相反的“猛”就成了朱元璋首要吸取的“历史教训”。

---

① 班布尔汗：《元朝控制力不足，民间商业文化发达》，腾讯网《短史记》栏目 2018 年 11 月 5 日。

明太祖的“猛”同时针对官僚集团与普通百姓，是一种典型的秦制回归。

一、以“猛”治官

明太祖洪武八年（1375 年）元旦，刘基拖着病躯，上朝给朱元璋拜年，在奉天殿内写下一首七言律诗，歌颂大明朝欣欣向荣、万国来宾，末了两句却是悲难自抑：

从臣才俊俱扬马，白首无能愧老身。[1]

刘基感叹：朝堂上全是意气风发的英杰、才俊，只有我这个头发白了的糟老头子是无用之人。

这是刘基留在世上的最后作品。

这位 65 岁的开国老臣本已于洪武三年（1370 年）退隐家乡浙江青田，不交友，不接触官府，不谈论时政，只求有一个善终。然而，人在家中坐，祸从天上来，有人告发他看中了谈洋（位于今福建、浙江之间）这个地方有王气，要在

① 刘基:《乙卯岁首早朝奉天殿柬翰林大本堂诸友》，见刘基著，林家骊点校：《刘基集》，浙江古籍出版社 1999 年版，第 487 页。

那里给自己搞一块墓地。朱元璋勃然大怒，夺了他的俸禄。为求保命，洪武六年（1373 年）七月，刘基仓皇离开青田老家，赶赴南京城，向朱元璋磕头请罪，不敢有任何辩解，“惟引咎自责而已”①。

刘基的主动来京暂时保住了他和家人的性命。但朱元璋没说可以回乡，他也只能继续待在南京，时刻准备好迎接朱元璋突如其来的各种羞辱。比如，回京后的第二个月，朱元璋就小题大做，以“不陪祭而受胙”（不参加祭祀活动，却分享祭祀用的肉），把刘基拉出来点名批判，说他“学圣人之道”，却如此不检点，哪有半点符合礼；点名批评完，又从侧面插刀，说武人不懂礼，他们不去参加祭典，却吃了胙肉，倒是不必责备。②

有家不能归，有辱不能避，这样的日子让刘基的健康状况急转直下。洪武七年（1374 年），刘基送宋濂之子还乡时，须发大半已白，牙齿掉了十三四颗，左手“顽不掉”（大概是麻痹不能动之意），耳朵听不见，脚也跛了。③

---

① 杨讷：《刘基事迹考》，上海古籍出版社 2017 年版，第 214 页。

② 谢贵安：《试析〈明实录〉对刘基形象的记述与塑造》，《明史研究》2012 年第 1 期。

③ 刘基：《送宋仲珩还金华序》，见《刘基集·附录·刘基年表》，浙江古籍出版社 1999 年版，第 654 页。

或许是亲自确认刘基已是风烛残年，洪武八年三月，朱元璋终于允许刘基返乡。他抓住最后一个打击、折辱刘基的机会，写下一份非常冷漠、充满了语言暴力的“允许归老诏书”。

这份诏书将朱元璋的冷酷本性暴露无遗，所以，后来收入《太祖实录》时，它成了“略稿”，所有无情的词句都被删除。唯有《诚意伯刘文成公文集》中仍恭恭敬敬地载有原文，照录于下：

> 朕闻古人有云：君子绝交，恶言不出；忠臣去国，不洁其名。尔栝苍之士，少有英名，海内闻之。及元末群雄鼎峙，孰辨真伪者谁？岁在戊戌，天下正当扰乱之秋，朕亲帅六军，下双溪而有浙左，独尔栝苍未附，惟知尔名耳。吾将谓白面书生，不识时务。不久而栝苍附，朕已还京。何期仰观俯察，独断无疑，千里之余，兼程而至，谒朕陈情，百无不当。至如用征四方，摧坚抚顺，尔亦助焉。不数年间，天下一统。当定功行赏之时，朕不忘尔从未定之秋，是用加以显爵，特使垂名于千万年之不朽，敕归老于桑梓，以尽天年。

何期祸生于有隙，致使不安。若明以宪章，则轻重有不可恕；若论相从之始，则国有八议。故不夺其名而夺其禄，此国之大体也。然若愚蠢之徒，必不克己，将谓己是而国非。卿善为忠者，所以不辨而趋朝，一则释他人之余论，况亲君之心甚切，此可谓不洁其名者欤！恶言不出者欤！

卿今年迈，居京数载，近闻老病日侵，不以筋力自强，朕甚悯之。於戏！禽鸟生于丛木，翎翅干而飏去，恋巢之情，时时而复顾。禽鸟如是，况人者乎！若商不亡于道，官终老于家，世人之万幸也。今也老病未笃，可速往栝苍，共语儿孙，以尽考终之道，岂不君臣两尽者欤？①

诏书的大意是：你刘基早年归附于我，帮助我建功立业，我也没亏待你，给你加官晋爵，给你各种荣耀。然而，你刘基犯下的罪行（即所谓给自己找有王气的墓地），如果走法律程序，绝对不可饶恕；讲功劳人情，则有“八议”的

① 朱元璋：《御赐归老青田诏书》，见刘基：《诚意伯刘文成公文集》卷一，《四部丛刊》本。

条款可以减刑，所以朕只夺了你诚意伯的俸禄，没削掉你诚意伯的爵位。你如果是个愚蠢之徒，必然要来找朕申辩，强调自己无辜，进而凸显是朕错了。不过，你是一个善于为忠的人，不作任何辩解就主动跑来南京认错。你是一个不向朕要好名声的人，是一个不向朕口出恶言的人。所以，如今你老迈多病，朕放你回乡去，与儿孙好好团聚，好好死在家中。

这份诏书的遣词造句全是朱元璋依据《白虎通义》里的三纲五常发明出来的鬼话与浑话，也就是君王永远正确，即使君王错了，臣子也不许辩解、不许反驳，臣子要用主动认错的态度来巩固君王的永远正确。臣子遭君王污蔑，也没有辩解的权利，否则就是不忠，不忠就该死，且会被剥夺死在家乡、死在家中的权利。在朱元璋和他的三纲五常之下，只有“国之大体”，没有个人的尊严，凡追求“己是而国非”者，就不能算是合格的忠臣。而所谓“国之大体”其实完全等同于朱元璋的脸面。

一个月后，刘基病故于浙江青田。去世前一个月左右，刘基安排好了自己的后事。他先是拿出自己写的《天文书》，让长子刘琏赶紧上交给朝廷，且警告他“毋令后人习也”；再叫来自己的次子刘璟，交给他一封密奏，对他说，“夫为政，宽猛如循环。当今之务，在修德省刑，祈天永命”，日后皇帝想起我来，问你们有没有听到什么遗言要对他说，就把这封密奏交给他。[①]

刘基的安排里，不让后代传承自己的学问透露出的是刘基对朱元璋以“猛”治国，尤其是以“猛”治官的深刻恐惧。期待朱元璋有一天能回心转意再想起自己，说现在应该做的不是“猛”而是“宽”，不是控制与杀戮，而是“修德省刑”，且留下一封遗书，透露出的则是深切的不甘。

曾几何时，刘基的心中是有一个“理想国”的，也一度以为朱元璋是一个可以托付理想的明君。在《春秋明经》里，刘基描述过他期盼的君臣关系。他说，自己信奉孔子的“君使臣以礼，臣事君以忠”，坚信忠之大者是“以道事君”。君臣之间必须要以“礼”相待，“礼”就是不能徇私，因为彼此是公事上的上下级关系，不是私人间的主仆关系。臣与君共事，要以“忠”自处，“忠”是站在公事的立场上责难、批评和提意见，不是阿谀、承顺与唱赞歌。[②]

---

① 刘基:《刘基集·附录·刘基年表》，浙江古籍出版社 1999 年版，第 654—655 页。

② 刘基原文:“仲尼曰:‘君使臣以礼，臣事君以忠。’谓之以礼，则不可为私也；谓之以忠，则不以趋走承顺为恭，而以责难陈善为敬也。”见刘基:《刘基集》，浙江古籍出版社 1999 年版，第 596 页。

遗憾的是，朱元璋要的忠与刘基愿意奉行的忠并不是同一种东西。朱元璋要的忠是写在侮辱刘基的诏书里的那些鬼话与浑话——臣须永远无条件服从“国之大体”，也就是永远服从皇帝，永远奉皇帝的意志为绝对真理。冲突的结果是朱元璋的屠刀战胜了刘基的信念。为了活命，刘基不但要卑躬屈膝去践行朱元璋那些关于“忠”的鬼话与浑话，还得忍受朱元璋对自己的直接羞辱。“胙肉事件”中，朱元璋点名批评的切入点正是刘基的“谓之以礼，则不可以为私也”——你不是成天讲君臣相处要遵循礼、“不可以为私”吗？如今你不去参加祭典，却堂而皇之吃起了胙肉，这不是“私”是什么？你所谓的礼又在哪里？

朱元璋玩的是杀人诛心。刘基能申辩说朝廷多年来一直这样分胙肉吗？能申辩说自己是无心之失吗？能抗议当时的宰相胡惟庸也吃了胙肉、也没参加祭典，为何皇帝不点名批评他吗？当然不能，一旦这样做了，就成了追求“己是而国非”，就成了朱元璋标准下的不忠之臣，也就永远没了死于故乡、死于家中的机会。

刘基唯一能做的就是含垢忍辱。

忍辱期间，刘基写了一篇题为《二鬼》的寓言，将自己比拟为一只遭天帝误会的鬼。天帝（暗指朱元璋）派了飞天神王率五百夜叉，拿着金绳、铁网来抓鬼，将之关在铁栅之内，给衣穿，给粥喝，唯独不许鬼“突出笼络外”，因为天帝担心它脱了牢笼，将会“踏折地轴倾天维”（暗指刘基被污蔑寻求有王气的墓穴），将地轴弄断，将天维推倒，掀起大风波。刘基在寓言里说，天帝多虑了，这只鬼如今所求不过是“不寒不馁长乐无忧悲”，有衣穿、有饭吃就很开心满足。这只鬼还相信，只要安静待在铁栅之内，终有一日天帝会“息怒”，会“解猜惑”。那时，鬼就可以离开铁栅，回到天帝身边，“依旧天上做伴同游戏”。[①]

《二鬼》满篇皆是求生欲，但朱元璋不会放过刘基。共事多年，他清楚刘基并非真的服膺自己的价值观，也清楚刘基真正的思想、旨趣何在。寓言集《郁离子》是刘基在元末隐居时的名作，其中有一篇石破天惊的《楚人养狙》，朱元璋是知道的：

> 楚有养狙以为生者，楚人谓之狙公。旦日，必部分众狙于庭，使老狙率以之山中，求草木之实，赋什一以自奉。或不给，则加鞭棰焉。众狙皆畏苦

① 金邦一：《刘基〈二鬼〉诗中的心态及艺术成就》，《明史研究》2012年第1期。

之，弗敢违也。

一日有小狙谓众狙曰："山之果，公所树与？"曰："否也，天生也。"曰："非公不得而取与？"曰："否也，皆得而取也。"曰："然则吾何假于彼而为之役乎？"言未既，众狙皆寤。

其夕，相与俟狙公之寝，破栅毁柙，取其积，相携而入于林中不复归。狙公卒馁而死。

郁离子曰："世有以术使民而无道揆者，其如狙公乎！惟其昏而未觉也，一旦有开之，其术穷矣。"①

"狙"是一种猴子，说的是百姓；靠奴役猴子为生的"狙公"说的是帝王。狙公霸占了猴子们十分之一的劳动成果，却说是自己养活了猴子。某日，一小猴问猴群：山上的果树是狙公种的吗？没有狙公你们无法获得果实吗？既然答案都是否定的，你们为什么要受他奴役，并将这奴役视为理所当然呢？于是猴群幡然醒悟。寓言的末尾，郁离子，也就是刘基自己，跑出来点题：世上那些用"术"来控制百姓、愚弄

① 刘基：《郁离子·术使》，天津古籍出版社1987年版，第135页。

百姓，而不是以“道”治国之人就是狙公。等猴子们醒悟过来，狙公的“术”就要失效，狙公就要饿死。

不幸的是，懂得许多道理的刘基在元末乱世中不慎失足，投入了狙公阵营。待到他发现朱元璋是一位活生生的狙公时，已是泥足深陷，难以自拔，只能在诗作中悲叹“何如坐蓬荜，默默观大运”。

朱元璋的狙公本色见于《大诰三编》中他对夏伯启叔侄的痛斥。夏伯启叔侄是江西贵溪县小有名气的儒士。朱元璋以“猛”治官，洪武朝的官员大多数没有好的结局。夏伯启叔侄害怕进入官场，又不敢公然对抗，于是选择砍了自己的手指，成为不堪用的残废。朱元璋把他们捉入京城，亲自审问，痛骂二人：

> 人之生，父母但能生其身体而已，其保命在君。虽父母之命，非君亦不能再生，况常云人有再生父母……今尔不能效伯夷、叔齐，去指以食粟，教学以为生，恬然不忧凌暴，家财不患人将，尔身何将怙恃？……尔所以不忧凌暴，家财不患人将，所以有所怙恃者，君也。今去指不为朕用，是异其教而非朕所化之民。尔宜枭令，籍没其家，以绝狂

夫愚夫仿效之风。[①]

你们的父母只能生你们的身体，你们能够保命，活到今天全是君王的功劳。君王是你们的再生父母。你们自己说说，你现在剁了手指，却还能以教学为生，过上不必担忧遭受凌暴、不必担忧被人抢劫的好日子，靠的是谁？你们能过上好日子，靠的是谁？靠的全是君王，也就是我。你们知道奉养父母，但是对待我这个再生父母，宁可剁了手指，也不愿为我所用。我必须砍你们的头，抄你们的家，以免天下人效仿。

朱元璋对夏伯启叔侄的痛斥与刘基写的寓言《楚人养狙》的主旨可以说是截然对立。狙公不会放过说真话的小猴子，即使它已经屈服于狙公的淫威，满嘴只剩下阿谀奉承之词，不敢再说真相。对狙公而言，猴群中有一只看透驭猴之术的真相的猴子存在，本身就是不稳定因素。不肯为狙公所用的猴子必须死，看透狙公驭猴之术的猴子也必须死。这是刘基的命运密码，也是朱元璋统治时期大多数官员的命运密码。

① 《大诰三编·秀才剁指》，见杨一凡:《明大诰研究》，江苏人民出版社 1988 年版，第 385—386 页。

二、以“猛”治吏

常熟县农民陈寿六突然成了明帝国最耀眼的政治明星。

据说，这位老实巴交的江苏农民平日里常受当地“害民甚众”的县吏顾英侵害。陈寿六忍无可忍，与自己的弟弟、外甥联手，将顾英绑起来，手持朱元璋亲自编写的《大诰》，来到京城告御状。朱元璋很欣赏陈寿六的行为，赏给他二十锭银钞，赐给三人各两件衣服，免除了陈寿六三年的“杂泛差役”，并下旨将此事通报全国，予以表彰。

在表彰陈寿六的诏书里，朱元璋说，如果有人敢罗织罪名报复陈寿六，我会将其族诛！如果陈寿六仗着我的名头横行乡里，我也不会庇护他。但是，陈寿六的过失，地方官员无权惩处，须将他召到京城，由我亲自审理。末了，朱元璋赞扬道：“其陈寿六其不伟欤！”[①]

自此，陈寿六成了归朱元璋直接领导的天字第一号百姓。

陈寿六的故事只是洪武年间成千上万类似故事中最突

① 《大诰三编·如诰擒恶受赏》，见杨一凡:《明大诰研究》，江苏人民出版社1988年版，第272—273页。

出的一例。洪武十八年（1385 年）、洪武十九年，在通往南京城的各条驿道上常能见到这样的场景：百姓们带着干粮，三五成群或百十为伍，押着几个被结实捆绑着手脚的富豪或胥吏匆匆赶路。遇有官吏盘查，就从怀里掏出几本小册子。看到他们的小册子，官吏立刻收起威风，恭请他们过关。

这种现象源于洪武十八年颁布的《大诰》，其中有这样一条政策：今后，布政司、府、州、县在职的吏员，赋闲的吏员，以及城市、乡村中那些老奸巨猾的顽民，若胆敢操纵词讼、教唆犯罪、陷害他人、勾结官府、危害州里，允许当地的贤良方正将这些人抓起来，绑送京城。如有人胆敢中途阻拦，枭首示众！各处关津、渡口也不得阻挡。[①]

赋予百姓捉拿污吏的权力在当时可谓石破天惊。关于这一新政，朱元璋还有不少补充条款。譬如，他担心地方政府为阻止百姓抓污吏上京，故意扣押他们的"路引"（《大诰续编》有规定，百姓不带路引出门，将被治以重罪），遂补充道：凡确实是进京上访或抓污吏上京的百姓，"虽无文引，

① 《御制大诰·乡民除患》载原文："今后布政司府州县在役之吏、在闲之吏、城市乡村老奸巨猾顽民，专一起灭词讼，教唆陷人，通同官吏害及州里之间者，许城市乡村贤良方正、豪杰之士，有能为民除患者，会议城市乡村，将老奸巨猾及在役之吏、在闲之吏，绑缚起京，罪除民患，以安良民。"杨一凡：《明大诰研究》，江苏人民出版社 1988 年版，第 239—240 页。

同行人众，或三五十名，或百十名，至于三五百名”，各处关津查问清楚，必须放行，不得阻拦，否则一律杀头！[①]

需要注意的是，朱元璋只赋予了百姓捉拿污吏的权力。但对待贪官，他的政策仍然相当保守。在比较早的一篇《大诰·民陈有司贤否》中，朱元璋说：“如果官吏巧立名目，害民取财，允许当地德高望重之人联名赴京告状。同样，如果官吏们治理有方，也允许当地德高望重之人联名赴京奏报朕。且须集体上京，不许三五人、十余人单独上奏。”[②] 此处，官员与胥吏被混为一谈，也没有赋予百姓将他们捉拿入京的权力。

稍后，在那篇著名的《大诰·乡民除患》中，朱元璋第一次明确“发动群众”，同时也限定了百姓有权捉拿的对象：“布政司府州县在役之吏、在闲之吏，城市乡村老奸巨猾顽

① 《御制大诰·耆民奏有司善恶》，见杨一凡：《明大诰研究》，江苏人民出版社1988年版，第230—231页。

② 《御制大诰·民陈有司贤否》载原文：“自布政司至于府州县官吏，若非朝廷号令，私下巧立名色，害民取财，许境内耆宿人等，遍处乡村市井连名赴京状奏，备陈有司不才，明指实迹，以凭议罪，更贤育民。及所在布政司府州县官吏，有能清廉直干，抚吾民有方，使各得遂其生者，许境内耆宿老人，遍处乡村市井，士君子人等，连名赴京状奏，使朕知贤。凡奏是奏非，不许三五人，十余人奏。”杨一凡：《明大诰研究》，江苏人民出版社1988年版，第225—226页。

民。”[1]只有胥吏和顽民，官员并不包括在内。简言之，朱元璋发动群众告发的范围只限于污吏。对于贪官，群众是没有权力捉拿的，只能走传统路径告状。许多野史笔记及通俗历史读物未能注意到这一点，过分夸大了朱元璋的“群众反贪运动”。愤怒的百姓冲进官衙，把贪官抓起来绑送京城，这样的场景并不存在。在发动群众反贪官污吏的问题上，朱元璋是谨慎的——毕竟，官僚集团是他的统治基础。

在《大诰三编·民拿害民该吏》中，朱元璋说：“朕设立地方各级官员，本是为了治理百姓。然而朕任命的官员多是些不堪之徒，到任之后就与当地的吏员、皂隶、泼皮无赖一起残害良民。贪官污吏，若不惩处，民何以堪！”朱元璋号召当地“高年有德耆民及年壮豪杰者”来帮助自己治贪。但百姓的捉拿权仍被严格限定在污吏层面：“今后所在有司官吏，若将刑名以是为非、以非为是，被冤枉者告及四邻，旁入公门，将刑房该吏拿赴京来。若私下和买诸物，不还价钱，将礼房该吏拿来。若赋役不均，差贫卖富，将户房该吏拿来。若举保人材，扰害于民，将吏房该吏拿来。若勾捕逃军力士，卖放正身，拿解同姓名者，邻里众证明白，助被害

① 《御制大诰·乡民除患》，见杨一凡:《明大诰研究》，江苏人民出版社 1988 年版，第 239—240 页。

之家将兵房该吏拿来。若造作科敛，若起解轮班人匠卖放，将工房该吏拿来。”①

明代衙门有“三班六房”。“三班”即负责缉捕罪犯、看守牢狱、站堂、行刑等工作的快、皂、壮三班；“六房”则是与国家六部相对应的吏、户、礼、兵、刑、工六房。三班设衙役，六房由胥吏负责。三班六房里的工作人员都不属于官员。

朱元璋说得很清楚，受贪官污吏欺压、盘剥的百姓可以“旁入公门”，从小门进去，把与自己的冤屈相对应的六房胥吏抓起来，拿送京城。至于官员，百姓是无权抓捕的。考虑到不许百姓抓官员，而官员与胥吏一体，难免阻碍百姓抓污吏，朱元璋在《大诰》里又说：如果官员阻止百姓抓污吏，我将族诛他们。

百姓无权动手抓贪官，只能进京递材料。同样，百姓也无权动手保清官，也只能进京递材料。朱元璋在《大诰》中说道：“地方上的官员是否廉洁，是否曾为百姓造福，当地百姓肯定知道。若有清官、好官遭恶人中伤、诬告、栽赃陷害，朝廷一时失察，朕允许当地百姓或百人，或五六十人，

① 《大诰三编·民拿害民该吏》，见杨一凡：《明大诰研究》，江苏人民出版社1988年版，第408—409页。

或上千人岁末一起到京城来找朕，向朕当面奏报。朕必做到嘉奖为善者、严惩为恶者。”①

朱元璋是个明白人。如果百姓可以随随便便冲入衙门，把正在办公的官员五花大绑扭送京城，他的帝国必会土崩瓦解。摧毁官僚体系之后，仅凭个人威信，他不可能治理得了这个庞大的农业帝国。这样史无前例且后果难以预料的事情，生性审慎、保守、厌恶风险的朱元璋不会去做。所以，洪武年间轰轰烈烈的“群众反贪运动”有了一条分明的界限：只许抓胥吏，不许抓官员。

与视官僚集团为统治基础不同，胥吏在朱元璋眼里是导致元朝灭亡的重要因素。在《大诰·胡元制治》里，他曾如此痛心疾首地鞭挞元朝的胥吏：蒙古人初主中原，与汉人风俗、语言各异，又不通文墨，所以凡事倚仗胥吏。但三十多年之后，元代上层早已粗通文墨，各地政务仍然把持在胥吏

① 《御制大诰·耆民奏有司善恶》载原文：“今后所在布政司府州县，若有廉能官吏，切切为民造福者，所在人民，必深知其详。若被不才官吏同僚人等，捏词排陷，一时不能明其公心，远在数千里，情不能上达，许本处城市乡村耆宿赴京面奏，以凭保全。自今以后，若欲尽除民间祸患，无若乡间年高有德等，或百人，或五六十人，或三五百人，或千余人，岁终议赴京师面奏，本境为民患者几人，造民福者几人。朕必凭其奏，善者旌之，恶者移之，甚者罪之。”杨一凡：《明大诰研究》，江苏人民出版社1988年版，第230—231页。

手里。自古以来贵臣僚而轻胥吏的传统竟然丧失殆尽！[①]

相比之下，朱元璋更认同汉、晋、唐、宋所采取的重官员、轻胥吏的统治方式：自周代开始，历经汉、晋、唐、宋，历代做官的贤人君子都秉承着孔孟之道，亲自处理所有政务。所以他们视吏卒如同奴仆而已，善者则礼遇，不善者则罢黜。朱元璋希望重建视吏卒如奴仆的体制，却发现重胥吏而轻官员的风气已经根深蒂固，难以撼动：朕如今任命的官员，庸才众多，所以在政务上依然蹈袭元代的弊端，终日袖手高坐，一应事务任凭胥吏处置。像户部侍郎张易，凭儒学为官，朕让他掌管钱粮，收支居然全操纵在胥吏手中，他坐在办公室犹如死尸！朕询问他钱粮收支状况，竟茫然无知，四顾惶然！[②]

---

① 《御制大诰·胡元制治》载原文："胡元入主中国，非我族类，风俗且异，语意不通，遍任九域之中，尽皆掌判。人事不通，文墨不解，凡诸事务，以吏为源，文书到案，以刊印代押。于诸事务，忽略而已，此胡元初始为。三十年后，风俗虽异，语言文墨且通，为官任事者，略不究心，施行事务，仍由吏谋。"杨一凡：《明大诰研究》，江苏人民出版社 1988 年版，第 205 页。

② 《御制大诰·胡元制治》载原文："比前历代贤臣，视吏卒如奴仆，待首领官若参谋，远矣哉。朕今所任之人，不才者众，往往蹈袭胡元之弊。临政之时，袖手高坐，谋由吏出，并不周知。纵是文章之士，不异胡人。如户部侍郎张易，进以儒业，授掌钱谷。凡诸行移，谋出吏，己于公廨袖手若尸。入奏钱粮，概知矣，朕询明白，茫然无知，惟四顾而已。"杨一凡：《明大诰研究》，江苏人民出版社 1988 年版，第 205 页。

胥吏不把官员放在眼里的现象在明朝初年相当普遍。譬如，苏州常熟县胥吏沈尚、衢州开化县胥吏徐文亮曾把各自的上级，也就是当地的县官，按在政厅里拳打脚踢（注：这些胥吏的所作所为，史料依据是《大诰》中的记述，记述是否客观，鲜有其他材料可供对照）。为此朱元璋气得七窍生烟，恨铁不成钢地大骂："那些胥吏统统该死，可你们做官的如此任人侮辱，难道都是饭桶？"[①]

殴打县官还算情节较轻的。苏州昆山县的皂隶朱升已经完全脱离本县县官的约束，纠结同伙，连钦差的旗军都敢当众殴打。朱元璋无可奈何地哀叹道："胡元之治，天下风移俗变，九十三年矣。无志之徒，窃效而为之。虽朕竭语言，尽心力，终岁不能化也，呜呼艰哉！"[②] 这是朱元璋发起群众反贪，捉拿胥吏运动的主要动机。

以常理论，胥吏的势力，上不足以与朱元璋的皇权相比，下不足以抗衡群众运动的汪洋大海，整顿他们本该是一件轻而易举的事情，事实却不然。朱元璋在《大诰三编》里

---

① 《御制大诰·吏殴官长》载胥吏殴打县官一事："所以苏州常熟吏人沈尚等，衢州开化吏人徐文亮等，藐视二县官长邓源、汤寿轻等，于厅殴打，罪虽吏当，官何人也？"杨一凡：《明大诰研究》，江苏人民出版社1988年版，第212页。

② 《御制大诰·胡元制治》，见杨一凡：《明大诰研究》，江苏人民出版社1988年版，第205页。

详述过一个捉拿不法胥吏的案例，其过程之艰难曲折，简直到了匪夷所思的地步。

按朱的讲述，事情是这样的：

江苏省溧阳县的皂隶潘富“教唆官长贪赃枉法，自己挟势持权”。洪武十八年，山西人李皋到溧阳县做知县，一上任便和潘富等胥吏一起同谋害民，巧立名目，大肆敛财。李皋到任不到一个月，潘富就用搜刮来的钱财买了一名苏州女子送与他。可笑的是，这名女子安顿在潘富家中，李皋幽会过三五次之后，潘富竟将其纳为小妾，据为己有了。对此，李皋也无可奈何。在潘富等胥吏的教唆下，李皋下令科敛荆杖，所有溧阳县的百姓都要向官府缴纳一根荆杖。百姓把荆杖送来，潘富又借口质量不好，拒绝收纳，甚至拳打脚踢，逼迫百姓把荆杖折换成银钱交上来。当地百姓黄鲁到京城告御状——此案涉及知县，百姓没有自发捉拿的权力，只能上访。朱元璋下旨严查，派人去捉拿潘富。潘富上演千里大逃亡，竟处处有人愿意庇护他。

先是溧阳本地的儒生蒋士鲁等十三家人秘密把潘富递送到邻近的安徽省广德县。不久，潘富流窜到安徽省建平县（今安徽省郎溪县），缉捕的差役跟踪到建平，当地百姓王海三又悄悄将他递送回了溧阳。接着，溧阳百姓朱子荣将他暗中递送到江苏省宜兴县，宜兴百姓杭思鼎将他递送到安吉县，安吉县百姓潘海将他私递到浙江省长庆县，长庆县百姓钱弘真将他递送到浙江省归安县，归安县百姓吴清浦等人将他秘密送至浙江省德清县。追捕的差役赶到德清县，当地百姓赵罕仁已将他秘密送到了浙江省崇德县。崇德县的豪民赵真、胜奴家财万贯，平日蓄养许多无业游民，做贩卖私盐的勾当，来往的朋党多达数百人，潘富即藏匿在赵真、胜奴家中。缉捕的衙役随后赶来，赵真、胜奴将潘富暗中送到浙江省千乘乡（今桐乡市）的一座寺庙里。庙里的和尚纠集两百余人，反将缉捕潘富的差役团团包围，杀伤多人……

此事越闹越大，潘富难以缉捕的问题被上报至朱元璋面前。朱元璋下令，将赵真及其同伙两百余户人家的家产全部抄没，凡参与围攻差役者，一律诛戮；沿途藏匿潘富、助其逃跑的一百零七户人家全部枭首示众，家产一同抄没！[①]

一个小小的胥吏竟能够上演一场如此大规模的逃亡，先后历经九县，涉及三百多户人家，因其而死者近千人。以胥吏的身份而能够在九县纵横自如，死党无数，众多人为保护他不惜与皇权对立，潘富巨大的能量不能不让朱元璋触目

① 《大诰三编·递送潘富》，见杨一凡：《明大诰研究》，江苏人民出版社 1988 年版，第 394—396 页。

惊心，也让他更深刻地体会到了元代之“宽”所造就的重胥吏、轻官员的现象对皇权造成的巨大威胁。朱元璋三番五次强调元代因此而亡，不是危言耸听。

如此也就不难理解，在治理胥吏的问题上，朱元璋为什么会选择前无古人的“群众运动”。在朱眼中，经过元朝的宽纵，其统治以胥吏为核心，相当一部分的底层百姓已经结成了利益共同体，成了有组织之人，势力大到可与地方官府分庭抗礼。不管这些组织有没有害民之举（这里再强调一下，以上种种关于胥吏及其友人的不法描述皆来自《大诰》，限于资料，今人已很难廓清这些胥吏具体的所作所为，也很难判断《大诰》记述的害民行为是否属实），朱元璋皆不会允许他们继续存在。

三、以“猛”治民

在《大诰·乡饮酒礼》里，朱元璋曾下令恢复废弃已久的“乡饮酒礼”。

乡饮酒礼的活动形式上类似于集体聚餐，目的在于弘扬孝敬父母、兄弟相亲、邻里和睦、朋友有信、长幼有序等儒家传统伦理道德。恢复这一活动的初衷，朱元璋说得很明白：

“朕本不才，不过申明古先哲王教令而已。”

古老的乡饮酒礼在两宋即已沦为形式，在元代则几近消失，但朱元璋是真心想要恢复。他下诏说：乡饮座席必须按照年龄和德行来排列，良贱分开成席，犯过罪和德行有亏的人不许入良善之席。如果混淆贵贱，主会者治以重罪，乱席者全家流放边疆！最后，朱元璋告诫百姓，他不是说着玩的，“从者昌，否者亡”。①

为了加强对百姓的控制，朱元璋深入干涉百姓的日常生活，力求将之变成一盘散沙。

在《大诰续编·互知丁业》里，朱元璋第一次命令百姓“互相知丁”。他要求，自这一规定颁布之日起，市井、村镇中的老百姓对自己的邻居一定要做到“互知业务”，也就是要知道他们平日里从事何种职业，还要知道邻居家里有几口人、几个人从事农业、几个人读书、几个人从事手工业或商业；对于读书的邻居，一定要知道他的老师是谁，在哪里上学；给别人做老师的，也必须知道他教的学生是谁。

① 《御制大诰·乡饮酒礼》载原文：“其坐席间，高年有德者居于上，高年淳笃者并之，以次序齿而列，其有曾违条犯法之人列于外坐，同类者成席，不许干于善良之席。主者若不分别，致使贵贱混淆，察知或坐中人发觉，主者罪以违制。奸顽不由其主，紊乱主席，全家移出化外。”杨一凡：《明大诰研究》，江苏人民出版社1988年版，第239页。

邻里之间彼此知道得这么清楚，目的是什么呢？

朱元璋解释说，按照圣贤的分类，百姓可以从事士农工商四种生计。在圣人的教导下，百姓谨守四业，所以天下太平。不在四业范围之内谋生的人没有不违法犯罪的。“知丁法”不是朕自创的，“朕本无才，申先王之教，与民约告”，不过是重申先王的遗教。实施知丁法的目的就是为了抓出那些不务四业的害群之马——那些游手好闲的“逸夫”罗织词讼，勾结胥吏，危害官府，实在是社会的毒瘤。知丁法推广后，百姓把自己了解的邻里情况上报里甲，里甲再把情况报告县衙，如此一级一级备案，逸夫就无处遁形了。

最后，朱元璋还严厉警告道：“里甲坐视，邻里亲戚不拿，其逸夫者，或于公门中，或在市闾里，有犯非为，捕获到官，逸民处死，里甲四邻，化外之迁。”如果《大诰》颁布下去，一里之间、百户之内还有逸夫，里甲坐视不管，邻里、亲戚不抓，任凭逸夫游荡在公门、市井之中为非作歹，被官府抓住，逸夫处死，里甲和四邻全家流放边疆！①

对于不同职业的百姓，朱元璋还有更具体的规定。

如果你是农民，没有特别申请的“路引”，每日不得离

① 《大诰续编·互知丁业》，见杨一凡:《明大诰研究》，江苏人民出版社 1988 年版，第 264—266 页。

家超过百里，否则便要以“私渡关津”论罪，杖打八十。早上何时出门耕作，晚上何时回来，都须让邻居知晓。

如果你是工匠，出远门做工，须在“路引”上标明目的地。在本地做工，要让邻居知道你的具体所在。归来或早或迟，也要说与邻居知道。

经商者，本钱有多有少，货物有轻有重，出行有远有近，走水路还是走陆路，都要详细注明在“路引”中。归来的大致期限，邻里务必知晓。若一年没有消息，两年未曾归来，邻里必须去其家中调查原因。如此，对方借经商之名在外胡作非为，邻里才不必承担连带责任。

最后，朱元璋对全国百姓表达了他的美好憧憬：若百姓都遵守朕申明的先王之教，我们的国家会非常美好。[①]

对于知丁法，朱元璋有着十二分的重视，在《大诰续编》里用了许多条款来不断重申。在《辨验丁引》里，他补充说，百姓、官员在“验丁”的时候，不但要验看其所从事的职业是否与“路引”相符合，还要注意这个职业是不是他的主要生活来源；如果不是，肯定另有不轨图谋，应抓起来

① 《大诰续编·互知丁业》，见杨一凡：《明大诰研究》，江苏人民出版社 1988 年版，第 264—266 页。

细细盘问。[①]

在《验商引物》里，他又补充：如果商人的“路引”虽未过期，但身边未带任何货物，里甲、村店必须将其当作逸夫、游食者捉拿送官，重则杀身，轻则流放边疆。若里甲、店主不抓，而被其他人抓住，里甲、店主与逸夫同罪。[②]

在《再明游食》里，朱元璋给逸夫、游食者留下了一个月的改过自新时间。期限结束后，仍然不在四业之中讨生活的，四邻、里甲有义务将其抓起来送官。如果不抓，这些人必然为害乡里，一旦案发，四邻、里甲与之同罪。[③]

朱元璋还不止一次严厉申明，不许各地衙门招收市井之人充当吏卒，理由是市井之人没有田产，不知道耕作的艰辛。朱元璋说，他们毒如蝮蛇，“设若官府差为吏卒，其害民之心那有餍足”。各衙门胆敢用市井之人做胥吏，治以死罪！[④]

---

① 《大诰续编·辨验丁引》，见杨一凡：《明大诰研究》，江苏人民出版社1988年版，第266页。

② 《大诰续编·验商引物》，见杨一凡：《明大诰研究》，江苏人民出版社1988年版，第266页。

③ 《大诰续编·再明游食》，见杨一凡：《明大诰研究》，江苏人民出版社1988年版，第266—267页。

④ 《大诰续编·市民不许为吏卒》，见杨一凡：《明大诰研究》，江苏人民出版社1988年版，第327—328页。

以上对百姓日常生活的种种干涉无疑是反人性的。严格执行知丁法必然会出现一个互相监视、遍地特务、极其缺乏活力的死气沉沉的社会。但朱元璋喜欢死气沉沉，秦制帝国奉行外儒内法，本就一贯崇奉以损害社会的活力为代价来维护稳定。朱元璋不会忘记，有组织的流民如何摧枯拉朽般推翻了元帝国。朱元璋曾如此描述自己心目中的理想国：“朕初命官牧民，务在先王之教敷，使民复古，日出而作，日入而息，鼓腹而歌曰：无官逼之忧，无盗厄之苦，是以作息自然。朕尝慕此。”[①]

他的理想国是静态的。

知丁法恶的本质很快就凸显了出来。洪武十九年，福建沙田县的几个农民以一个叫罗辅的人为首，一共十三个人，穷则思变，想合作干点别的营生，聚在一起商量道：“如今朝廷的法律好厉害，我等不务农恐怕会获罪。不如大家一起切掉几根手指，如此变成残废，不务农就没罪了。”众人齐声说好。结果被人告发到京城，朱元璋下令将这几个人“押回原籍，枭令于市，阖家成丁诛之，妇女迁于化外”。末了，朱元璋痛心疾首道：你们不遵教化，自残父母赐给的身体，

① 《大诰续编·科敛驴匹》，见杨一凡：《明大诰研究》，江苏人民出版社 1988 年版，第 313—314 页。

是不孝；诽谤朝廷法度严苛，是不忠。将你等不忠不孝之人全家诛杀，朕也实在迫不得已！[①]

知丁法的本意是鼓励良民告发邻居中的“害群之马”，结果成了勒在良民脖子上的绞索。朱元璋在《大诰三编》里讲过几个让他深感无奈的案例。

浙江安吉县佃户金方租种了本县地主潘俊二的一亩二分地，连续两年没有交田租。潘俊二到金方家里去索讨，金方“响应”朱元璋的号召，把潘俊二当作祸害百姓的豪强绑了起来，还勒索他黄牛一头、肥猪一口。在逼着潘俊二写完已经收取田租、不曾遭勒索等三张文书之后，金方大摇大摆将其绑到了京城。[②]

浙江乌程县百姓余仁三是本县富户游茂玉家的佃户。水灾期间，游茂玉同情余仁三生活困顿，借给他许多米粮。事后，余仁三非但不想着还粮，反而勾结刁民一百余人跑到游茂玉家里打砸抢。在搜出所有的借据之后，余仁三等人将游茂玉当作害民豪强捆绑起来，押送到了京城。[③]

---

① 《大诰续编·断指诽谤》，见杨一凡:《明大诰研究》，江苏人民出版社 1988 年版，第 329—330 页。

② 《大诰三编·臣民倚法为奸》，见杨一凡:《明大诰研究》，江苏人民出版社 1988 年版，第 352 页。

③ 同上，第 352—353 页。

金方和余仁三的运气不太好，“英明”的朱元璋识破了他们的诡计，让他们落了个枭首示众、全家流放的下场。但朱元璋的“英明”不及之处，还有更多的金方和余仁三在活跃，是可以想见的。

知丁法和发动群众抓污吏两项政策结合之后，事情往往会朝更变态的方向发展。

在《大诰三编》里，朱元璋讲了这样一个离奇故事：江苏嘉定县百姓沈显二和自己的邻居周官二一起把祸害本地百姓的里长顾匡捆绑起来，准备送往京城。走到苏州阊门，当地德高望重的老人曹贵五出来给他们讲和，沈显二收下 15 贯银钞、一匹绸缎和一些银钗、银镯，当场把顾匡给放了。顾匡回家之后，思前想后，胆战心惊，觉得在一个彼此监视、满地密探的社会，事情终究还是会败露，于是决定化被动为主动，去京城自首，他觉得这样也许可以逃过一死。曹贵五得到这个消息，心中思量“我是劝和人，必然也会受连累”，决定与顾匡一同去自首。周官二随后得到消息，也表示愿意同行。四人当中，沈显二最后得知消息，听说三人已经出发，他星夜追赶，终于在淳化镇赶上。沈显二提出一同去自首，顾、周、曹三人却设计将他绑了起来。原来这三人凑在一起，决定把沈显二当作“害民豪强”押往京城。

事情还没完。四个人进了京城，在押解“害民豪强”的报告刚刚递送上去的节骨眼，沈显二跑掉了。主管告状事务的通政司让他们把“害民豪强”押到衙门里去受审，周、曹二人私下计议，无奈之下，只得又将里长顾匡绑了起来。通政司接到的报告里，顾匡是良民，现在却跪在堂下，成了“害民豪强”。所以官员审问周、曹二人：“顾匡是和你们一起抓沈显二的人，你们怎么又把他抓起来了？”周官二只好如实回答：“顾匡本来是我们开始捉拿的人，沈显二受贿把他放了。我等害怕事情败露，一同赴京自首。没想到沈显二追了上来，我等遂将他当作骗人财物的奸民捆绑了来，把之前的事情隐瞒掉了。如今沈显二跑掉了，我们只好又把顾匡绑了来。”[①] 朱元璋说，这几个人说话一会儿一套，实在奸诈，谁也捉摸不透他们心里的诡计，全部“枭首示众，籍没其家”。

方孝标《钝斋文选》里记载有一个故事，颇能反映朱元璋的治国之道：“浦江郑氏九世同居，明太祖常称之。马皇后从旁惎之曰：以此众叛，何事不成？上惧然，因招其家长

① 《大诰三编·臣民倚法为奸》，见杨一凡：《明大诰研究》，江苏人民出版社1988年版，第351页。

至，将以事诛之。”[①] 虽然浦江郑氏最后没有被诛，但朱元璋的“惧然”已经很能说明问题。“九世同居”意味着浦江郑氏家族是组织化的，他们不是以脆弱的个体直面皇权，而是构成了一个团体，有了组织，他们的意志可以转化为实际的力量。

浦江郑氏险些遭到诛杀的命运不过是洪武朝的一个小案例——仅一桩郭桓案，朱元璋就实现了“民中豪以上皆破家”的效果。在《大诰三编》中，朱元璋还亲笔写下过这样一段话：

> 《大诰》一出，邻里亲戚有所畏罹，其苏、松、嘉、湖、浙东、江东、江西，有父母亲送子至官者，有妻舅、母舅、伯、叔、兄、弟送至京者多矣……其有亲戚影射，四邻擒获到官者，本人枭令，田产入官，人口发往化外，如此者多矣。[②]

① 方孝标：《钝斋文选》，见武新立：《明清稀见史籍叙录》，金陵书画社（江苏古籍出版社）1983 年版，第 261 页。

② 《大诰三编·逃囚》，见杨一凡：《明大诰研究》，江苏人民出版社 1988 年版，第 393 页。

亲戚邻居互相告发、父母扭送子女上法场之事“多矣”。这是朱元璋自己描述的洪武时代。

四、以“猛”治《孟子》

朱元璋的“猛”还表现在他敢于开创先河，公然删节《孟子》。

删节的原因是朱元璋读《孟子》，“怪其对君不逊，怒曰：使此老在今日，宁得免耶”[①]。民国时期学者容肇祖依据当时国立北平图书馆所藏洪武二十七年（1394年）刻本《孟子节文》，与《孟子》足本比对，梳理了朱元璋到底删掉了哪些内容。具体如下[②]：

1.“民为贵，社稷次之，君为轻。”（这是孟子在阐述自己的价值序列，百姓与社稷排在君王前面）

2.“诸侯之宝三：土地，人民，政事。宝珠玉者，殃必及身。”（这是在责备诸侯贪求财富）

3.“左右皆曰贤，未可也；诸大夫皆曰贤，未可也；国

---

① 全祖望：《鲒埼亭集》卷三五《辨钱尚书争孟子事》。

② 容肇祖：《明太祖的〈孟子节文〉》，见《容肇祖集》，齐鲁书社1989年版，第170—183页。

人皆曰贤，然后察之；见贤焉，然后用之。左右皆曰不可，勿听；诸大夫皆曰不可，勿听；国人皆曰不可，然后察之；见不可焉，然后去之。左右皆曰可杀，勿听；诸大夫皆曰可杀，勿听；国人皆曰可杀，然后察之；见可杀焉，然后杀之。故曰，国人杀之也。如此，然后可以为民父母。”（这是提出君王行使人事权的标准）

4.“桀纣之失天下也，失其民也；失其民者，失其心也。得天下有道：得其民，斯得天下矣；得其民有道：得其心，斯得民矣；得其心有道：所欲与之聚之，所恶勿施尔也。民之归仁也，犹水之就下、兽之走圹也。”（这是在告诫君王要行仁政，否则会失去天下）

5.“《太誓》曰：‘天视自我民视，天听自我民听。’此之谓也。”（这是在要求君王将自己置于天命和民心的监督之下）

6.“天与贤，则与贤；天与子，则与子。昔者舜荐禹于天，十有七年，舜崩。三年之丧毕，禹避舜之子于阳城。天下之民从之，若尧崩之后，不从尧之子而从舜也。”（这是孟子在表达对“家天下”的不以为然）

7.“吾今而后知杀人亲之重也：杀人之父，人亦杀其父；杀人之兄，人亦杀其兄。然则非自杀之也，一间耳。”（这是

孟子在警告执掌生杀大权的嗜杀者：你杀了别人的父兄，别人也会杀了你的父兄，相当于自己杀了自己的父兄）

8.“君之视臣如手足，则臣视君如腹心；君之视臣如犬马，则臣视君如国人；君之视臣如土芥，则臣视君如寇雠。”（这是孟子在否定臣必须绝对效忠于君，他认为君臣关系是对等的）

9.“邹与鲁哄。穆公问曰：‘吾有司死者三十三人，而民莫之死也。诛之，则不可胜诛；不诛，则疾视其长上之死而不救，如之何则可也？’孟子对曰：‘凶年饥岁，君之民老弱转乎沟壑，壮者散而之四方者，几千人矣；而君之仓廪实，府库充，有司莫以告，是上慢而残下也。曾子曰：‘戒之戒之！出乎尔者，反乎尔者也。’夫民今而后得反之也。君无尤焉。君行仁政，斯民亲其上、死其长矣。’”（这是孟子在否定百姓有为君王而死的义务，强调君王须行仁政，才能得到百姓拥护）

10.“古之人与民偕乐，故能乐也。汤誓曰：‘时日害（曷）丧，予及女（汝）偕亡。’民欲与之偕亡，虽有台池鸟兽，岂能独乐哉？”（这是孟子在谴责君王贪婪残暴）

11.“贼仁者谓之贼，贼义者谓之残，残贼之人谓之一夫。闻诛一夫纣矣，未闻弑君也。”（这是孟子主张杀不仁不

义之君不算弑君）

12.“暴其民甚，则身弑国亡；不甚，则身危国削。名之曰‘幽厉’，虽孝子慈孙，百世不能改也。《诗》云‘殷鉴不远，在夏后之世’，此之谓也。”（这是孟子在谈针对君王的历史评价。暴君死后被评为“幽”和“厉”，他们的后代子孙虽为君王，也不能更改“幽”和“厉”的评价）

13.“君有大过则谏，反覆之而不听，则易位。”（孟子说：君王有大过而不改，可以废掉）

14.“无罪而杀士，则大夫可以去；无罪而戮民，则士可以徙。”（孟子说，君王残暴，滥杀士民，士民可以抛弃君王）

15.“无恒产而有恒心者，惟士为能。若民，则无恒产，因无恒心。苟无恒心，放辟邪侈，无不为已。及陷于罪，然后从而刑之是罔民也。焉有仁人在位罔民而可为也？是故明君制民之产，必使仰足以事父母，俯足以畜妻子；乐岁终身饱，凶年免于死亡。然后驱而之善，故民之从之也轻。今也制民之产，仰不足以事父母，俯不足以畜妻子；乐岁终身苦，凶年不免于死亡。此惟救死而恐不赡，奚暇治礼义哉？王欲行之则盍反其本矣？五亩之宅，树之以桑，五十者可以衣帛矣。鸡豚狗彘之畜，无失其时，七十者可以食肉矣。百亩之田，勿夺其时，八口之家可以无饥矣。谨庠序之教，申之以孝悌之义，颁白者不负戴于道路矣。老者衣帛食肉，黎民不饥不寒，然而不王者，未之有也。”（孟子说，君王有义务让百姓有“恒产”，过上好生活，否则百姓不必对君王有“恒心”）

16.“庖有肥肉，厩有肥马，民有饥色，野有饿莩，此率兽而食人也。兽相食，且人恶之。为民父母，行政不免于率兽而食人。恶在其为民父母也？仲尼曰：‘始作俑者，其无后乎！’为其象人而用之也。如之何其使斯民饥而死也？”（孟子说：君王岂可自己奢靡无度，而让百姓饥寒交迫？）

17.“不信仁贤，则国空虚；无礼义，则上下乱；无政事，则财用不足。”（孟子说，君王治国，必须讲求仁义，关心政事）

18.“不仁而得国者，有之矣；不仁而得天下者，未之有也。”（孟子说，君王不讲求仁，也许可以夺取国家，但不讲求仁，永远得不到天下）

19.“恭者不侮人，俭者不夺人。侮夺人之君，惟恐不顺焉，恶得为恭俭？恭俭岂可以声音笑貌为哉？”（孟子说，君王必须要懂得什么才是真正的恭俭，不要搞形式主义，不要做两面人）

20.“伯夷，目不视恶色，耳不听恶声。非其君不事，非其民不使。治则进，乱则退。横政之所出，横民之所止，不忍居也。思与乡人处，如以朝衣朝冠坐于涂炭也。当纣之时，居北海之滨，以待天下之清也。故闻伯夷之风者，顽夫廉，懦夫有立志。”（孟子说，伯夷见天下无道，拒绝为君王所用，是值得学习的好榜样）

21.“有布缕之征，粟米之征，力役之征。君子用其一，缓其二。用其二而民有殍，用其三而父子离。”（孟子说，当政者不可以剥削无度，不可以无节制地汲取人力、物力）

22.“古之为关也，将以御暴；今之为关也，将以为暴。”（孟子说，古人设立关卡征税，是为了替百姓抵御强暴；今人设立关卡征税，是为了对百姓施暴）

23.“争地以战，杀人盈野；争城以战，杀人盈城。此所谓率土地而食人肉，罪不容于死。故善战者服上刑，连诸侯者次之，辟草莱、任土地者次之。”（孟子说，为了土地和城池而发动战争，罪大恶极，死刑也不足以抵消这种罪恶）

24.“有人曰：‘我善为陈（阵），我善为战。’大罪也。国君好仁，天下无敌焉。”（孟子说，国君应该仁爱，爱好战争是大罪）

25.“孟子曰：‘不仁哉，梁惠王也！仁者以其所爱及其所不爱，不仁者以其所不爱及其所爱。’公孙丑曰：‘何谓也？’‘梁惠王以土地之故，糜烂其民而战之，大败，将复之，恐不能胜，故驱其所爱子弟以殉之，是之谓以其所不爱及其所爱也。’”（孟子说，梁惠王为了土地而驱赶百姓发动战争，可谓“不仁”）

26. “今夫天下之人牧，未有不嗜杀人者也。如有不嗜杀人者，则天下之民皆引领而望之矣。诚如是也，民归之，由水之就下，沛然谁能御之？”（孟子说，天下人都在期盼一个不嗜好杀人的君王）

27. “鲁欲使慎子为将军。孟子曰：‘不教民而用之，谓之殃民。殃民者，不容于尧舜之世。一战胜齐，遂有南阳，然且不可。’”（孟子说，不训练百姓，就驱赶他们去打仗，这是在残害百姓，在尧舜时代是不能容忍的）

28. “今之事君者曰：‘我能为君辟土地，充府库。’今之所谓良臣，古之所谓民贼也。君不乡（向）道，不志于仁，而求富之，是富桀也。‘我能为君约与国，战必克。’今之所谓良臣，古之所谓民贼也。君不乡（向）道，不志于仁，而求为之强战，是辅桀也。由今之道，无变今之俗，虽与之天下，不能一朝居也。”（孟子说，那些自称能为君王开辟疆土、充实国库的能臣，在古代就是民贼。君王不讲求仁，而

寻求府库充盈，等于桀纣）

29.“是以惟仁者宜在高位。不仁而在高位，是播其恶于众也。上无道揆也，下无法守也。朝不信道，工不信度，君子犯义，小人犯刑，国之所存者幸也。”（孟子说，不讲求仁的人做了君王，等于将恶散播到众人之中，国家若不灭亡，算是侥幸）

30.“民之为道也，有恒产者有恒心，无恒产者无恒心。苟无恒心，放辟邪侈，无不为已。及陷乎罪，然后从而刑之，是罔民也。焉有仁人在位，罔民而可为也？是故贤君必恭俭礼下，取于民有制。阳虎曰：‘为富不仁矣，为仁不富矣。’夏后氏五十而贡，殷人七十而助，周人百亩而彻，其实皆什一也……‘乐岁，粒米狼戾，多取之而不为虐，则寡取之；凶年，粪其田而不足，则必取盈焉。为民父母，使民盻盻然，将终岁勤动，不得以养其父母，又称贷而益之。使老稚转乎沟壑，恶在其为民父母也？’夫世禄，滕固行之矣……‘夫仁政，必自经界始。经界不正，井地不钧，谷禄不平。是故暴君污吏必慢其经界。经界既正，分田制禄可坐而定也。’”（孟子说，百姓有“恒产”才会有恒心，没有“恒产”就没有恒心，就可能走上犯罪之路。犯了罪，君王再对他们施以刑罚，等于设下罗网陷害百姓。百姓一年到头劳碌不休，仍没有办法赡养父母，还要靠借贷来交税，这样的君王岂可“为民父母”？）

31.“且王者之不作，未有疏于此时者也；民之憔悴于虐政，未有甚于此时者也。饥者易为食，渴者易为饮……当今之时，万乘之国行仁政，民之悦之，犹解倒悬也。故事半古之人，功必倍之，惟此时为然。”（孟子说，君王不行仁政，没有一个时代比现在更常见；百姓被苛政虐待，没有一个时代比现在更严重）

32.“得百里之地而君之，皆能以朝诸侯有天下；行一不义、杀一不辜而得天下，皆不为也。”（孟子说，要真正的君王只去行一件不义之事，只去杀一个无辜之人，就可以换取天下，他们也不会去做）

33.“若杀其父兄，系累其子弟，毁其宗庙，迁其重器，如之何其可也？天下固畏齐之强也。今又倍地而不行仁政，是动天下之兵也。”（孟子说，对外开辟疆土，对内不行仁政，会引来天下之兵，等于是与天下为敌）

34.“其君子实玄黄于匪以迎其君子，其小人箪食壶浆以迎其小人，救民于水火之中，取其残而已矣……苟行王政，四海之内皆举首而望之，欲以为君。齐楚虽大，何畏焉？”（孟子说，周王东征，被讨伐国家的官吏带着绸布、百姓带

着饭食来迎接周的军队。要救那些地方的百姓于水火，就得推翻那残暴的君王）

35.“君仁莫不仁，君义莫不义，君正莫不正。一正君而国定矣。”（孟子说，君王讲求仁，天下风俗就会有仁，君王讲求义，天下风俗就会有义）

36.“孔子曰：‘仁不可为众也。夫国君好仁，天下无敌。’今也欲无敌于天下而不以仁，是犹执热而不以濯也。”（孟子说，君王想天下无敌却不愿讲求仁，好比热得要死却不肯去冲凉）

37.“人有恒言，皆曰‘天下国家’。天下之本在国，国之本在家，家之本在身。”（孟子说，百姓才是天下与国家的基石）

38.“夫人必自侮，然后人侮之；家必自毁，而后人毁之；国必自伐，而后人伐之。”（孟子说，自己先干了要被讨伐的坏事，才会有人来讨伐）

39.“仁则荣，不仁则辱；今恶辱而居不仁，是犹恶湿而居下也。如恶之，莫如贵德而尊士，贤者在位，能者在职。国家闲暇，及是时明其政刑。虽大国，必畏之矣。《诗》云：‘迨天之未阴雨，彻彼桑土，绸缪牖户。今此下民，或敢侮予？’”（孟子说，仁应该受赞誉，不仁应该被鄙视。君王讨

厌被鄙视，却尽干不仁之事，这就好比厌恶潮湿，却还是选择住在低洼的地方）

40.“齐人有一妻一妾而处室者，其良人出，则必餍酒肉而后反。其妻问所与饮食者，则尽富贵也……由君子观之，则人之所以求富贵利达者，其妻妾不羞也，而不相泣者，几希矣。”（孟子讲了一个寓言故事：有个齐国人经常外出，向“祭者”讨残羹吃，回家再骗自己的妻妾，说在外面与达官显贵聚餐。后被他的妻子跟踪，发现了真相）

以上所列 40 条被删除的内容全部引自容肇祖 1947 年发表的文章《明太祖的〈孟子节文〉》。被删除的内容后括号中的简略解读是笔者所加。容肇祖将被删除的内容归纳为十一项：1. 不许说人民有尊贵的地位和权利；2. 不许说人民有可以报复暴君的权利；3. 不许说人民有革命和反抗暴君的权利；4. 不许说人民有生存的权利；5. 不许说统治者的坏话；6. 不许说反对征兵的话；7. 不许说反对捐税的话；8. 不许说反对内战的话；9. 不许说政治黑暗；10. 不许说行仁政、救人民；11. 不许说君主要善良，若风俗败坏，君主要承担责任。

不过，容肇祖列举出的内容并不是朱元璋下令删除的全部的《孟子》的内容。负责替朱元璋删《孟子》的刘三吾在《孟子节文题辞》中说：“《孟子》一书，中间辞气之间，抑扬太过者八十五条。其余一百七十余条，悉颁之中外校官。”也就是说，他们共计删除了 85 条，留下了 170 余条，相当于删掉了全书三分之一的条目，文字量约占全书的一半。被删除的 85 条，“课士不以命题，科举不以取士”，即考试不许拿来出题，科举不许拿来取士。①

值得一提的是，朱元璋以“猛”治《孟子》的时候，曾有三位读书人公开站出来反对。

第一位叫作钱唐。洪武二年（1369 年），朱元璋读到《孟子》中“君之视臣如手足，则臣视君如腹心；君之视臣如犬马，则臣视君如国人；君之视臣如土芥，则臣视君如寇雠”一段，勃然大怒，认为这样的话“非臣子所宜言”，下诏将孟子的牌位撤出孔庙，不再配享，并恐吓群臣“有谏者以大不敬论”，即有敢劝阻朕的，以“大不敬”论处。时任刑部尚书的钱唐冒死直谏，自称：“臣为孟轲死，死有余荣。”②

以上是《明史》的记载。关于此事，民间史志留下了更多细节。《三迁志》（约嘉靖年间成书）里说：朱元璋当日盛

① 刘三吾：《孟子节文题辞》，见丁易：《明代特务政治》，江西教育出版社 2012 年版，第 441 页。

② 张廷玉：《明史 · 钱唐传》，中华书局 1974 年版，第 3982 页。

怒，“有谏者以不敬论，且命金吾射之”，谁敢进谏，就让卫士拿箭将其当场射死。钱唐进谏，“舆榇自随，袒胸受箭”，让人抬着棺材，袒露胸膛，不惧让箭射死。[①]

“罢配享”是朱元璋称帝后第一次针对孟子。可能是考虑到王朝初建，不宜过分激烈，害怕失去天下人心，在钱唐冒死抗议后，“罢配享”一事不了了之。

第二位反对者是游义生。洪武二十七年（1394 年），朱元璋命令刘三吾等人删节《孟子》。当时的明朝经过多次整肃，士林一片沉寂。次年，《孟子节文》完成，下发给全国各州县，供学子使用，遂有时任御史的游义生站出来带头反对，史称“义生与同谏十余人言辞愤切，触上怒，系狱”。众人触怒了朱元璋，全部被投入狱中。[②]稍后，游即死于狱中（有材料说他是吞金自杀），时年 27 岁。[③]

第三位反对者叫作孙芝。孙芝与游义生是同乡兼同学，洪武二十八年（1395 年）进入太学，恰见游义生反对删节

① 嘉靖邹县孟氏《三迁志》卷三上，见张佳佳：《〈孟子节文〉事件本末考辨》，《中国文化研究》2006 年第 3 期。

② 康熙《福建通志》卷四四《游义生传》，见张佳佳：《〈孟子节文〉事件本末考辨》，《中国文化研究》2006 年第 3 期。

③ 乾隆《连江县志》卷七《游义生传》，见张佳佳：《〈孟子节文〉事件本末考辨》，《中国文化研究》2006 年第 3 期。

《孟子》之举。游义生入狱后，孙芝提了饭菜，前往击登闻鼓，“愿进一饭尽友谊”。因游在狱中突然死亡，未果。朱元璋死后，永乐九年（1411 年），朱元璋的儿子朱棣在位，孙芝起复为官，遂上奏请求恢复《孟子》全本，废除《孟子节文》。

孙芝这么做风险极大，毕竟《孟子节文》是朱元璋钦定的东西，永乐七年（1409 年）尚有徐善述等人因未从《孟子节文》中出关于《孟子》的科举试题而下狱，罪名是“偏题”。但他的奏请得到了朱棣的认可，这与朱棣得位不正，强烈希望通过宣传“仁政”来宣示其皇位的合法性有非常直接的关系。至此，在明帝国大小学校使用了 17 年之久的《孟子节文》被扫入了历史的垃圾堆。[①]

钱唐、游义生与孙芝的存在让万马齐喑的朱元璋时代多少还留存着些许亮色。遗憾的是，为了掩饰朱元璋的劣迹，永乐年间重修的《明太祖实录》，删除了与《孟子节文》有关的记载。游义生和孙芝的事迹也不存于正史，仅见于民间史志。

---

① 董应举:《连江孙公芝传》，见张佳佳:《〈孟子节文〉事件本末考辨》，《中国文化研究》2006 年第 3 期。

第十三章

东林挽歌

明朝晚期的“东林党”，是中国秦制时代的一个异数。与民间敬重顾宪成、高攀龙等东林党魁不同，自天启年间（1621—1627 年）开始，朝廷即致力于将东林党人形容为一群无事生非、沽名钓誉之人。至乾隆时代，更是借修《四库全书》的机会，由皇帝钦定，将东林党人定性为明朝灭亡的核心原因之一。“明朝亡于东林党”的论调之后在中国知识界不断发酵，形成了如下针对东林党人的集中批评：

1. 东林党专注党争，只批评，不建设，且批评多集中在道德层面。相比之下，魏忠贤的阉党更为实干，延缓了明帝国的崩溃。2. 东林党人借讽议朝政、评论官吏之名，行包庇地主、为富商巨贾争利之实，对灾民的悲惨遭遇视而不见，一味阻挠朝廷征收商税、矿税，实为大地主、大商人利益集团的代言人。3. 东林党不考虑国家前途，以道德为出发点，为了反对而反对，决不妥协。国本之争，考察、任用官员之争，抑制矿监、税监……一言不合就抵制加捣乱，阻碍政务的正常开展。

这些批评与史实是不符的。

一、东林党批判皇权暴政

其实，东林党并不是一个有着严密组织的政治团体，至多只能算是一个“志同道合者的松散联盟”。成员之中有着思想上的共鸣，但并无组织上的实体关系。比如黄宗羲就说过，东林党这个名称乃“小人者加之名目而已矣”[①]，是政敌扣的一顶帽子。什么人算东林党，什么人不算东林党，也没有确凿的判断标准。某些人成为东林党，因为政敌（如魏忠贤）的定性；也有些人成为东林党，是来自个人的自我标榜（如崇祯处置魏忠贤后，许多官员喜欢攀附东林）。因此，要考察东林党人的真实作为，须将焦点放在顾宪成、李三才、邹元标等东林核心人物身上——不过，基于叙述方便的需

① 黄宗羲著：《明儒学案》第十一册卷五十八，商务印书馆 1934 年版，第 47 页。

要，本文仍使用“东林党”与“东林党人”两词。①

首先说反对考成法。

考成法是张居正设计出来的一套考察官员的方法。按张的设计，巡抚、巡按的工作业绩由六部进行考察；六部、都察院的工作业绩由六科进行考察；六科的工作业绩由内阁进行考察。月有月考，年有年考。

听起来，这是一套很好的绩效考核制度。但它的实质却是一种变相的言路打压。原本，明朝六科的言官拥有负责监督朝政的超然地位，他们的品级虽然不高，却可以封驳诏书，对皇帝的不合理决定行使否决权（纸面权力，事实上很难办到）。御史则是皇帝的耳目，代替皇帝对朝廷的行政、司法、人事做全面监察。张居正的考成法相当于借绩效考核之名，取消了六科的言官和御史的独立性，将他们的政治命运牢牢控制在内阁手里，也就是控制在内阁首辅张居正手里。造成的直接后果是体制内的批评之声被全面压制，张居正实现了以自己为核心的一言堂。②

---

① 也有学者主张将“东林党”与“东林学派”分开来看。见刘军：《东林党与东林学派辨析：关于东林是否为党的另外一种思路》，《石河子大学学报》（哲学社会科学版）2010 年第 3 期。

② ［日］小野和子：《明季党社考》，上海古籍出版社 2013 年版，第 7—10 页。

张居正搞考成法压制体制内的言论自由之时，东林党这个词尚未出现，东林领袖人物如顾宪成、赵南星、邹元标、高攀龙、李三才等也尚未成为朝堂上有影响力的人物——要到万历三十年（1602年）左右，他们以东林书院为据点，聚集同道，批评朝政，才算形成了一股比较重要的舆论力量。但这些人在张居正当政的时候已经不惧后果，对考成法提出了严厉且精准的批评。

比如，巡按御史刘台因不堪言论压制，在万历四年（1576年）上疏点名批评张居正。刘台说，按照旧制，内阁是皇帝的顾问，言官拥有批评朝政的自由。考成法推行后，言官的自由遭内阁控制，“凡在外巡按御史垂首丧气”。张居正用“升迁之速”（快速升官）来诱惑六科的言官，用“考成之迟”（考核不达标）来恐吓六科的言官，如此体制之下，“谁肯冒锋刃舍爵禄，而尽死言事哉”，谁还敢直言不讳，监督、批评朝政？刘台的结局是削籍、流放和暴毙。①

考成法除了是一种变相的言路打压，还是一项针对底层百姓的暴政。考成法对地方官员的考核重点是“赋役完欠”，

① 吴亮辑：《万历疏钞》卷十八《恳乞圣明节收辅臣权势疏》，见南炳文、庞乃明主编：《“盛世”下的潜藏危机：张居正改革研究》，南开大学出版社2009年版，第204页。

也就是百姓税赋、劳役的完成情况。追查拖欠的赋役有一个专用名词“追比”，“追比”的常规手段是锁拿、杖打或囚禁，就是抓人、打人、关人，直至百姓缴足所欠税款为止。张居正搞了考成法之后，地方官员的政治前途与追比的成效高度挂钩，地方官只好加大力度，使出各种残酷的手段逼迫底层百姓，于是就出现了一个新的词汇“酷比”，意即残酷的追比。比如在莒州，为完成考核，连续几任知州都在疯狂地使用“风搅雪”“打萝拐”“脑箍”等酷刑对待百姓。“风搅雪”就是在空旷地“用竹板交杂而笞”，大概是竹板生风，屁股溅血（雪）的意思；“打萝拐”是在公堂上“扣民足踝”，大概是扭人的脚踝，使其丧失行走的能力；最狠的是“脑箍”，拿绳索系在人的脑袋上，系处有一根木条，转动木条，绳圈就变小，“一绞则睛出寸余，人立毙，以水渍之，良久始苏”。刘子汾在莒州做了两年知州，用酷刑治死百姓800余人。当地百姓被吓破了胆，纷纷抛弃田宅，逃亡他乡。[①]

万历五年（1577年），张居正之父去世，按规定，张必须卸任内阁首辅，回家服丧。已被整得服服帖帖的言官们迎合张居正的意志，群起鼓噪对张实施“夺情”，不同意张卸

① 胡铁球：《新解张居正改革：以考成法为中心讨论》，《社会科学》2013年第5期。

职，也不同意他不服丧。只有翰林院的吴中行、赵用贤和刑部的艾穆、沈思孝、邹元标敢于站出来表达反对意见，强调首辅必须遵守制度。他们的反对并非针对张居正，对他做道德层面的苛求。邹元标等人期望的是借此机会迫使张居正离开内阁，进而终止考成法。邹在奏折里以刑部事务举例：

> 先时决囚，初无定额。居正任事，限各省决囚有定数，以致首鼠私窜者，欲盈其数以免罚，有滥及无辜者矣。[①]

邹元标说：以前判决罪犯死刑，没有数量上的要求。张居正搞考成法，给各省下达具体的死刑判决指标，完不成就要受罚。各省为了凑足死刑犯的数量，只好滥杀无辜。

类似的祸民之举在张居正变法期间遍及底层社会的各个角落。其中最严重的莫过于地方官员“丈量田亩”，为完成考成法规定的任务，普遍采用短弓，以求增加丈量所得的田亩数。张居正的考成是全方位的，完成了丈量田亩的数字化考核，紧接着又是征收田赋的数字化考核。文件里的田亩可

① 吴亮辑:《万历疏钞》卷五《亟斥辅臣回籍守制以正纲常疏》,见［日］小野和子:《明季党社考》，上海古籍出版社 2013 年版，第 18 页。

以虚增，实际的产出却无法大涨，而地方官又必须依照上报的田亩数来完成田赋征收的新考核，结果便是加大横征暴敛的力度，继续对百姓使出“风搅雪”“打萝拐”“脑箍”等酷刑。一边是国库殷实，一边是民不聊生。

张居正是皇权的代理人，与他作对，结局可想而知。等待吴中行和赵用贤的是廷杖六十，赶出京城；等待艾穆和沈思孝的是廷杖八十，囚狱三日，流放边疆；等待邹元标的是廷杖八十，流放贵州，并落下了终身残疾。

张居正死后，考成法被废除，但明朝朝廷内部的批评通道并未重新开放。明神宗，也就是万历皇帝下达诏书，勒令百官在提意见时必须遵守两条规矩：1.“止及所司执掌”，只许就自己负责的工作发表意见。2.“听其长择而进之，不得专达”，所有意见必须经过上级部门的筛选，不许直接拿到朝堂上讨论。这其实是换了一种方式，继续封堵朝廷内部的批评通道。小部分有理想的读书人，如顾宪成与赵南星，再次冒着被廷杖、流放的高风险，抗议明神宗定的两条规矩。他们的抗议被皇帝痛斥为“沽名卖直”，没有产生任何效果。[①]

① 倪军民:《试论明季言路膨胀与政治失控》,见《明史论集》,吉林文史出版社1993年版，第271—272页。

其次来说反对矿税。

以矿税一事责备东林党祸国的声音颇盛。大意是：东林党人不顾国家战事（“万历三大征”，即宁夏用兵、朝鲜用兵、播州用兵）的开支需求，代表东南地主与富商的利益，站在他们的立场上，反对朝廷征收商税，反对朝廷的矿监政策，不惜将沉重的负担全压在贫苦农民身上。从这个角度来看，东林党人是一群将个人利益与阶层利益凌驾于国家利益之上的伪君子。[①]

这是一种因对史实缺乏基本了解而产生的想当然的看法。朝廷派遣税监征收商税，派遣矿监开矿，始于万历二十四年（1596年）。那一年，明神宗派遣大批太监分赴各省，督办开采金、银矿，设置征税的新关卡。皇帝的做法实际上是皇权在官僚系统之外另造了一个新的敛财系统。明神宗对外宣称，他开矿、征收商税是为了应付“三大征”的军费开支和皇宫中三大殿失火的重修费用。但他的话并不可

① 部分学术著作将东林党视为江南地主和商人的利益代言人。如吴慧认为，东林党由“中小地主、中下级官吏和地主阶级知识分子”组成，“代表东南地区部分地主和新兴的工商业者利益”。为了维护自己的利益，他们反对腐朽的“以皇帝、宦官、王公、勋戚、权臣为代表的大地主集团”，“反对王公勋戚的掠夺土地，反对税监矿使的横征工商”。见吴慧：《中国商业通史简编》，中国商业出版社2015年版，第202—203页。

信，明神宗另造敛财系统的真实动力其实是为了满足自己对财富的无节制欲望。

明神宗是“以天下奉一人”理念的极致践行者。饮食方面，嘉靖时代，光禄寺（主管皇帝饮食）的开支一度减至每年白银 17 万两。张居正执政时，一手着力搜刮民财，一手抑制皇权铺张浪费，一度将光禄寺的开支压缩至每年“十二四万”。明神宗亲政后，他的私欲如脱缰的野马难以遏制，光禄寺的开支迅速翻倍，增至每年“二十六七万”。[①]

金银珠宝方面。嘉靖时代，云南每年需要向皇帝缴纳贡金 2000 两。万历二十年（1592 年），标准一口气提升至 5000 两。云南产金有限，地方官府没有办法，只好向四川、陕西等地采购，每两黄金的采购成本高达 10 两白银（不包括黄金本身的价格）。万历十四年，明神宗曾一次性花费超过 19 万两白银用来购买金珠宝石。万历二十六年，明神宗买珠宝花费了 40 万两白银。万历二十七年，因为皇室的珠宝采购量太大，京城的珠宝供应链出现断裂，户部无法购足规定的量，只好去黑市按“增五六倍”乃至“二十倍”的价格采购。

① 此段及后文关于明神宗铺张浪费穷奢极欲的史料总结均引自南炳文、汤纲：《明史》下册，上海人民出版社 2014 年版，第 711—717 页。

排场方面。明神宗同母弟潞王大婚，耗金 3869 两，青、红宝石 8700 块，珍珠 85000 余颗，珊瑚珠 24800 余颗。户部不堪重负，请求稍减，遭明神宗痛斥，驳回，最终共耗银 88000 余两。明神宗同母妹瑞安公主出降（出嫁），向朝廷索要“各色金二千三百余两”（后因户部实在拿不出来，减去三分之一），以及无数珠宝。明神宗的长女荣昌公主出降，朝廷耗银 12 万两。七女寿宁公主出降，明神宗向朝廷索银数十万两，户部拿不出钱，一再力争，最后按荣昌公主的旧例，也耗银 12 万两。明神宗之子瑞王婚礼，耗银 18 万两；福王婚礼，耗银超过 30 万两；惠王、桂王婚礼正值辽东战事紧张，国库空虚，朝臣请求将耗费降至“七万金”，明神宗拍板，要求朝廷必须拿出“十四万金”。

布匹、瓷器方面。万历九年（1581 年），明神宗向苏杭地区索要 15 万匹丝绸，万历二十七年索要 4.19 万匹，万历三十二年索要 2.6 万匹，万历三十八年索要 4 万匹。万历二十三年，明神宗向陕西索要 7.47 万匹羊绒（折合银价 160 余万两），每年按 4000 匹的数量进呈。万历十年，明神宗向江西索要 9.66 万余件瓷器，万历十九年又索要 15.9 万余件，稍后又增加 8 万余件。需要特别指出的是，以上种种需索，其运输之费往往远大于制造之费。比如，自山西潞安将价值

110两银子的砂器运到京城需耗资2833两白银，是砂器本身成本的25倍有余。

建筑方面，明神宗同样丧心病狂，毫无节制。下面这张表格引自南炳文、汤纲所著《明史》，只是一份不完全统计[①]。

年　份	土木工程	费用及其他
万历十一年	天寿山皇陵	费时八年，耗银800余万两
万历十二年	修慈宁宫	耗银15万两
万历十三年	修潞王府第、乾光殿、金海亭等	耗银30万两
万历二十二年	整修养心殿、神怡殿、永宁宫、隆德门	耗银不详
万历二十四年	整修昭陵殿芜楼亭厨库房廊、修西华门楼	耗银不详
万历二十六年	修隆宗门	耗银不详
万历二十七年	整修慈庆宫、修端敬殿	耗银不详
万历二十八年	大高玄殿建新工程；修理龙舟、桥梁、亭轩、景陵及裕陵殿宇；修南城清和阁	耗银不详
万历二十九年	修大内乾德殿	耗银不详。该工程体量巨大。设计台高八丈一尺，台上建殿。兴工一年，每日用工匠2000余人、军队2000余人，仅建成一丈三尺
万历三十年	修乾清宫、坤宁宫。修奉先殿西川堂	耗银不详。工科言官奏请停建各种不急工程，明神宗不予理睬

① 南炳文、汤纲:《明史》下册，上海人民出版社2014年版，第718—722页。

续表

年　份	土木工程	费用及其他
万历三十一年	整修天寿山长陵、修慈宁花园。皇极殿、中极殿、建极殿开始清理基座	耗银不详。户科、工科言官奏请停止崇德、两配、四斋等宫殿建设，明神宗不予理睬
万历三十二年	南海子御苑工程	工部因经费紧张请求暂缓，明神宗下旨继续
万历三十三年	大修都城重城、修河南开福王府、修孝陵、修感恩殿、修成湖广显祾恩殿、修长陵明楼、修显陵配殿	仅感恩殿及附属桥梁一项，即用银十余万两
万历三十四年	修南海普陀寺	耗银不详
万历三十六年	修会极、归极二门	耗银不详
万历三十八年	修贵溪龙虎山宫殿	耗银 3 万两
万历三十九年	修懋勤宫、端凝宫、寿安殿	耗银数万两
万历四十年	筹划营造朱常洛生母坟园	耗银 15 万两
万历四十一年	修蜀（王）府门殿	耗银不详
万历四十二年	修理昭陵殿芜楼亭厨库房廊	合用物料约数十万计
万历四十三年	修福王府从官房屋、修胡良巨马二桥、修三殿及正阳门箭楼	福王府从官房屋耗银 4 万两
万历四十四年	修咸安宫	耗银不详
万历四十六年	修德昌王府、修惠王府、修桂王府、修船坞、修乾光殿等	耗银不详

需要注意的是，这张表中的工程有许多绵延数年乃至十数年，统计时一般只以其启动的时间（个别以竣工时间）统计一次。简言之，明神宗亲政之后，几乎每一年都在大兴土木。另外，因史料所限，表中大多数工程的具体耗银缺少数据，但参照其他类似工程，不难推测其大体情况。比如，万

历十二年（1584年）修慈宁宫耗银15万两，则其后建造相似的宫殿的成本可参考这个数据；万历十三年修潞王府耗银30万两，则其后修福王府、惠王府、桂王府等，多半要远高于这个标准（明神宗更宠爱福王）。

另外，采集木料、石料的费用并未体现在表格之中（这方面的费用多摊派给了地方，而户部、工部的官员写奏折向明神宗诉苦，往往只关注本部门的耗费）。明神宗对木料、石料的规格要求极高（木料非深山之中的楠杉大木不可），地方官府苦不堪言。比如，万历三十一年（1603年）筹划重修三大殿，明神宗摊派给贵州的任务之一是“采办楠杉大木”12298根，合银107万余两，摊派给湖广的任务是采办合银约420万两的楠杉大木，摊派给湖广、贵州、四川的任务是采办合银约930余万两的楠杉大木。还有，上述针对地方的摊派，其统计数据是按照官价来做的。地方官府摊派到民间，实际耗费往往是官价的数倍乃至十倍以上。万历二十五年，刑部侍郎吕坤上奏称，采伐巨木一根，“官价虽云千两”，但运到京城，百姓的实际消耗“不止万金”。[①]

明朝本有制度，宫廷每年有100万两金花银（明朝收税

① 南炳文、汤纲：《明史》下册，上海人民出版社2014年版，第722—723页。

折收的银两，意为足色而有金花的上好银两）的进项（明神宗亲政后又强迫户部增20万两）。但是明神宗挥霍无度，120万两金花银往往仅够其开支两三个月，剩下的黑洞就只能靠挪用国库来填补。但国库也经不起明神宗折腾，张居正致力搜刮近十年，他死的时候，国库存银有近千万两。只过了五六年，近千万两白银就已消耗一空。于是，万历二十四年，丧心病狂的明神宗决定以“三大征”为借口，派出宦官为矿监、税使，绕过官僚系统，直接向民间进行搜刮。他只用了三年时间，就利用太监建立起一张覆盖全国的敛财网络。他的敛财网络给明帝国的底层百姓带来了深重的灾难，时人称之为“矿税之祸”。

明神宗之所以派出宦官前往地方搜刮，而不再依赖明帝国的统治基础官僚集团，与他不满官僚集团内部长期存在着针对皇权的批评有直接关系。作为对抗，他宁愿让大量的中央、地方官员长期空缺，宁愿官员的空缺严重影响中央和地方官府的日常运转，也不愿调整人事进行填补。在他眼里，宦官是比官僚集团更忠实、更易于操控的皇权代理人。

矿监的职责是代表皇权监督百姓开采金、银矿，其具体的敛财办法有二：1. 皇帝一分钱不出，百姓负责所有成本及开采工作，地方官府负责调兵防护（即武力控制）。开矿所得由皇帝和百姓五五分成。2. 宦官只对明神宗负责，考核标准是每年能为皇帝拿到多少金银。为求旱涝保收，完成皇帝交下的任务，宦官往往直接将敛财的额度摊派给地方，既不管地方是否有金、银矿存在，也不负责勘探矿产，更不理会开采是否顺利。①

税监的职责是代表皇权直接向民间征收法外之税，其具体的敛财办法有四：1. 在原官僚系统控制的税卡之外，另增由宦官控制的税卡。南直隶巡抚刘曰梧曾上奏痛陈，宦官来了之后，在自己的辖区内，商人携带货物一天之内要经过五六处税卡。北直隶的通州，税卡更增至数十处。2. 巧立名目，增加税种。养鸡有鸡税，养猪有猪税，过路有过路税，落地有落地税，不产鱼的地方也要交鱼税。3. 直接将敛财额度摊派给地方上的大商户，不管商业是否繁荣，也不管具体的营业额是多少，大商户必须按期如数向宦官缴足额度，否则后果可想而知。宦官及其爪牙敲诈勒索，导致商户家破人亡是极为普遍的事情。4. 当因为开采不出金、银，或开采成本高于收益而无法开矿之时，干脆将摊派给地方的开矿的额度直接转为“正额课税”，也就是转为正规赋税，由税监接

① 方兴:《明朝万历年间“矿税银两”的定额与分成》,《首都师范大学学报》（社会科学版）2016 年第 6 期。

手负责监督地方官员征收，并送到明神宗手里。[1]

南炳文等依据《明神宗实录》中的数据做过不完全统计，认为自万历二十五年至三十四年，派到地方做矿监、税监的宦官每年向明神宗进奉白银约171万两，黄金约3600两。也就是说，在这短短的9年时间里，明神宗就掠取了超过1500万两白银和超过3.2万两黄金，而矿税之祸的肆虐时间长达24年。[2]

尤其值得注意的是，明神宗的掠取所得并不等于汲取底层百姓的全部额度。时任吏部尚书李戴的评估是“十不解一”，一份献给了明神宗，两份被宦官中饱私囊，三份遭参随瓜分，四份落在数量众多的负责直接搜刮的恶棍手里。参随和恶棍瓜分了多少民财缺乏数据，但宦官中饱私囊是有具体案例可以参考的。山东巡抚黄克缵给宦官马堂算过一笔账：从万历二十七年三月到三十三年十一月，将近7年的时间里，马堂共计在山东临清及周边地区征税180万两左右，但献给内库（皇宫的府库）的只有50万两多一点。也就是说，有130万两白银被马堂和他的参随们瓜分了。黄克缵还

① 方兴：《明万历年间“矿监税使”的阶段性考察》，《江汉论坛》2016年第3期。

② 南炳文、汤纲：《明史》下册，上海人民出版社2014年版，第743—746页。

说，另一位在山东做税监的宦官陈增在山东8年积攒了近百万资产，而他在这8年中献给内库的税银只有80多万两。陈增麾下有一个参随程守训，其家产被查抄，搜出了“违禁珍宝及赇银四十余万（两）”。因此，学者方兴认为，“在1596—1620年，即万历二十四年至四十八年间，通过贸易从美洲及日本等地输入中国的白银大抵被‘矿监、税使’搜罗殆尽”[①]。

矿监、税监横行天下，皇帝肥了，宦官及其爪牙也肥了，唯独民不聊生。按大学士沈鲤的说法，是“无一片安乐之地，贫富尽倾，农商交困”。按直隶巡抚刘曰梧的说法，是“民间之皮毛穿、膏脂竭矣”。按辽东巡按萧淳的说法，是“辽东……十室九空”。按陕西巡按龙遇奇的说法，是“坐括（陕西）民脂一百四十余万，民间皮肉俱尽”。按户部尚书赵世卿的说法，是商业萧条，家家户户关门大吉，他举例说：税监到任不足两年，河西务的160余家布店只剩下30余家，临清关伙商38人只剩下2人；缎店32家，关门21家；布店73家，关门45家；杂货店65家，关门41家。[②]

---

① 方兴：《明朝万历年间“矿税银两”的定额与分成》，《首都师范大学学报》（社会科学版）2016年第6期。

② 南炳文、汤纲：《明史》下册，上海人民出版社2014年版，第746—748页。

民不聊生，自然就会有民变。万历二十七年（1599 年），临清百姓纵火焚烧了税监马堂的衙门。同年，湖广百姓扔砖放火，欲与坐地敛财的宦官陈奉同死。万历二十九年，百姓又包围了陈奉的衙门，将其爪牙十余人投入江中。同年，2000 余名苏州织工暴动，攻击了坐地敛财的太监孙隆，击毙孙隆的爪牙黄建节，焚烧了多名孙隆爪牙的家，孙隆本人连夜逃往杭州。万历三十年，江西百姓反抗宦官潘相，将他的爪牙陆泰打了个半死。万历三十四年云南军官贺世勋等人不堪宦官杨荣的暴虐，聚众数千人，杀死杨荣，将其住宅付之一炬。万历三十六年，辽东屯垦的军队不堪宦官高淮剥削，歃血为盟，杀死高淮，为民除害。万历四十二年，福建百姓万余人攻击了宦官高寀的住宅……据不完全统计，"神宗朝，万历后期的 20 多年中，各地直接因矿、税监激起的民变达 49 起之多"。①

频繁的暴动丝毫未曾动摇明神宗的矿税政策，所有领导暴动的人物均遭捕杀。因为矿监、税监的存在只对皇帝和宦官集团有利，故"内而六部尚书、侍郎、科道言官，外而各省督抚布按，上自内阁大学士，甚至个别掌权的太监，下至

① 吴慧主编:《中国商业通史》第三卷，中国财政经济出版社 2005 年版，第 852—857 页。

州县官员，无不反对矿税”[①]。东林党人针对矿税之祸的冒死批判即发生在这样的时代背景之下。比如魏允贞直接说明神宗“爱贤士曾不如爱珠玉锦绮”。田大益指责明神宗误入歧途，嘴上说着爱国、爱民的漂亮话，实际上“内库日进不已，未尝少佐军国之需”，钱全进了内库。田大益甚至还说出了“陛下尔来乱政，不减六代之季。一旦变生，其何以托身于天下哉”这样振聋发聩的话语——陛下如此疯狂地把天下之财往自己家搬，如此荒淫无道，一旦某天出了变故，你要如何让天下人再支持你！[②]

在所有的批评当中，又以李三才最为大胆。李在奏折中非常干脆地给君王重新做了一番定性：“（君主）省刑薄敛，视之如伤，爱之如子，人主能长为百姓之主；然后奔走御侮，尊为元后，戴为父母，百姓亦长为人主之主。”意思是：皇帝须实行仁政为百姓服务，才有资格做“百姓之主”；百姓是“人主之主”，是高于皇帝的存在。将这样的见解写入奏折，送到皇帝跟前，自然是需要胆识与觉悟的。而且，与一般人针对矿税之祸的批评只将矛头指向宦官不同，李三才

① 周远廉、谢肇华：《万历后期的矿税之祸：明代辽东档案研究之三》，见《中国古代史论丛》，1982年第2辑，福建人民出版社1982年版。

② 蔡明伦：《论明万历中后期言官对神宗的批判》，《史学月刊》2006年第4期。

的言辞非常尖锐，直斥皇帝：“皇上爱珠玉，人亦爱温饱。皇上忧万世，人亦恋妻孥。奈何皇上欲黄金高于北斗之储，而不使百姓有糠秕升斗之储；皇上欲子孙千万年之计，而不使百姓有一朝一夕之计。试观往籍，朝廷有如此政令，天下有如此景象，而不乱者哉？”[①]大意是：皇上喜欢珠宝，百姓想要温饱。皇上追求千秋万代，百姓想要养活妻子儿女。皇上把黄金堆得天高，却不让百姓家中存有升斗的粮食；皇上想要子子孙孙都做皇帝，却不让百姓有足以活过明天的储粮。翻看历史，朝廷如此做事，天下如此景象，有不出乱子的吗？

李三才的政见与勇气，是东林党人有意在万历后期支持李三才进入内阁的主因（尽管李在私德上被他的政敌指责有许多缺陷）。但东林党人的支持并不会有什么结果，因为东林党自始至终只是一个松散的同道组织，除言路之外，他们没有更切实的政治实力。掌握着杀伐大权的明神宗则将所有的批评一律扣上“谤君卖直”的大帽子，随心情而定对批评者的惩罚，或无视、或廷杖、或流放、或残杀。

① 李三才:《请停矿税疏》，见［日］小野和子:《明季党社考》，上海古籍出版社 2013 年版，第 176 页。

二、东林兴衰与明朝之亡

因庙堂上的批评、谏言毫无成效，万历三十年（1602年）前后，顾宪成等人开始以东林书院为据点，集结在野读书人批评朝政，渐渐形成了一股颇有影响力的舆论力量。

东林书院的影响力实为时代变迁的产物。时代变迁至少包括两个方面：1. 先有祸国殃民的暴政，后有读书人出来为民请命。张居正当政时的暴政以考成法为核心，读书人的批判也集中在考成法；万历亲政后的暴政以矿税为核心，读书人的批判也集中在矿税。2. 两套敛财系统，也就是宦官体系与官僚体系，他们之间发生了利益冲突，给了知识分子提高影响力的机会。有理想且敢于为民请命的读书人在任何时代都是少数。这少数人在张居正的时代，也就是神宗朝早期势单力孤，很难形成影响力；到了万历亲政之后，官僚集团的利益受到了宦官集团的侵害，使得他们转而愿意支持、利用那些有理想的读书人，让他们冲到前线去对抗宦官集团。这是东林书院在万历时代形成影响力的重要背景。

东林党的历史其实可以用一句话来概括：他们试图以制度章程，也就是《大明律》与《皇明祖训》之类的东西来约束皇权，进而维护自己和百姓的利益，却遭到了皇权的残酷镇压。前述针对张居正考成法的批评，针对明神宗矿税之祸的批评，东林党人拿出的武器均是《大明律》与《皇明祖训》。此外，东林党人还曾深度介入到“国本之争”（要求明神宗立长子为太子）、“红丸案”（涉及明光宗之死）和“移宫案”（明熹宗即位之初，涉及明光宗的妃嫔李选侍在后宫中的地位）。有些批评者认为，东林党人不该干预皇帝的家事，应该避免给自己招来不必要的麻烦。这样的论调似乎并未注意到在关于皇帝家事的三场风波中，东林党人的核心诉求仍是要求皇帝及其后宫按既定的制度和章程办事，即希望将皇权关进制度的笼子。制度与章程是赤手空拳的东林党人最可依赖的武器，按制度和章程办事，也就成了他们试图改革朝政的核心诉求。

这种政治诉求注定了东林党人无法在熹宗时代获得皇权的青睐。天启初年，因东林党人主张按既定的规章制度办事，支持光宗、熹宗父子继承帝位，朝堂之上一度出现了所谓“东林方盛、众正盈朝”的局面。但皇权肆意已久，绝不甘心受制度的约束。天启二年（1622 年），皇权即展开了针对东林党的批判。兵科给事中朱童蒙首先开炮，给东林党扣了一顶“招朋引类”“摧残善人”的大帽子。也是在这一年，皇帝开始培植魏忠贤及其宦官集团，允许魏在宫中操练一支万余人的军队；次年，魏受命控制东厂和锦衣卫，开启了特务治国（此前，东厂与锦衣卫长期处于接近瘫痪的状态），宦官还被派往边境监视、控制军队。天启四年，魏忠贤开始逮捕东林党人，“众正盈朝”迅速成了过眼云烟。天启五年，魏忠贤秉皇权之意，开始大肆屠杀东林党人，制造了“东林六君子之狱”等惨案。

与肉体消灭大略同期，针对东林党人的精神消灭也提上了日程。天启五年（1625 年），在魏忠贤的授意下，阉党开始在朝堂上制造“假道学不如真忠义”的舆论，并获得皇帝支持，全面禁毁天下书院、讲坛，且用上谕的形式公示《东林党人榜》，共收录 309 人。天启六年，明熹宗决定就东林党的问题做一个定性，下令编纂《三朝要典》。这部书的主旨是痛骂东林党，说他们为了达成自己留名青史的险恶目的，不惜拿各种琐事喋喋不休地攻击皇帝。后世那些针对东林党的不实批判大体都可以在这部由阉党一手炮制的《三朝要典》中找到。[①]

附带一提，在“众正盈朝”的短暂的两三年里，东林党

① 杨艳秋：《〈明光宗实录·三朝要典〉的编修》，《史学史研究》1998 年第 4 期。

人最受后人诟病之事是削了辽东经略熊廷弼的职。其实，熊虽然在神宗朝攻击过东林党，但他的去职并不能归咎于东林党人。因为东林党并不是一个严密的组织，而只是一群松散的同道，且邹元标虽然主张严厉处分熊廷弼，但维护熊廷弼的七名科道言官中也有五人被视为东林党人。追究熊廷弼的冤狱中具体某个人的历史责任是恰当的，但将之说成东林党人热衷党争、不问是非，则不是一种与史料合榫的解读方式。[①]

从“众正盈朝”到肉体与精神被全方位消灭，东林党人在天启年间只维持了大约两年的存在感。他们之所以如此脆弱，与明熹宗同明神宗大不相同的宦官任用方式有直接关系。

神宗朝，围绕着矿税之祸，宦官集团与官僚集团存在着严重的利益冲突，不但宦官集团横征暴敛造成的动乱需要官僚集团善后、担责，宦官集团还直接侵占了许多原本属于官僚集团的利益。为自身利益计，官僚集团多多少少愿意有限

① 樊树志《晚明史》中《“东林党”论质疑：关于“东林与浙党”》一节，已清晰指出东林无党，“所谓‘东林党’与‘浙党’对立云云，实在是臆测多于事实的”。见樊树志：《晚明史 1573—1644》上册，复旦大学出版社 2015 年版，第 529—537 页。

度地支持一下那“一小撮”东林党人。熹宗朝，魏忠贤将宦官集团与官僚集团整合到一起，大量官僚进入阉党，官僚集团也是宦官集团。身为“一小撮”的东林党人，对上，欲将皇权纳入制度的笼子加以约束，多次要求明熹宗从私人账户拿钱贴补国事（索要至少500万两白银）；对中，弹劾魏忠贤，欲使之远离政事；对下，试图通过京察等方式肃清吏治，整顿官僚集团。勇气与理想虽然可嘉，但开罪整个利益集团的后果也是可想而知。

后来，到了崇祯朝，东林党人早已四分五裂，不成气候。南明时期更甚，活跃的主要是在野的复社人士，这些人在崇祯朝的命运也与在天启朝大致相似。崇祯皇帝虽然铲除了魏忠贤，但东林党只是他拿来点缀朝堂的工具，他仍然更愿意选择宦官作为自己的代理人。用宦官控制官僚集团，用有限的几个东林党人点缀官僚集团，是崇祯自认为务实的做法。直到明朝（包括南明）灭亡，有限的东林党（包括其余绪复社）人虽仍致力于扩张言路，但再未形成有影响力的政治力量。面对皇权及其代理人——阉党（也包括南明时期的军阀），东林党与复社始终处于不堪一击的状态。

天启朝“众正盈朝”极为短暂，崇祯朝东林党人只是点缀，南明时期真正左右时局的是军阀。将明帝国灭亡的责任归咎于一个未曾获得施政机会的松散同道组织显然不是反思历史的客观态度。东林党人真正的力量不在于挽救明帝国的灭亡（事实上他们也挽救不了），而在于即使斧钺加身，也要以民本为出发点，去批判皇权之恶。杨涟被铜锤断肋、铁钉贯耳，留有血书“大笑，大笑，还大笑”。顾大章被投入诏狱，右手剐至只剩拇指与食指，仍作遗诗“当留日月照人心”。高攀龙自沉于后园池中，遗表直言要“从屈平（屈原）之遗则”……如此无所畏惧的批判精神是中国秦制时代极为鲜见的思想光辉。东林党的光辉传至明末清初的黄宗羲、顾炎武，始有“君主为天下之大害”“保国者，其君其臣肉食者谋之；保天下者，匹夫之贱与有责焉耳矣”这样启迪人心的彻悟。传至晚清，又被重新发掘，成为郭嵩焘、谭嗣同、严复等人“兴民权，抑君权”的思想来源。

至于明朝的灭亡，日本学者小野和子在《明季党社考》一书中有非常中肯的结论：

> 明朝，与其说是亡于党争，不如说亡于阉党之手。[①]

① ［日］小野和子：《明季党社考》，上海古籍出版社 2013 年版，第 376 页。

当然，若一定要说明朝亡于党争，也未尝不可。只不过党争的主体并无东林，而是阉党与官僚集团。崇祯起用阉党治国（崇祯朝宦官数量极多，约有 10 万之众），固然较之利用官僚集团治国更加如臂使指，但也造成了统治集团的内部分裂。北宋自建立至元祐年间（1086—1094 年）的 130 余年，用宰相不过 51 人；崇祯在位 17 年，用宰相达 50 人，诛杀总督 7 人，诛杀巡抚 11 人。[①] 当皇权如此蹂躏官僚集团，官僚自不会再视皇权为利益共同体，其消极怠政是必然的，明帝国的统治力因之削弱也是必然。当民变与外敌同时袭来，官僚集团的怠政，也就是消极于人力、物力的汲取，带给明帝国的伤害会非常直接。换言之，若真的存在“党争亡国”，那么挑起党争、将政见分歧演变成杀戮的恰是皇帝自己。明神宗如此，明熹宗如此，崇祯也如此。

但崇祯绝不愿意承认这一点。他的名言是“朕非亡国之君，诸臣皆亡国之臣”。后世的乾隆皇帝也不喜欢从这个角度来反思明朝灭亡的教训。他更惋惜明朝没能消灭书院，更惋惜明朝没能把东林党彻底批倒、批臭。

---

① 陈登原:《陈登原全集》第八册《崇祯五十相》,浙江古籍出版社 2014 年版,第 93—95 页。

三、乾隆为何痛恨东林党

在《题〈东林列传〉》中，乾隆说过这样一句话：

> 东林讲学，始以正而终以乱，驯致与明偕亡。[①]

这相当于是将明朝的灭亡与东林讲学直接挂钩。为什么这样讲？乾隆也有一段解释："盖有讲学，必有标榜，有标榜，必有门户，尾大不掉，必致国破家亡。汉、唐、明，其殷鉴也。"意思是：讲学者，必会标榜自己讲得好，讲得对；有了标榜，必会形成不同的门派；形成门派，等于形成了有组织的团体，这些团体尾大不掉，就成了心腹之患。汉、唐、明三代都是这么亡国的。

乾隆还说，那些讲学的东林党也有正人君子，但形成了门派，就有了门派利益，有利益，就会有小人趋炎附势。所以，小人以东林党自居，其过错仍在东林党。"开门揖盗者，本东林之自取，迄明亡而后已"，是东林党自己在开门揖盗，

① 《题〈东林列传〉》，见张传锋：《〈四库全书总目〉学术思想研究》，学林出版社2007年版，第247—248页。

吸引小人。

陈鼎的《东林列传》旨在赞颂东林党人。乾隆将他的赞颂斥为“邪说”。其逻辑是：国破家亡，黎民涂炭者数不胜数，东林党人“不能守祖业，徒以国亡殉节为有光”，不能守护明朝，只知道成就自己的千古盛名，真所谓“国家将亡，必有妖孽”。

对于东林党领袖顾宪成，乾隆也完全没有好感。他在诗里嘲讽“足识斯人学不醇”，这个人学问不行，没做到家，同时还在诗后做注，说正因为顾宪成学问太糟糕，所以“其东林倡说，流而为门户，掉而为祸患，不亦宜乎”，说顾宪成在东林书院宣传歪理邪说，流毒成为利益门派，最终成了国家的祸患。①

东林党被乾隆定性为明朝亡国的主因，纪晓岚等人奉旨于《四库全书总目》之中对这一定性做了更详细的阐释。他们做的阐释的主旨，简而言之就是“夫明之亡，亡于门户。门户始于朋党，朋党始于讲学，讲学则始于东林”②——东林

① 《题顾宪成解论语四勿诗及注》，见张传锋：《〈四库全书总目〉学术思想研究》，学林出版社 2007 年版，第 248 页。

② 《四库全书总目》卷九七，见张传锋：《〈四库全书总目〉学术思想研究》，学林出版社 2007 年版，第 246 页。

党聚众讲学，讲学形成门户、朋党，门户、朋党不以朝廷利益为先，明朝于是灭亡了。

为了让乾隆满意，有些阐释非常露骨，直指讲学活动会将人聚集起来，而聚集对朝廷有害："大抵门户构争之见，莫甚于讲学，而论文次之。讲学者聚党分朋，往往祸患延宗社。操觚之士笔舌相攻，则未有乱及国事者。盖讲学者必辨是非，辨是非必及时政，其事与权势相连，故其患大。文人词翰，所争者名誉而已，与朝廷无预，故其患小也。"[①] 讲学和写文章相比，前者的危害更大。因为讲学会把人聚到一起，讨论时事、辨别是非，形成有力量的团体；文人写文章互相攻击，不过是点对点争个人声誉，影响反而不大。

权力人物对读书人聚众讲学的憎恶也见于朱元璋与张居正。

在"卧碑文"里，朱元璋明确规定，"天下利病，诸人皆许直言，惟生员不许"，天下人都可以直言时事利弊，只有生员不可以。朱元璋还规定，遇到与己无关之事，生员不许去衙门，不许介入其中，否则革去生员资格，严重者发配

① 《四库全书总目》卷一四八，见宁侠：《四库禁书研究》，商务印书馆 2018 年版，第 212 页。

边疆，乃至杀头。[①] 在朱元璋看来，生员拥有同窗、师长方面的优质社会关系，比普通百姓更有活动能力，是需要严格控制的对象。

张居正也有相同的认知。万历三年（1575年）已身为内阁首辅，大权独揽的他再度重申并强化了朱元璋的祖制，严禁生员参与一切政治事务。他勒令天下："不许别创学院，群聚党徒及号召他方游食无行之徒空谈废业……游士人等，许各抚按衙门访拿解发。"[②] 万历七年正月，张居正又下令遵照"皇祖明旨"，毁天下书院，全部"改为公廨衙门"，书院的田产、粮食全部划归地方里甲。全国著名书院中，超过60所遭到查封。[③] 与张居正禁毁书院大略同期，欧洲的中世纪大学开始向近现代大学转型。

在约束生员方面，张居正的规定较之朱元璋的更为具体："我圣祖设立卧碑，天下利病，诸人皆许直言，惟生员不许。今后生员务遵明禁，除本身切己事情，许家人抱告有司……其事不干己，辄便出入衙门，陈说民情，议论官员贤否者，

① 朱元璋：《卧碑文》，见《历代小说笔记选·清一·松下杂抄》，上海书店1982年版。

② 《张太岳集》卷三十九，见邓洪波：《中国书院史》，东方出版中心2004年版，第369页。

③ 邓洪波：《中国书院史》，东方出版中心2004年版，第370—373页。

许该管有司申呈提学官，以行止有亏革退。若纠众托帮，聚至十人以上，骂詈官长，肆行无礼，为首者照例问遣，其余不分人数多少，尽行黜退为民。”①

严禁生员议论国家政策的利弊。若生员自己的切身利益受损，只能由家人去找衙门；与自己的利益无关，却前往衙门为民请命、议论官员的好坏，要被革除生员资格，丧失进入仕途的机会；如果利用自己的社会关系，聚集 10 个人以上，介入政治事务，为首者问罪发配，其他人一律革除生员资格，贬为庶民。

清军入关后，全盘继承了上述明朝的统治术，且有所发展。顺治九年（1652 年）向全国颁布的《生员条例》，除重申朱元璋与张居正所定规章之外，另有补充：“生员不许纠党多人，立盟结社，把持官府，武断乡曲。所作文字，不许妄行刊刻。违者听提调官治罪。”② 生员不但不能议论时事，不能亲自为自己的利益上诉，不可以帮助他人上衙门，不可以聚众介入公共事务，也没了结社、出书的权利。

自顺治而下，康、雍、乾三代皆继续维持并强化这种统

① 《张太岳集》卷三十九，见［日］小野和子：《明季党社考》，上海古籍出版社 2013 年版，第 22 页。

② 朱汉民、邓洪波：《岳麓书院史》，湖南教育出版社 2013 年版，第 398 页。

治术，对“生员”实施严格管控。乾隆借修《四库全书》的机会，集合纪晓岚等学者，以“明朝亡于讲学”为历史定论，将东林众人拉出来鞭挞，其实是在警告清帝国的读书人千万不要“重蹈覆辙”。

第十四章

雍正密折治国

雍正十三年（1735年）八月初九，二百斤黑铅被运进圆明园。

十二天之后，雍正皇帝在圆明园暴毙身亡。次日，他的儿子乾隆下了一道谕旨，说先皇日理万机，闲暇之时，听说江湖上有炼丹之说，于是把张太虚、王定乾等道士招来，安置在圆明园，但“圣心深知其非，聊欲试观其术，以为游戏消闲之具”，也“未曾听其一言，未曾用其一药”。现在朕将张太虚、王定乾等人赶出圆明园，遣回原籍，若有人出去后胆敢“捏称在大行皇帝御前一言一字”，决不轻饶，立即正法。[①]

① 中国第一历史档案馆编:《雍正朝汉文谕旨汇编》第2册，广西师范大学出版社1999年版，第239页。

这当然是欲盖弥彰的说法。雍正突然死亡，乾隆及朝中王公大臣皆措手不及。在诸事待办的状况下，乾隆于雍正驾崩次日竟腾出手来优先处置在圆明园内的两个炼丹道士，自是因为这两个道士与雍正之死有着非比寻常的关系。事实上，雍正皇帝热衷炼丹，他常年吃丹药是清帝国官僚集团众所周知的事。他不止一次将炼制的丹药赏赐给鄂尔泰、年羹尧、张廷玉、田文镜、岳钟琪等人，这些都记载在皇帝的朱批和臣下的谢恩折子里。

而雍正之所以长期服用“既济丹”“秋石”之类的丹药，既有色欲方面的因素，也与他统治清帝国的手段有密切关系——清军入关之后，历代皇帝都相当注意吸取中原秦制帝国的统治术。雍正是其中走得最远的。他在位十三年，心心念念的全是如何巩固自己的统治基础，也就是官僚集团。他不喜欢“与士大夫治天下”，而是希望将官僚集团规训为最服帖的奴仆。为达成他的目的，他在官僚集团中发起人格侮辱运动，实施密折治国，将自己变成一个日理万机的最高情报头目。

为了始终能够日理万机，他不得不求助于丹药。而那丹药最终要了他的命。

一、正面榜样与反面教材

雍正六年（1728年）四月初三，陕西三原县棉花贩子秦泰骑马路过河南府孟津县。在宋家山地界，将装有一百七十余两白银的包裹不慎掉落，秦泰一路风尘，满身疲惫，许是在马背上打了个盹儿，居然没有察觉。

刘姥姥进大观园，曾对贾府花费二十多两银子置办的螃蟹宴感叹说“这一顿饭的钱够我们庄稼人过一年了”。如此也就不难理解秦泰丢了一百七十余两银子之后的惊慌失措。他找到当地地保备了案，忍痛出了一张承诺“均分银两”的告示，并在第二天贴满了附近乡镇的大小角落。

秦泰不知道的是，就在他满大街贴告示的同时，孟津县一个叫翟世有的老农正抱着他那一百七十余两银了的包裹蹲在宋家山的官道上等他往回找，而且一直等到天黑。他更不会想到，告示贴出来的第二天，就在他几乎已经完全绝望的时候，翟世有那张带着些许木讷的脸会突然出现在他面前，把那包沉甸甸的银子塞回到他手中，而且拒绝接受任何酬谢。从惊愕中回过神来的秦泰跪下给翟世有叩了几个响头，将他拜做了干爹。[1]

两个多月以后，翟世有接受了朝廷的调查和褒奖。谈及拾金不昧的动力，受惊不小的他战战兢兢地说："我当时只是想到了我的婆娘，她丢了三百文钱就差点儿急死。"

朝廷的调查缘于河南山东总督田文镜的一道折子。当雍正皇帝借着摇曳的烛光在田文镜的奏折里读到关于翟世有的汇报时，他深深地吸了一口气，一种巨大的满足感瞬间充溢胸间。在那道长达一千二百余字的《恩赏义民翟世有顶戴银两谕》中，雍正皇帝将那乡野间的拾金不昧上升到理论高度。他大发感慨地说，孟津翟世有拾金不昧的事情充分说明朕这些年来尽心竭力、耗尽心神的教化工作取得的胜利，"乃风俗休养之明征，国家实在之祥瑞"，并大力称赞田文镜这些年在河南"奖劝"民风功不可没。[2]

皇帝明确要求把这道谕旨发到京里、京外所有官员手里。皇帝说，像翟世有这样大字不识几个的老农民都知道戒贪知足、拾金不昧，你们这些官员个个饱读诗书，居然还营私舞弊、贪污腐败，难道不觉得羞愧吗？皇帝决定恩赐翟世

① 翟世有拾金不昧的具体过程，可参见《"还金山"碑重现记》(《孟津文史资料》第 22 辑）中所载"还金山"碑的碑文。

② 《四库提要著录丛书·史部》，北京出版社 2010 年版，第 56 页。

有七品顶戴，赏白银一百两，责成河南府将翟世有的事迹刻成石碑，立在拾金之处。

同年七月，田文镜再次上奏说，河南有一个卖面的穷人陈怀金捡到江南羊客王盛丢的二十四两八钱银子，不但全数奉还，还不要任何酬谢。雍正御批表彰说，河南底层百姓的道德水准这么高，“诚所谓瑞也”，实在是国家的祥瑞。雍正七年（1729 年）九月，天津的地方官管承泽上奏说，当地有一个底层妇女梁氏也捡到了六两五钱银子，同样主动交还给了失主，不要酬谢。雍正下旨赏赐梁氏大米、布帛，还为她题写了匾额作为表彰。雍正八年五月，山西巡抚石麟递来报告，说在山西朔平府有一个叫赵亨清的百姓，捡到九两一钱银子，也主动交还给了失主。直到雍正十三年四月，直隶总督李卫还有类似的折子上奏。[①] 雍正的兴致似乎也从未消减。他在李卫送来的奏折上批示说：“以匹夫匹妇之愚，而能轻财尚义，慕善乐施，允属难得。于斯足征风俗向淳之渐，览奏朕怀曷胜愉悦。”意思是：愚蠢的匹夫匹妇都懂得“轻财尚义，慕善乐施”，实在难得，可见朕登基以来整顿天下风俗的成绩很不一般。朕看到这样的奏折，实在是非常高兴。

① 杨启樵:《雍正帝及其密折制度研究》，岳麓书社 2014 年版，第 174—175 页。

集中力量树立正面榜样的同时，雍正也在努力寻找反面教材。

名士钱名世不幸被选中。雍正四年（1726年）四月的一道上谕里说：钱名世这样的读书人毫无廉耻，写诗谄媚奸臣、逆贼年羹尧。所以，朕之前特地为他书写了一块“名教罪人”的匾额，勒令悬挂在钱家，还下旨要求在京科举出身的大小臣工都必须赋诗一首来讽刺钱名世。朕这样做，并不只是为了惩罚钱名世这么一个宵小之辈，而是想让天下臣工都知道，让像他这样的“名教罪人”耻辱地活在世上比直接杀了他更残酷。所以，朕希望“凡读书之士，皆期仰体朕心，人人争自濯磨之故也”，其他的读书人都要扪心自问，好好反省，不要重蹈覆辙。[①]

钱名世被选中，直接原因是他牵涉进了年羹尧一案。

雍正二年（1724年），年羹尧进京，正值如日中天之际。钱名世赋诗八首相赠，当中有“分陕旌旗周召伯，从天鼓角汉将军”一句，用的是周成王年幼，周公与召公辅佐成王分陕而治的典故。雍正读了之后怒不可遏，觉得钱名世是在贬低自己，抬高年羹尧。稍后，雍正又在钱名世的诗中发现一

① 赵伯陶：《落日辉煌：雍正王朝与康乾盛世》，济南出版社2002年版，第89页。

句颂扬年羹尧的："钟鼎名勒山河誓，番藏宜刊第二碑。"这当中也有典故，"第一碑"是康熙为表彰十四皇子胤禵的战功而立，雍正与胤禵素来不和，即位后曾借口碑文没有凸显康熙的功绩，对碑文的内容做了许多修改。钱名世说年羹尧有资格获得"第二碑"，他的诗句让生性多疑的雍正怎么想怎么别扭。①

文人作诗颂扬正春风得意的朝中重臣本是寻常事。钱名世颂扬年羹尧的时候，雍正也正在给年的密折里说什么"你我是千古君臣之遇的榜样"这样的肉麻话。在诸多颂扬年羹尧的读书人当中，雍正之所以单单选中了钱名世，要将他拉出来批倒、批臭，最主要的原因还是钱的那句"分陕旌旗周召伯，从天鼓角汉将军"犯了雍正的大忌讳。皇帝忌讳的不仅仅是钱名世的诗贬低了自己，抬高了年羹尧，还包括周公、召公的典故蕴含的儒家"王道"思想正是雍正极力想要打击、清理的思想"毒瘤"。雍正理想中的君臣之道绝不是周成王与周公、召公之间的那种共享政权的平等关系，而是绝对的主仆关系。

唯有体察到这一点，才能理解雍正为何要给钱名世题写

---

① 赵伯陶：《落日辉煌：雍正王朝与康乾盛世》，济南出版社 2002 年版，第 88 页。

匾额“名教罪人”，也才能理解雍正为何要给所有在京科举出身的官员布置任务，命他们写诗讽刺钱名世，而不是更直接的将钱名世砍头、灭族。“名教罪人”的匾额也罢，集体写诗骂钱名世也好，其实都是为了规训所有的读书人，摧毁他们残存的“与士大夫治天下”的政治理念。

在雍正的运作下，钱名世很快成了举国皆知的反面典型。雍正还将那些讽刺诗汇集起来交给钱名世，勒令他将它们整理、刊刻，出版成书。雍正这样做的目的既是为了毁掉参与写讽刺诗的那些官员最后的人格尊严，也是为了用讽刺诗来规训全国的学子。末了，雍正还不忘指示常州知府和武进县知县（钱名世是常州府武进县人氏），每逢初一、十五，亲自去钱府查看那块“名教罪人”的御赐匾额，看看它是否还稳稳当当地挂在钱家的大堂之上。

二、全面侮辱打击科举出身的官员

雍正三年（1725 年）六月，巡盐御史莽鹄上奏皇帝说：天下有许多钻营附势之徒，他们互通声气，投拜门生，没有中举的人希望靠他们在考场上打通关节，做了官的人希望得到他们的举荐，官越做越大。那些本来不和的人一旦拜了师生，立刻惺惺相惜，互相引荐、说情、徇私舞弊。莽鹄希望朝廷颁布诏令，严禁科举出身的官员搞门生、座主的把戏。[①]

莽鹄的奏折是在刻意揣摩雍正的心思，迎合他的需求。

清代有对官员与士人免除差役、徭役的优待。官员与士人被称作官户、宦户或儒户，对他们的优待催生出了两种后果。第一种是许多底层百姓为躲避朝廷沉重的差役、徭役，想方设法找关系，将自己挂靠在同姓的官户、儒户下面。雍正将之称作"其子孙族户滥冒及私立儒户、宦户"[②]。第二种是底层百姓将自己的田产挂靠在官户、儒户那里，到了纳税的时候，底层百姓就把钱粮交给官户、儒户，由他们代为缴纳。雍正将之称作"生监包揽同姓钱粮以为己粮"[③]。

躲避差役很好理解，包揽钱粮有必要略做解释。在包揽的过程中，底层百姓交给官户、儒户的钱粮往往多于应该交给官府的法定钱粮。百姓之所以愿意多出钱，也要去找官

① 冯尔康：《雍正传》，上海三联书店 1999 年版，第 256 页。

② 《清世宗实录》卷四十三"四年四月戊子条"，见冯尔康：《雍正传》，上海三联书店 1999 年版，第 177 页。

③ 《谕直省督抚晓谕粮户除去儒户宦户名目严禁生监包揽钱粮》，见《中国第一历史档案馆编雍正朝汉文谕旨汇编》第三册，广西师范大学出版社 1999 年版，第 373 页。

户、儒户来代自己纳税，是因为缴纳钱粮并不是往官府的银库、粮库一扔就完事了。在纳税的过程中，他们需要面对粮头、柜吏、仓吏、官银匠等少则七八个、多则十余个环节的刁难与盘剥。这些环节全部走下来，耗费早已远远超出了法定税额。让官户与儒户代缴则没有这样的问题。

嘉庆年间做过军机大臣、直隶总督的蒋攸铦在奏折里给皇帝分析过为什么百姓宁愿多出钱，也要将自己的税粮包给官户、儒户代缴。蒋说："所最苦者，良善乡愚，零星小户，虽收至加五六而不敢抗违……且乡僻愚民，始则忍受剥削，继亦渐生机械，伊等贿托包户代交，较之自往交漕加五六之数，所省实多，愚民何乐而不为？是以迩年包户日多，乡户日少。"[①] 那些老实的零星小户最惨，他们缴纳漕粮，常遭州县官府盘剥，多交法定纳税额度的五六成，也不敢反抗。但即使是老实的愚民，受剥削久了，也会慢慢开窍。他们会发现，其实花钱让人"包户代交"，比起自己去交而被多盘剥五六成更划算。所以，近些年来，民间的"包户"越来越多，自己单独纳税的"乡户"越来越少。

底层百姓两害相权取其轻，找关系依附在官户、儒户

① 蒋攸铦：《拟更定漕政章程疏》，见《魏源全集》第15册《皇朝经世文编》卷34—卷53，岳麓书社2004年版，第488页。

之下，对朝廷来说意味着可供汲取的物力、人力的体量变小了。对找不到关系挂靠的百姓而言，意味着朝廷会将更沉重的赋税和差役压在自己身上。所以，雍正二年，朝廷下诏革除了官户、儒户的名目；雍正四年，又再次下诏规定免差役、徭役的特权仅限于做过官的或有功名的士子本人。与这些新规同时推出的还有“士民一体当差”的新政策。

恰是“士民一体当差”的新政策在河南接连闹出风波。先是雍正元年（1723年），巩县知县张可标贴了一张“生员与百姓一体当差”的告示，引起该县生员不满，控告他贪污腐败。雍正二年五月，封丘县又以修复黄河河堤的人力、资金不足为由，下令“士绅一体当差”，引发了士子集体罢考事件。罢考之前，士绅群集在开封巡抚衙门前投诉，要求废除“士绅一体当差”，维护官户、儒户的尊严。[①]

事件本身不难平息，按常规办法杀几个带头者，组织一场补考，地方很快便能安定下来。但雍正对罢考事件非常在意。他发现，在处置的过程中，只有非科举出身的田文镜积极镇压，科举出身的河南官员则集体态度消极。科举出身的学政张廷璐平日里碰到儒户不肯上缴钱粮，即多有庇护。儒

① 何兆燕：《从“封丘罢考案”看雍正对绅衿的整饬》，《哈尔滨学院学报》2017年第7期。

生罢考，他也自始至终没有半句申饬之言。科举出身的开归道陈时夏负责审讯闹事儒生，但他并不坐堂审案，而是将闹事的儒生请到内衙，彼此以年兄年弟相称。科举出身的按察使张保则拒绝介入罢考事件中来，声称自己只管人命盗案。据雍正接到的密报，甚至连朝廷派去处理罢考事件的钦差大臣也是“初有沽名袒护之意”，即一开始也有意袒护闹事的儒生。[①]

在雍正看来，这是士大夫“彼此为援”，是远比罢考本身更可怕的事情。

清廷自入关以来，始终对有组织的士绅群体保持着高度的戒心。顺治十八年（1661年），为打击江南士绅，清廷曾以“抗粮”为罪名制造过一起“江南奏销案”，被列入整治名单的江南士绅共有一万三千余人之多。这些人被集体革去了功名，“发本处枷责，鞭扑纷纷，衣冠扫地”[②]，即戴着枷锁被拉回原籍，当着本乡父老的面遭受鞭打。有科举探花出身的士大夫仅欠银一厘也遭此厄运；有些人并无任何欠银，竟也在整治名单之中。可见清廷的本意并不在追讨欠款，而

① 《雍正朝汉文硃批奏折汇编》第三册，江苏古籍出版社1989年版，第431—434页。

② 董含：《三冈识略》，辽宁教育出版社2000年版，第81页。

是为了羞辱和击溃江南士绅这个群体。“江南奏销案”造成的结果是江南之地“庠序一空”，将有生员头衔的读书人消灭殆尽。松江府的五所官学原有生员三千余人，“奏销案”后每所官学只剩下数十人。嘉定县剩下的生员甚至成了个位数。

“河南罢考案”很明显是在提醒雍正皇帝，虽然康熙朝六十一年来仍继续维持对读书人思想上的高度管控，但科举录取名额和官学生员名额的增加已让士绅的数量得到了较为可观的恢复（尽管与明朝晚期的规模仍不可同日而语）。雍正有没有想起顺治年间的“江南奏销案”不得而知，但他接下来所做的事情与“江南奏销案”是没有本质区别的。巡盐御史莽鹄也正是看到了这一点，才在雍正三年上奏，请求皇帝严厉打击科举出身的官员玩门生、座主的把戏。

与莽鹄上奏大略同期，田文镜开始在河南大肆弹劾科举出身的官员。他的行为得到了皇帝的大力褒奖，雍正鼓励他“照此秉公执法，一无避忌，放胆为去，保尔永永平安”[①]。有了皇帝“永永平安”的底牌，田文镜工作得更加卖力。到了雍正四年二月，河南境内的读书人已是人人自危。

① 《朱批谕旨·田文镜奏折·四年六月十一日折及朱批》，见冯尔康主编：《清朝通史·雍正朝》，紫禁城出版社 2003 年版，第 184 页。

原广西巡抚李绂因升任直隶总督，恰于此时赴任路过河南，耳闻目睹了这一情况。李绂是康熙年间的进士，也是一位理学名家，在士绅中有很高的声望。他在河南暂住时曾劝田文镜不要刻意蹂躏读书人，田否认自己有这样的用心。进京后，李绂写了一封弹劾田文镜的奏折，里面说田这个人性格阴暗，任用奸邪，还举了几个例证，说田文镜提拔市井无赖为官危害百姓。李绂正受雍正青睐，他的奏折引起了皇帝的重视，且调查之后发现李绂列举的田文镜害民的案例确实不假。田文镜随即受到了皇帝的严厉斥责。

田文镜深谙权术，反击思路别出心裁。在给雍正的密折里，他非常干脆地承认自己提拔的官吏确实害民不浅，确实是失职了，转而开始大谈特谈李绂之所以弹劾自己，完全是出于科举出身的官员“彼此为援”的弊俗。为证实他的指控，田文镜还“考据”出了几个受过他弹劾的河南官员其实是李绂的同科进士。据此，田给李绂扣了一顶“科举朋党徇私为奸”的大帽子。他扣的帽子正中要害。事实上，李绂也明白这层要害，所以他在弹劾田文镜时，绝口不提河南读书人所遭受的折辱，只说有确凿证据的害民事件。田文镜的回奏点破了这层要害。雍正很快就改变了立场，他给田文镜发去御批：“今览尔此奏，乃无稽之谗言也……具折奏来，朕自有道理！”

所谓的“朕自有道理”是皇帝重新表态，给田文镜送去了风羊和荔枝以资鼓励；给李绂扣了一顶“喋喋之辞，而见轻于朕”的大帽子，撤掉了他的直隶总督，先是降为工部侍郎，再降为奉天府尹，最后投入狱中。关押期间，雍正曾两次命人将李绂提至刑场陪绑，用刀架在他脖子上，让他欣赏处决死囚的实况。[①]

李绂失势的同时，一场针对科甲官员的全面打击迅速展开。雍正在谕旨里说，朋党的坏风气一天不清理干净，天下的公理就一天不能得到伸张，为了将这样的坏风气“尽行洗涤”，哪怕废掉千年沿袭的科举，自己也在所不惜。

在这场运动中，被雍正抓出来予以全方位人格羞辱的典型是云贵总督杨名时。杨出自康熙朝重臣李光地门下，也是一位理学名家。李光地去世了，李绂进了监狱，杨名时又对打击科甲官员的运动持有异议，于是就被雍正选中了。

随后，诸多古怪离奇的打击狂风暴雨般砸向杨名时，撤职降级自不必说了。雍正五年（1727年），杨名时奏请疏浚洱海河道，放在平常，这就是一件准或不准的事情，这时却

① 杨启樵:《雍正帝及其密折制度研究》,岳麓书社2014年版,第105—107页。

被皇帝无限上纲上线。雍正说，杨名时这个混蛋在自己即将离任的时候，才提出这样的奏请，显然是想为自己在地方上留下好名声。奏请不用秘密的折本，而非要用公开的题本，也是想让所有人都知道，以博取美誉。再者，这样的好事不留给后任去做，无非沽名钓誉。这样的人“尚得觍颜自命为读书人乎”？说完这些诛心之论，雍正尚不解恨，紧接着下了一道刻薄到极致的命令：既然杨名时想要为地方造福，那不如就命他拿自己的资产来疏浚洱海河道吧。他死了之后，让他的儿孙继续承办，洱海河道的疏浚工程就永远承包给杨名时他们家了。只有这样，才能使天下人知道“沽名邀誉之徒不但己身获罪，而且遗累子孙也”。[①]

为了整垮杨名时，雍正安排了没有科举背景的朱纲去做云南巡抚。朱纲赴云南上任之前，多次蒙雍正召见，面授整治杨名时的方针。朱纲知道自己去做云南巡抚只有一个任务，就是按雍正的秘密交代整治杨名时，而完成任务的标准是查出杨名时贪污腐败的罪证，给他扣上“假道学”的帽子，进而将之问成死罪，也就是从肉体与精神上作双重消灭。所以，他一到云南就雷厉风行地掘地三尺，却没有挖出

① 《四库提要著录丛书·史部》，北京出版社 2010 年版，第 475—476 页。

什么值得大做文章的东西，反将雍正的宠臣李卫的诸多不法勾当给顺藤摸瓜挖了出来。无奈之下，雍正只能在朱纲弹劾杨名时任内粮仓、钱库存在亏空的奏折上批示：朕知道，这些亏空是布政使常德寿的杰作，与杨名时无关，但他在任时没有弹劾常德寿，表示他很乐意为这些亏空负责。勒令他来赔偿这些亏空，常德寿免罪，不予追究。①

再然后，雍正又决定让杨名时进京，当面接受训斥。沿途各地官员都接到了圣旨：杨名时进京的路上，不许任何人以礼接待，不许任何人为他鸣冤，不许出现任何不和的声音。必须让杨名时感到，他在这个世界上是孤立无援的。

这是一场旷日持久的人格侮辱运动。自雍正四年起，每个上任的官员都负有打压科举出身的官员的政治任务，皇帝甚至还为他们定下了具体的指标。最终，雍正得偿所愿，在清帝国造就了一种“天下方轻读书人,不齿举人进士”②的新风尚。

---

① 郭成康:《政治冲突与文化隔阂：杨名时案透视》,《清史研究》2002 年第 4 期。

② 汪景祺:《读书堂西征随笔·缪礼科条奏》,见冯尔康主编:《清朝通史·雍正朝》，紫禁城出版社 2003 年版，第 183—184 页。

三、以密折困锁群臣而自困

除了侮辱科甲官员的人格，雍正还有一个治理天下的不二法门，那就是密折制度。

密折是皇帝赋予特定官员秘密奏事的特权，出现于康熙年间，如江宁织造曹寅就拥有给皇帝写密折的特权。康熙认为明代的厂卫容易尾大不掉，也看不起明太祖微服私访的手段，故创造了密折制度。康熙对自己的判断力极为自负，不止一次言及自己在甄别真伪方面的经验极为丰富，自信“人不能欺朕，亦不敢欺朕，密奏之事，惟朕能行之耳”。[①]

雍正对自己的判断力的自信远甚于康熙。登基之后，密折制度即上升为皇帝治国的主要手段。康熙晚年虽一再鼓励臣下密折奏事，但规模一般，参与密奏者不过百余人；雍正朝短短十三年，参与密奏的官员多达一千一百多名。康熙朝六十一年，现存朱批过的密折不过数千件；雍正朝十三年，现存朱批过的汉文奏折三万五千余件，满文奏折七千余件，其中大部分属于密折，可见雍正对密折的情有独钟。[②]

① 杨启樵：《雍正帝及其密折制度研究》，岳麓书社 2014 年版，第 166 页。
② 史松：《雍正研究》，辽宁民族出版社 2009 年版，第 194 页。

利用密折制度，雍正将清帝国的核心官员全部纳入自己的间谍网络之中，官员们的一举一动全在他的掌握之中。同时，他也成功将自己丢入了如山的垃圾奏折之中。

雍正常常在朱批里痛骂地方官给自己送垃圾奏折，增加自己的工作量。比如雍正三年二月初三，广东巡抚年希尧上呈3件奏折，雍正阅后发现，奏折的内容早已报告过了，于是在朱批里责备道："业经报明该部之事，又何必多此一奏，想尔粤省更无事可入告矣。如许遥远，特差人赍奏此三事，殊为可笑。"①

雍正也很讨厌地方官员上折子谢恩、表决心。这样无用的奏折占去了皇帝大量的办公时间，让他不胜其烦。他在朱批里反复强调自己没时间，让地方官员不要再写了送来。比如雍正三年，福建学政黄之隽多次上折子叩谢皇恩，赞颂谕训。雍正无奈回复道："凡百只务实行，不在文字语言，颂圣具文，朕实厌览。此数奏甚觉浮泛不实，如此等之奏，再不必，朕实无暇。"②

---

①《雍正朝汉文朱批奏折汇编》第四册，江苏古籍出版社1991年版，第409页。

②《雍正朝汉文朱批奏折汇编》第五册，江苏古籍出版社1991年版，第874页。

雍正九年（1731年）十一月，镇海将军王鈇上奏，说自己月前接到朱批的谕旨，里面有皇上的“谆谆告诫”，自己“捧读之下，感激愈深”，决心为皇上效犬马之力，否则自己就不配为人。雍正读到要吐，在回复里表示，自己实在不知道该怎么批复这样的垃圾奏折：“汝等汉军人人如此奏，如出一口，言行相符者百无一二，朕实难以批谕……行与朕看，不必务言于朕听也。”[①]

对宠信的心腹之人送来的垃圾奏折，雍正的朱批一般较为温情。但他的温情之中仍透露出深深的无奈——越是心腹，越没有办法对他们的垃圾奏折视若不见。比如，他曾如此批复河南巡抚田文镜：“你差人奏折太勤了，何必费此无益盘缠，况朕日理万机，亦觉烦索。你奏来，朕自然批谕，若如此来往，则无宁止矣。”[②] 意思是，你递奏折的频率也太高了，不要浪费这个钱，而且朕日理万机，也觉得烦。你送奏折来，朕自然是要批复的，批复了，你再回奏谢恩，朕再批复，这样来来往往，就无休无止了。

葛森是雍正的藩邸旧人，他担任贵州布政使期间，也很

---

① 《雍正朝汉文朱批奏折汇编》第二十一册，江苏古籍出版社1991年版，第513页。

② 李国荣：《雍正严禁臣工渎奏》，《北京档案》1999年第8期。

爱给雍正写垃圾奏折。雍正设身处地站在葛森的角度来理解这个问题，觉得他这么干，可能是为了显示自己与皇帝的亲密关系，进而“挟制上司恐赫（吓）属员”，所以如此回复他：“路途远，若无应奏事件，何必塞责，徒劳往返。若以此为挟制上司恐赫（吓）属员之举，尤其不可不必者，志之，勉力做好官，务实行。若倚仗小才技弄聪明，非长策也。”[①]

遇到非心腹之人送来的垃圾奏折，雍正的批复就没这么好脾气了。比如，雍正五年十二月初十，江南总督范时绎上了一道折子，说自己的辖区瑞雪普降，还造了一尊龙的神像。雍正读完勃然大怒，大骂范时绎汇报垃圾信息，毫不体谅自己日理万机之苦：“朕日理万机，毫不体朕，况岁底事更繁，那（哪）里有功夫看此幕客写来的闲文章，岂有此理！”[②]

雍正的十三年皇帝生涯，可以说是埋头批阅垃圾奏折的十三年，每天批复奏折的平均文字量高达八千字。他不断责备下面的人不体谅做皇帝的辛苦，不断给自己送来垃圾奏折。殊不知，他自己才是垃圾奏折产生的核心原因。

---

① 《雍正朝汉文朱批奏折汇编》第二十册，江苏古籍出版社 1991 年版，第 654 页。

② 《雍正朝汉文朱批奏折汇编》第一册，江苏古籍出版社 1991 年版，第 21 页。

在康熙年间，有资格以密折奏事者不过百余人。雍正上台后玩起了“密折治国”，获准参与密奏的官员多达一千一百多名，相当于将清帝国中上层的核心官僚全部纳入了一张巨大的间谍网之中。这张网辐射全国，间谍们彼此隔绝，只许与皇帝单线联系。任何情报，无论是身边的还是别省的，无论有没有确凿证据，都可以直接报告皇帝，由皇帝甄别。所有人都处于他人的监控之下，所有人都知道自己身边有皇帝的间谍，而不知道谁是自己身边的那个间谍。亦即，雍正时代的中高层官场，人人都是监视者，人人也都是被监视者。

比如，雍正曾通过密折命广东布政使王士俊监视广东巡抚傅泰，同时让傅泰监视王士俊；命两广总督郝玉麟监视王士俊，又命王士俊监视郝玉麟；命傅泰、两广总督孔毓珣（与郝玉麟存在时间差）、广州将军石礼哈等三人同时监视广州提督王绍绪，三名监视者互不知晓对方的秘密任务。雍正希望通过这种手段，将千里之外的广东官场掌控在手。①

在密奏制度下，每个地方官员的命运极大程度上取决于密折（包括自己的和别人的）留给雍正的印象。雍正个人的

① 杨启樵:《雍正帝及其密折制度研究》,岳麓书社2014年版,第180—184页。

喜怒与爱好成了他们递送密折时最关心、最需要揣摩的问题。海量的垃圾奏折正是在各位官员微妙的揣摩下产生的。

礼节性的谢恩折子是雍正朝的垃圾奏折里的一个重要门类。雍正曾一再告诫地方官员不要专程派人来呈递谢恩折子，要谢恩的话，可附在其他有实质性内容的奏折里一并送来。比如，雍正二年，云南提督郝玉麟收到御赐孔雀翎，派人赴京送折子谢恩，雍正的批复是："路远，如此等谢恩之章奏，不必特使人来。"[①] 雍正五年，福建海坛总兵朱文接到雍正的朱批谕旨，派人送折子谢恩，雍正的批复是："再有些微赏赐，随便训谕之旨，路途遥远，不必特差人回奏，若有应奏事宜之便，再一并奏谢。"[②]

但地方官员绝对不敢把雍正的这些批复当真，因为在这方面有很多"血的教训"。

比如，在给山东巡抚陈世倌的朱批中，雍正曾经大骂浙江巡抚黄叔琳，说他多次接到自己的朱批谕旨，竟然不上奏谢恩，实在是可恶至极："黄叔琳自任浙抚以来，大负朕恩，

---

① 《雍正朝汉文朱批奏折汇编》第二册，江苏古籍出版社 1991 年版，第 925 页。

② 《雍正朝汉文朱批奏折汇编》第十册，江苏古籍出版社 1991 年版，第 848 页。

种种不可枚举。朕经严谕数次，竟无一字奏覆，封还朕谕，可恶至极！”黄叔琳当时因他事犯错，惹怒雍正，结果雍正跟他翻起了不谢恩的前账。在给浙江提督石云倬的朱批中，雍正也在谢恩的问题上大发雷霆：“朕诲汝许多格言，何啻珍宝。况悉系亲笔所书，未见汝感激奏谢一字。似此随众赏赐些微物件，乃长篇大论以相烦渎，殊属不知轻重、不识大体之至！可惜朕一片苦心训诲汝如此顽蠢之人。自此亦不再训不再赏赐矣。”石云倬送了一道长篇大论的垃圾奏折来感谢皇帝赏赐的物品。雍正被他的垃圾奏折弄得心情非常烦躁，又开始翻旧账，怒斥石云倬曾得到自己赏赐的“许多格言”，竟然没有上奏谢恩。[①]

皇帝的雷霆之怒自然会提醒那些困于密奏制度的中高层官僚，谢恩折子一定要写，而且最好单独写、尽快写。写晚了，送晚了，凉了皇帝的心，指不定就会变成“未见汝感激奏谢一字”，那事情就麻烦了。写垃圾奏折至多不过挨骂，不写却很有可能让皇帝疑心自己的忠诚，孰轻孰重一目了然。

---

① ［日］宫崎市定：《雍正帝：中国的独裁君主》，社会科学文献出版社 2016 年版，第 186—187 页。

雍正的信条是“以一人治天下”[1]，且不容任何人挑战他的权威。马尔齐哈曾在奏折中引用《论语》中的名言“笾豆之事，则有司存”，意思是祭祀、礼仪方面的事务自有主管的官员负责。结果引来雍正痛批，说他拿这个句子说事实在居心叵测，肯定是想要蒙蔽自己，“其心不欲朕详查，则伊等邀结党羽，任意擅行”。[2]

如此，雍正就只能既以官僚集团为统治基础，也以他们为重点防范对象。早在雍正二年七月，他就颁布过著名的《御制朋党论》，大张旗鼓批评官员之间的横向交往，还将儒家知识分子赞颂了几百年的欧阳修《朋党论》斥为歪理邪说。欧阳修说，朋党是个很正常的东西，自古以来就是君子与君子“以同道为朋”，小人与小人“以同利为朋”，皇帝应该做的不是禁止朋党，而是远离小人的伪朋党，亲近君子的真朋党。雍正说，欧阳修简直是胡说八道，他要是活到今天还敢发这种议论，我一定会当面痛斥他，让他幡然悔悟。[3]

针对科举出身的官员的人格侮辱和密折治国都是为了实

① 雍正于故宫三希堂西暖阁题有对联“惟以一人治天下；岂为天下奉一人”。

② ［日］宫崎市定：《雍正帝：中国的独裁君主》，社会科学文献出版社 2016 年版，第 182 页。

③ 《御制朋党论》，见《世宗宪皇帝御制文集》，文渊阁《四库全书》本第五卷。

现这个目的。前者试图以运动的形式打掉士绅在社会上的尊严、地位与影响力；后者试图通过制度建设的方式，将整个官场变成一个互相监视、互不信任、互相告密的地狱。

构建地狱的雍正必然会掉进这地狱之中。他在朱批里反复告诫地方官，要识大体，要明白什么事该奏报给皇帝处理，什么事不该奏报。也就是要体谅皇帝的辛苦，不要乱递垃圾奏折。但他的告诫不会有效，因为“以一人治天下”与要求官员识大体之间存在着不可调和的矛盾。密奏制度将官员集体变成了提线木偶，“笾豆之事，则有司存”的责有攸归的理念也遭到了皇帝的否定。对雍正朝的官员而言，现实很清晰：将问题送到雍正案前，求取朱批圣裁，才是理想的工作模式。

于是就出现了这样的结果：雍正将自己累了个半死，只能在密折里跟心腹宠臣李卫吐槽“朕代各省督抚办理者十居六七”[①]，即各省督抚十之六七的工作都是雍正替他们做的。地方官员则不断在谢恩折子里批评自己如何如何愚蠢，赞颂皇帝如何如何圣明。

当然，自批愚蠢的垃圾奏折看得多了，雍正也就明白过

① ［日］宫崎市定：《雍正帝：中国的独裁君主》，社会科学文献出版社 2016 年版，第 152 页。

来了——这些人自贬愚昧，赞颂皇帝的决策英明，实为懒政。在朱批里，雍正留下了大量严斥官员以“庸愚”自居的内容。比如，陕西总督查郎阿的奏折里有“(皇上)鉴照无私，惟臣才识庸愚，见不及此”的句子，雍正用朱笔把“才识庸愚”四字划去，批复道:“朕深恶此等字句，你虽甘以庸愚自居，则朕以庸愚人寄托三省严疆重任，则朕之庸愚更胜汝之庸愚也!”你说自己平庸、愚蠢，那朕任用你做地方大员，朕岂不是比你还要平庸、愚蠢?再如，福建巡抚常赉上奏说更调水师武弁的事情，皇上的指示最为圣明，“臣跪读之下，顿开愚昧，仰见睿虑周详，无微不到，实非臣下愚浅陋之识所能窥”。雍正读了之后大怒，批复道:“‘顿开愚昧’四字岂可唐(搪)塞耶?胡说至极!”显然，雍正也知道称自己“顿开愚昧”已成了地方官员常规的避责手段。[①]

这些严厉的斥责不会起效。皇帝既然要“以一人治天下”，臣僚也只好玩“以天下奉一人”，事事禀报，等待皇帝圣裁。

---

① 张书才:《雍正帝严斥官员以“庸愚”自居》,《历史档案》1993年第3期。

第十五章

同光中兴的逻辑

咸丰十一年（1861 年）是清帝国命运的转折点。

这年八月，咸丰皇帝爱新觉罗·奕詝死在了热河行宫。他生前留下的人事布局——肃顺、载垣、端华等八名顾命大臣被恭亲王奕䜣联手慈安、慈禧两宫太后，以秘密政变的形式逮捕。肃顺被直接处决，赐载垣、端华自尽，余者或被革职，或被充军。

前任皇帝及其八人核心班底被连根拔起，清帝国的内政与外交有了改弦更张的空间。

一、咸丰的外交与肃顺的内政

咸丰皇帝奕詝自二十岁登基，即致力于在对外政策上重拾“以夏制夷”的昔日荣光。

那些在道光年间因主张抚绥议和而受重用的官僚，在咸丰初年纷纷下台。浙江宁绍台道咸龄被开缺的罪名是“惟夷首之言是听”，闽浙总督刘韵珂与福建巡抚徐继畬被免职的罪名是“委曲以顺夷情”；朝中重臣穆彰阿与耆英被革（降）职时，皇帝甚至亲笔撰写了他们的罪状，说他们排挤中伤主战派，“抑民奉夷”。[①] 取而代之的政坛红人，是那些长期被弃用的主战派，比如曾在中国台湾与英国人发生武力冲突的姚莹。

可惜的是，皇帝的强硬立场基于他盲目的自信，并无真正的实力作为支撑。

咸丰八年（1858 年），英法联军兵临城下，不得不接受《天津条约》的咸丰皇帝，只能将帝国的荣光寄托在外交礼仪之上。他向前方负责谈判的官员下达指示，要求条约中必须规定西方使节来华，“一切跪拜礼节，悉遵中国制度，不得携带家眷”[②]，理由是：若允许西方使节觐见皇帝，以鞠躬代替跪拜，自己必会颜面尽失，清廷何以为天下共主？

但清军毕竟战败了，咸丰的指示无法得到贯彻。中英《天津条约》的第三款中，白纸黑字规定，英国乃自主之邦，

① 郭廷以：《近代中国史纲》，上海人民出版社 2015 年版，第 83 页。

② 《筹办夷务始末·咸丰朝》第三册，中华书局 1979 年版，第 985—986 页。

与中国平等，大英钦差大臣觐见大清皇帝，必须使用英国使节拜谒其他国家元首的统一礼节。

可用的对策只剩下回避与西方国家使节会面。咸丰十年（1860年），因为换约纠纷，英法联军自天津攻入通州。咸丰对联军的八项议和条件全部应允，唯独对英方提出的国书须"亲呈大皇帝御览"一条表示"万难允许"，责令负责谈判的怡亲王载垣坚决抵制，还说了重话——若抵制不成，"该夷固执前说，不知悔悟，唯有与之决战"。①

当然，决战并不存在。皇帝匆忙逃去热河，英法联军攻入京城，烧掉了圆明园。恭亲王奕䜣奉命收拾残局，与列强签订《北京条约》。洋人退去，英、法两国也承诺不再坚持让公使觐见皇帝"亲递国书"。但咸丰对他们的承诺并不放心（毕竟外国公使已经正式进驻北京），他坚持留在热河，不愿返回京城，且对恭亲王奕䜣以平等礼仪与洋人会见一事伤心欲绝："此次夷务步步不得手，致令夷酋面见朕弟已属不成事体，若复任其肆行无忌，我大清尚有人耶？"②

① 《中国近代史资料丛刊·第二次鸦片战争》第五册，上海人民出版社1978年版，第85—86页。

② 《中国近代史资料丛刊·第二次鸦片战争》第五册，上海人民出版社1978年版，第269页。

咸丰十一年，咸丰在承德去世。清帝国在外交上紧绷了多年的强硬立场瞬间松弛了下来。

肃顺是咸丰高度倚重的权臣。他并不是一个坏人，甚至可以说，在咸丰年间他是一名少见的有政治理想的高层官僚。作为满人，肃顺很愿意结交、重用汉人。《奴才小史》里说，肃顺当政之时，对待满官“眦睢暴戾，如奴才若”，对待汉官却“颇为谦恭”，理由是“咱们旗人浑蛋多”。曾国藩、胡林翼、左宗棠等人在咸丰年间得到重用，都与肃顺有直接关系。曾国藩升任两江总督是肃顺的建议；左宗棠遭人弹劾，也是肃顺维护；郭嵩焘等开明的汉族知识分子也是肃顺着意结交的对象。①

肃顺还是咸丰朝整顿官场腐败最积极的人。咸丰八年，他查办“戊午科场案”，杀了包括大学士柏葰在内的五位中央官员，数十名高官与新中举人被革职或流放。咸丰十一年，户部为逃避肃顺对“宇字五号案”的追查，纵火焚烧了户部档案，大火持续了六个时辰，相关文档、字据付之一炬。户部被逼到这种程度，可见肃顺反贪是在玩真的。所

① 高中华:《肃顺与曾国藩集团关系述论》,《中国国家博物馆馆刊》2012 年第 3 期。黎泽济:《郭嵩焘和肃顺的关系：对〈清史稿〉的一点质疑》,《学术月刊》1988 年第 9 期。

以，大火之后，仍有数十名高官被革职、抄家。[①] 此外，肃顺在政治生涯晚期（即被杀前夕），还曾"奏减八旗俸饷"，理由是"满人糊涂不通，不能为国家出力，惟知要钱耳"[②]，不足以充当朝廷的统治基础，还要消耗朝廷大量的金钱。

凡此种种，都是对既得利益集团的侵害。所以，处决肃顺让整个官僚集团欢欣鼓舞，囚车经过之处，"其怨家皆驾车载酒，驰赴西市观之"，前往围观，指使儿童朝囚车扔泥土、瓦块，痛骂"肃顺亦有今日"。[③]

肃顺死了，清帝国官场多年来的战战兢兢也瞬间松弛了下来。

二、恭亲王奕䜣与慈禧太后的改革

咸丰要做的是维护清帝国"天下共主"的尊严，肃顺要做的是维护清帝国官僚系统的廉洁、高效。抽象而言，肃顺

---

① 王家范:《肃顺之死:晚清史随札》，见《中华文史论丛》第六十二辑，上海古籍出版社 2000 年版。

② 薛福成:《庸庵文续编》下卷，见王继平:《晚清湖南史》，湖南人民出版社 2004 年版，第 151 页。

③ 薛福成:《庸庵笔记》卷一，见邓云乡:《宣南秉烛谭》，河北教育出版社 2004 年版，第 59 页。

的这两件事情似乎均有助于维护政权，但具体来看未必。咸丰说，“该夷固执前说，不知悔悟，唯有与之决战”，但清军与英法联军作战并无胜算。肃顺大刀阔斧动旗人的蛋糕，虽然提高了官僚集团的效率，但旗人是清廷的重要统治基础，他们的反弹会给朝局带来难以估测的震荡。

如今，咸丰与肃顺都死了。纠正他们生前的内政、外交路线就成了议政王奕䜣与新晋太后慈禧的首要之务。

英法联军初来时，奕䜣也曾是主战阵营里的一员。奉命议和之初，他仍幻想着可以整顿清军固守京城，一度强硬要求联军先行退兵，再释放扣押的英、法俘虏。但现实无情，清军不但一触即溃，而且“开门纳敌”，联军几乎未损一兵一卒就进了北京城。留给奕䜣的只剩下城下之盟。

签订《北京条约》时，奕䜣的内心是忐忑的，他担忧“目前之所失既多，日后之贻害无已”[①]。但联军“以万余众入城，而仍换约而去，全城无恙”[②]，即竟能依照条约，主动退出京城，又让他颇感意外。在给咸丰的汇报里，他说洋人

① 《中国近代史资料丛刊·第二次鸦片战争》第二册，上海人民出版社1978年版，第160页。

② 沈兆霖：《吁请回銮疏》，见《近代中国对西方及列强认识资料汇编》第一辑，1972年版，第743页。

“渐觉驯顺”“志在通商”，并无夺取清帝国政权的野心，可以用信义来笼络他们，“驯服其性”①。驯顺、驯服等字眼既是在迎合咸丰的口味，多少也代表着奕䜣内心的真实想法。

真正让奕䜣对近代外交产生信任的是同治三年（1864年）的“李福斯事件”。当年春，普鲁士首任驻华公使李福斯乘坐军舰由天津进入北京，计划赴总理衙门面见奕䜣呈递国书。在大沽口，李福斯见到三艘丹麦商船，遂将其扣押（普鲁士与丹麦当时处于战争状态）。刚刚接触到《万国公法》的奕䜣以国际法为依据，谴责李福斯，说他在中国海面扣留他国船只是对中国主权的侵犯，扬言此事若不能得到合理解决，总理衙门将拒绝接待李福斯一行。李福斯只好派人到总理衙门谢罪，承认此事“咎在我国”。②

同治三年（1864年）七月，奕䜣奏请拨款印刷《万国公法》。在奏折里，奕䜣特意强调了李福斯事件：“本年布国（普鲁士）在天津海口扣留丹（麦）国船只一事，臣等暗采该律例中之言，与之辩论，布国公使即行认错，俯首无

① 《中国近代史资料丛刊·第二次鸦片战争》第五册，上海人民出版社1978年版，第272页。

② 王维俭：《普丹大沽口船舶事件和西方国际法传入中国》，《学术研究》1985年第5期。

词。”[①] 次年正月，三百部由总理衙门大臣作序的《万国公法》被分发给各省督抚参考、备用。清帝国终于尝试走出“华夷秩序”，开始意识到遵守条约、遵守国际法的重要性。

大约在同期，清帝国的官僚也看到了来自慈禧太后的极大善意。

慈禧太后不关心科举考试是否公正，也不关心官员群体是否贪腐成灾，她关心的是官僚集团对最高决策层（也就是她自己）的向心力。她的执政方针是“博宽大之名”。派人负责科考搜检工作，太后的指示是“勤慎当差，莫要多事”[②]——好好干，别像肃顺那样整出一大堆事情来。见到御史弹劾自己的亲信，太后的第一反应是“此无他，不过我所用之人总不好”，想弄死这个对自己没有向心力的御史，而当获悉御史搞这种弹劾，不过是在敲打官场，提醒别人不可忘了给自己多送炭敬时，太后的反应就成了大笑。[③] 太后很明白，官僚的日子过舒服了，才会更加拥护自己，自己的日子也才能过得舒服。

① 蒋廷黻编著:《近代中国外交史资料辑要》，湖南教育出版社 2008 年版，第 373 页。

② 小横香室主人:《清朝野史大观》卷四《科场舞弊》，河北人民出版社 1997 年版。

③ 黄濬:《花随人圣庵摭忆》，上海古籍出版社 1983 年版，第 13 页。

除了遵守条约，承认国际法，融入国际社会和与官僚集团和解这两项，奕䜣与慈禧在咸丰十一年启动的改革还有一项内容——积极将西方的军事、工业技术引进过来。不过，与世隔绝太久，引进并非易事。“阿思本舰队事件”就是一个惨痛的教训。

同治元年（1862年），奕䜣试图通过总税务司李泰国（英国人）从英国购回一支现代化的舰队。但李泰国有着奕䜣不知道的盘算，他拿了清廷的钱，致力组建的却是一支完全由英国人掌控、只听命于自己的私人舰队。同年十一月，李泰国与他选定的舰队司令阿思本（原英国海军将领）在伦敦签署了一份包括十三项条款的合同，其中第二条规定：“凡中国所有外国样式船只，或内地雇外国人管理者，或中国调用官民所置各轮船，议定嗣后均归阿思本一律管辖调度。”意思是：阿思本不仅是这一支舰队的司令官，也是中国所有官船（无论中央和地方）的司令官。第四、第五条又规定：“凡朝廷一切谕阿思本文件，均由李泰国转行谕知，阿思本无不遵办；若由别人转谕，则未能遵行。”“如有阿思本不能照办之事，则李泰国未便转谕。”意思是：舰队虽然是中国出钱购买的，名义上属于清帝国，但舰队司令阿思本只听李泰国的指挥；李泰国名义上接受清廷领导，但只要他不同意，就可以拿“阿思本不能照办”为理由，拒绝将清廷的旨意传达给阿思本。[①]

如果李泰国的阴谋得逞，那么他将拥有一支几乎可以完全控制东亚的可怕的海军力量，李泰国有可能成为整个东亚的“太上皇”。

奕䜣察觉到情况不对时，钱已经花了出去，而且超支。总理各国事务衙门的官员无法从李泰国那里获知任何关于那支舰队的详细报告，无法掌握具体的开销账目，根本不知道李泰国把钱花在了哪里。而李泰国招募的六百多名英国官兵已经到位，“合同十三条”也已经签署完毕。同治二年（1863年）七月，阿思本率舰队抵达天津，与李泰国一道威胁清廷，要么接受既成事实，要么听任阿思本解散舰队，清廷的全部投入将血本无归。最后，在美国驻华公使蒲安臣的提点和斡旋下，军舰被送回英国，由英方负责变价出售，李泰国被解职。有统计称，在这场闹剧中，不算中间的人事成本，清廷支出白银172万两，收回102.1万两，白白亏损了69.9万余两。[②]

直接搬运的损失如此惨重，培养合格的技术人才就成了

① 戚其章：《论“英中联合海军舰队”事件》，《社会科学辑刊》1991年第3期。

② 张雪蓉：《“阿思本舰队”糜费考辨》，《历史教学问题》1991年第3期。

洋务运动的当务之急。同治五年（1866年），奕䜣上奏请求在他一手创办的京师同文馆内添设“天文算学馆”，理由是“洋人制造机器、火器等件，以及行船、行军，无一不自天文算学中来”。为了堵住反对者的嘴，奕䜣还在奏折里胡说，宣称西学的根在中国，只不过洋人心思缜密，善于运思，所以现在的水准才高于中国。但究其本质，西学的源头仍然是中学。他希望，翰林院里那些负责编修的庶吉士也能够放下成见，加入天文算学馆，将自己培养成合格的技术人才。①

成见是不可能放下的，因为成见关乎切实的利益。朝廷要培养技术官僚，政治官僚不可能没有话说。大学士、帝师倭仁亲自披挂上阵，强调立国之道在“在人心不在技艺”，痛骂奕䜣的做法是“以夷变夏”，将会招致亡国灭种的结局。倭仁是清帝国政治官僚的最高代言人，在他身后，还有李鸿藻、翁同龢、徐桐等一群政治官僚结成了同盟，在声势上，远非奕䜣一人所能抵御。

不过，倭仁等人的声势再大，在同治五年的“同文馆之争”中也不会有胜算。培养技术官僚的目的是为了更好地维系爱新觉罗氏的统治，政治官僚的利益必须为爱新觉罗氏的

① 《中国近代教育史资料汇编·洋务运动时期教育》，上海教育出版社1992年版，第43—45页。

利益让道。所以，纷争进入白热化后，两宫太后站了出来力挺奕䜣，下旨要求倭仁随时留心寻访精于天文算学的国人，且命他在总理各国事务衙门行走。倭仁高举反对西学的旗帜，这个职务对他是一种含蓄的羞辱。

三、同治中兴的含金量

靠着两宫太后的支持，奕䜣获得了1866年“同文馆之争”的胜利。对奕䜣而言，这不是一件值得高兴的事情。五年前，他本是议政王，与两宫太后共同执政，是清帝国双头政制的一端，他可以对倭仁下达命令，而不必求助于两宫太后。

但双头政制没有办法在改革中维持稳定。所有的改革本质上都是利益的重新分配，任何一头因为改革而获益，都会导致另一头的不满，进而就会出现改革的绊脚石。当奕䜣通过支持曾国藩、李鸿章等人在改革中获得越来越多的权力时，慈禧太后是不高兴的。同治四年，慈禧太后与议政王当面起了冲突。慈禧责备奕䜣重用汉人：“这天下，咱们不要了，送给汉人吧！”奕䜣不服，慈禧又发飙：“汝事事与我为难，我革汝职。”奕䜣回嘴：“臣是先皇第六子，你能革我职，不能革皇子。”他从久跪中擅自站起，慈禧又“大呼，言恭王欲打她”，太监们只好先把奕䜣弄了出去。[①]

次日，慈禧写下一份字体幼稚、错字连篇的亲笔懿旨，责备奕䜣自当上议政王以来，“妄自尊大，诸多狂敖（傲），以（依）仗爵高权重，目无君上，看朕冲龄，诸多挟致（制），往往谙始（暗使）离间，不可细问……”[②]，宣布革去奕䜣的一切职务。

慈禧与奕䜣翻脸的这一年是同治三年，当年湘军攻陷天京，太平天国已成强弩之末。在这个时节拿“重用汉人”跟奕䜣算账，明摆着是要煽动朝中心怀不满的满族亲贵，打破双头政制，将奕䜣从议政王的位置上拉下来。

满族亲贵确实有很多的不满。1864 年，全国总督缺额十名，旗人只占其二席，汉人占了八席；全国巡抚缺额十五名，全部被汉人占据。但奕䜣也有他的苦衷。自咸丰元年（1851 年）太平天国起事，为了保住爱新觉罗氏的皇权，重用汉人为地方督抚就一直是朝廷的既定策略。道光三十年

---

① 《同治实录》卷一三二，见徐泰来:《洋务运动新论》，湖南人民出版社 1986 年版，第 359 页。

② 白寿彝主编:《中国通史》第 11 卷《近代前编》（下）引“中国第一历史档案馆藏朱谕原件”，上海人民出版社 2013 年版，第 1026 页。括号内文字是对慈禧错别字的更正。

（1850年），全国总督缺额十名，旗人只占四席，汉人占了六席；巡抚缺额十五名，旗人只占一席，汉人占了十四席。[①]之后，咸丰年间，清廷一直在与太平天国作战，肃顺也就一直在重用汉人。奕䜣的所作所为不过是因袭旧制，慈禧给他扣大帽子，说他重用汉人是要葬送爱新觉罗氏的天下，他自然不服。

1865年，奕䜣的议政王头衔被摘去。但靠着与慈安太后、文祥、醇亲王及曾国藩、左宗棠、李鸿章等地方督抚之间的亲密关系，他仍得以继续执掌军机处和总理各国事务衙门。他与慈禧之间的关系也由“双头政制”变成了“一二线关系”。慈禧在二线垂帘，成了最终决策者。奕䜣在一线忙碌，成了信息枢纽，成了中转站、提议者和执行者。光绪二年（1876年），文祥去世。光绪七年，慈安太后去世。奕䜣的支持者日渐凋零，他与慈禧之间的一二线关系也愈发明朗。

双头政制脆弱，一二线关系同样不好维系。因为一线执行者天然要做二线决策者的替罪羊，奕䜣与慈禧也不例外。到了光绪十年（1884年），终于发生了甲申易枢，慈禧对军

① 朱东安：《曾国藩集团与晚清政局》，团结出版社2013年版，第41页。

机处和总理衙门大换血，恭亲王的势力被迫从朝堂全面退出。“甲申易枢”缘于中法战争的失利，奕䜣领导的军机处确实应该负责任，但失利的核心原因是朝廷和战不定，而和战不定的根源在于慈禧的立场不明。她一面以谕旨安抚致力于维持和局的李鸿章，又同时放纵朝中清流弹劾主和派，导致军机处无所适从。但慈禧身在二线，战败的锅只能由在一线主持政务的奕䜣来背。

尽管李鸿章说甲申易枢让他“念之心悸”[①]，但慈禧与奕䜣之间的权力斗争并未改变时代的走向。奕䜣之前如何重用汉人督抚，慈禧也继续如何重用汉人督抚。奕䜣之前可以接纳条约外交，与列强改善关系，慈禧也可以容忍各国公使觐见皇帝不行跪拜之礼。奕䜣如何支持李鸿章的洋务，慈禧也继续如何支持李鸿章的洋务。

于是，就有了所谓的“同治（光）中兴”。1863 年，在太平天国行将溃灭之际，通政使王拯即上奏说“此诚我国家运际中兴，千载一时之际会也”；1875 年，又有陈弢收录朝臣奏章编辑成书，直接定名为《同治中兴京外奏议约

① 《李鸿章致张佩纶·光绪十年三月十五日》，见《李鸿章张佩纶往来信札》，上海人民出版社 2018 年版，第 371 页。

编》。[1]在整个19世纪70年代，“同治中兴”之说得到了朝野大多数人的认同。

同光中兴的发生逻辑，扼要来说包括三点：

1. 战事上，依赖重用汉族士绅，向地方督抚放权——主要是在人力物力的汲取方面，赋予地方更大更灵活的权力；支持湘军与淮军，击溃了太平天国与捻军。正如印鸾章《清鉴》里所总结的那般：“（慈禧）听政之初，军事方亟。两宫仍师用肃顺等专任汉人策。内则以文祥、倭仁、沈桂芬等为相，外则以曾国藩、左宗棠、李鸿章等为将。自军政吏治，黜陟赏罚，无不咨询，故卒能削平大乱，开一代中兴之局。”也就是与秦制王朝的统治基础官僚集团达成和解、结为利益共同体（或谓向官僚集团让权让利），以应付内乱。[2]

2. 内政上，依赖开征厘金与整顿关税，让财政系统摆脱瘫痪重新运转，支持了洋务民用企业、军工企业和新式海军的创建。以关税为例，在学习欧美引入近代海关制度，并聘用洋人进行管理之前，清廷的关税是“承包”给地方的，地方只管缴足中央的定额，定额之外横征暴敛的数额，从来无

① 任念文:《论“同治中兴”》，见《晚清政治散论》，山西人民出版社2008年版，第78—79页。

② 印鸾章:《清鉴纲目》，岳麓书社1987年版。

人知晓。时人估计，中央拿到的定额，不到地方实际横征暴敛总额的十分之一。在洋人的帮助下成立近代海关之后，降低了税率，砍掉了大量不合理税目，关税收入却跃居中央财政收入的第二位。道光时代，户部的常年财政收入只有4200万两左右。光绪年间几乎增加了一倍，1893年的财政收入是8968万两，其中厘金关税两项合计达3392万两。而在1849年，关税收入只有区区472万两（当时尚未征收厘金）。[1]通过开设新税种并引入新的征税技术，提升了秦制国家的汲取能力。当可瓜分的蛋糕持续做大时，统治集团的内部矛盾，自然也就被弱化和掩盖了。

3. 外交上，尝试着暂时抛弃“华夷秩序”，融入新的国际环境。其间虽有中法战争的波折，但自1861年起至1894年甲午战争爆发，清廷总体上仍可谓获得了长达三十余年的和平发展时段。也就是在力不能敌的前提下，外交上以接纳条约为代价，将外部力量对秦制王朝的冲击降至最低限度。

以上三点，既是“同光中兴”的由来，也是它的核心含

---

① 周育民:《19世纪60—90年代清朝财政结构的变动》,《上海师范大学学报》（哲学社会科学版）2000年第4期。

金量所在。[①] 遗憾的是，这条“中兴之路”终究只是秦制王朝模式下关于控制与汲取之术的小修小补，或谓适当松动。当历史的车轮进入 20 世纪，慈禧的非理性引来巨量的外部冲击，中兴的进程也随即戛然而止。

① 迟云飞:《晚清“同治中兴”的再认识》,《历史教学》(上半月刊)2015 年第 7 期。

第十六章

清王朝灭亡的原因

从 19 世纪 70 年代喊出“同治中兴”，到清王朝土崩瓦解成为历史尘埃，中间只有短短的四十年。

秦制王朝的灭亡是有规律可循的，它们或亡于外敌的入侵，或亡于内部利益集团（也就是统治基础）的分裂，或亡于底层民众脱离原子化状态，变成有组织的力量（如规模较大的流民集团），且多数时候是二者、三者兼备。

中国历史上的最后一个秦制政权——清王朝灭亡的原因也是如此。

一、太后“西狩”大损中央权威

19 世纪 80 年代，中法战争不够体面的落幕，给一众期望实现更高程度中兴的清朝官员与士绅留下了巨大的遗憾。尤其是战争末期还出现了“镇南关大捷”之类的军事胜利（尽管这种胜利有其特殊性，难以复制），进一步加重了他们的失落感。

遗憾与失落催生出了批评。淮军出身的两广总督张树声深度参与了中法战争，对朝廷“战和不定”给战局造成的影响有极深切的体会。光绪十年年终，他鼓足勇气，于临终之际写了这样一道遗折：

> 微臣病势垂危，谨伏枕口授遗折，望阙叩头恭谢天恩……夫西人立国，自有本末，虽教育文化远逊中华，然驯至富强，俱有体用，育才于学堂，论政于议院，君民一体，上下一心，务实而戒虚，谋定而后动，此其体也；轮船、火炮、洋枪、洋炮、水雷、铁路、电线，此其用也。中国遗其体而重求其用，无论竭蹶步趋，常不相及，就令铁舰成行，铁路四达，果是恃欤……圣人万物为师，采西人之体以行其用，中外臣工同心图治，勿以游移而误事，勿以浮议而隳功，尽穷变通久之宜，以尊国家

> 灵长之业，则微臣虽死之日，犹生之年矣。[①]

张树声口中的“论政于议院，君民一体，上下一心”指向的是慈禧在中法战争期间的“瞎指挥”——慈禧那些基于自身利益做出的“理性决策”往往与地方督抚的利益背道而驰。张树声将“论政于议院”作为西人立国之本提出来，希望朝廷效仿，实际上是想要以“论政于议院”来取代慈禧的“一二人裁决于深宫”。这“众人”并非选举出的议员，而是指军机大臣、地方督抚之流。

但当时的清廷，中央权威正盛。若非临终遗折，张树声或许也不敢如此建议，即便建议，言辞也不敢过于露骨。再往后，戊戌变法浪潮中的官民上书依然如此。历史学者茅海建有这样一段总结：

> 在我所见的275件上书中，论及议会者不过以上数件，由此似乎可以得出这样的印象：尽管从其他材料来看，当时人对议会的议论颇多，而在正式上书中，言及议会者很少。在有限的议论中，并没

① 张树声：《遗折》（光绪十年九月初），见《张靖达公奏议》第八卷，第32—33页。

> 有涉及西方代议制之根本，即议会的权力及议员的产生方法，更未谈及议会之理念，即“主权在民”。他们的心目中，西方议会的主要作用是“上下互通”，与中国古代的君主“询谋”是相接近的。①

“询谋”就是咨询、商议、征求意见。也就是说，尽管这一时期已有部分知识分子如梁启超、严复、谭嗣同、唐才常等在鼓吹扩张民权、限制君权，但因朝廷的权威尚在，正式的上书中是没有这样的内容的。康有为就是其中的一个典型，他提供给光绪皇帝的改革建议，如“制度局”“懋勤殿”等，均属于“询谋”模式，也就是创建一个由有识之士组成的咨询、决策机构。他还在《国闻报》上刊文《答人论议院书》，明言“中国惟以君权治天下而已”。② 大略同期，汪康年在上海办《时务报》，友人高凤谦也多次致信，劝他不要在报上大谈扩张民权，理由之一正是“中国民智未开，既不足与陈高深之义，君权太重，更不能容无忌讳之言，无益于

① 茅海建:《戊戌变法史事考初集》,生活·读书·新知三联书店 2012 年版,第 291—292 页。

② 孔祥吉:《关于康有为的一篇重要佚文》，见孔祥吉:《戊戌维新运动新探》，湖南人民出版社 1988 年版，第 57 页。

事，徒为报馆之累”。[1]

所谓“君权太重”即是指朝廷的权威尚在。但朝廷的权威在光绪二十六年（1900年）终于因慈禧的“西狩”而受到了极大的损害，甚至一度一落千丈跌到了谷底。

对于这种变化，孙中山深有感触。他曾比较过1895年10月广州起义与1900年10月惠州起义时的民心之别。孙说，1895年广州起义失败时，“举国舆论莫不目予辈为乱臣贼子大逆不道，咒诅谩骂之声不绝于耳”；1900年惠州起义失败后，“则鲜闻一般人之恶声相加，而有识之士，且多为吾人扼腕叹惜，恨其事之不成矣。前后相较，差若天渊”。[2]

类似的感受也见于蒋梦麟的回忆。光绪二十一年（1895年），清朝海军在甲午战争中惨败，蒋梦麟见到的年画却是清军将日军打得落花流水，“其中有一张画的是渤海上的海战场面，日本舰队中的一艘军舰已被几罐装满火药的大瓦罐击中起火……另一幅画则画着一群戴了铐链的日本俘虏，有的被关在笼子里。中国打了大胜仗了……后来我年纪大一点以后，我才知道我国实际上是被日本打败了”。光绪二十六

① 《汪康年师友书札》（二），上海书店出版社2017年版，第1475页。

② 孙中山：《有志竟成》，见《孙中山全集》第六卷，中华书局1985年版，第235页。

年（1900年），蒋梦麟很快就知道了“慈禧太后已经命令各省总督把所有的外国人一齐杀光”。[①] 换言之，与静悄悄的甲午惨败相比，慈禧“西狩”带给清帝国的冲击可以说是核弹级别的。

慈禧“西狩”造成的直接后果有三：一是庙堂内部，中央再也不能对各部门及地方如臂使指。庚子年南方督抚拒绝北上勤王，且策划“东南互保”，即是例证。二是江湖之远，士绅彻底对清廷失望。容闳、严复、唐才常、章太炎、文廷式等名流在上海张园成立“中国议会”，章太炎、钱玄同在日本绝不肯被称作“清国人”[②]，均是例证。三是辛亥革命由此爆发。

二、新政改革直指地方督抚

“庚子之变”极大地改变了清廷内部的权力结构。朝廷对财权、人事权、司法权、外交权、行政权乃至兵权的控制进一步衰弱。相应地，地方督抚的权力则有了很大的扩张。

① 蒋梦麟:《西潮》，辽宁教育出版社1997年版，第29、39页。

② 钱玄同:《三十年来我对于满清的态度的变迁》，见《语丝》1925年第8期；冯自由:《革命逸史》上，新星出版社2000年版，第54页。

这种变化体现在之后的清末新政中，便是：

1. 朝廷希望借“日式立宪”方式重新收回权力，重申君权的至高无上。

2. 地方督抚对朝廷在光绪二十六年的不理性决策深感忧惧，故试图推动“英式立宪”。一面将自己手中的财权、人事权、行政权、司法权乃至军权合法化；另一面改革朝廷的决策机制。两广总督陶模在乱局初定之际上书朝廷，要求设立议院，就是出于这样的目的。陶模在奏折里说：“议院议政，而行政之权仍在政府，交相为用，两不相侵。”[①] 很明显，他设想的“议院”已非戊戌变法呼吁的“询谋”机构，而是中央决策机构。陶模的主张背后潜藏的是对慈禧决策能力的极度不信任。

这种冲突在光绪三十二年（1906 年）达到了一个小高峰。

前一年，慈禧派载泽、端方、戴鸿慈等五人出洋考察各国政治。光绪三十二年载泽考察归来，向慈禧进了一道密折，核心思想是“宪法之行，利于国利于民，而最不利于官”[②]，劝慈禧采取日式立宪，可以帮助君主（国）从督抚、士绅（官）手里把权力夺回来。七月初四（8 月 23 日）载泽

① 陶模：《变通政治宜务本原折》，见《陶勤肃公奏议》卷十一，第 28 页。

② 载泽：《奏请宣布立宪密折》，《中国近代史参考资料》1984 年第 7 期。

进呈密折，七月十三（9月1日）慈禧即宣布“预备立宪”，七月十四（9月2日）又宣布要改革官制，拟用立宪的名义，从地方督抚手里合法夺权——对这一用心，载泽等人在奏请改革官制的折子里说得非常明白：“循此不变，则唐之藩镇，日本之藩阀，将复见于今日。”[①]如果不把地方督抚手中的权力夺回来，我大清恐怕会重蹈唐朝藩镇之乱的覆辙。这就是“丙午官制改革”。

“丙午官制改革”的内容分中央和地方两部分。按御前会议商讨的结果，中央“略与日本现制相等”，就是继续保持君主高度集权的模式不变。地方则要“废现制之督抚，各省新设之督抚，其权限仅与日本府县知事相当，财政、军事权悉收回于中央政府”，具体做法是以立宪为名，在各省新设地方审判庭、地方议事会、地方董事会，分割督抚的行政权和司法权。立宪在当时是一种政治正确，督抚不能有异议，于是“人民程度不足”就成了督抚反对立即搞地方审判庭、议事会、董事会的主要理由。也有一些督抚回奏得很直白，比如河南巡抚张人骏说：“州县不司裁判，则与民日疏；

① 李剑农：《中国近百年政治史》，上海人民出版社2015年版，第202页。

疆吏不管刑名，则政权不一”[1]，他明确反对中央将司法权从地方督抚手里夺走。

反对的声浪当中以张之洞最为有力。张两次致电朝廷，逐一批评官制改革草案的内容，尤其对在各省设置地方审判庭，欲让行政与司法分立的做法耿耿于怀，说出了如今正值“天灾迭乘，民穷财匮，乱匪四起，士气浮嚣”，朝廷如此变革官职，很可能造成“眉睫之祸”的狠话。[2]张之洞还给浙江巡抚张筱帆致电，批评官制改革完全是胡来：“若果行之，天下立时大乱，鄙人断断不敢附和。倡议者必欲自召乱亡，不解是何居心！”[3]

袁世凯是地方督抚中唯一亲身入局，以“编制大臣”的身份参与制定新官制的。他本来的计划是与庆亲王奕劻联手，在中央成立责任内阁，以扩张相权，削弱君权，进而举奕劻为总理，自己为副总理。这是一种同样致力于中央集权，却有别于恢复君主专制的改革方向。袁得到奕劻、端方等人的支持，对这一改革方向抱有极大的期望，在编制局中

① 侯宜杰整理:《清末督抚答复厘定地方官制电稿》,见庄建平主编:《近代史资料文库》第一卷，上海书店出版社 2009 年版，第 399 页。

② 关晓红:《从幕府到职官:清季外官制的转型与困扰》，生活·读书·新知三联书店 2014 年版，第 169 页。

③ 胡均撰:《张文襄公年谱》卷六，第 258 页。

一再“以死力争”，几乎闹到“全案皆其一人起草”的地步。但方案递上去之后，却遭慈禧否决。随后，朝堂上开始出现攻击袁世凯揽权、奕劻误国的风潮。慈禧采纳的新官制方案则直奔重塑君权而去，袁世凯不但没有建成责任内阁，他的北洋六镇也被慈禧以改制之名划入陆军部名下。[①]

同期，为阻断地方督抚要求改革中央官制、设立责任内阁的呼声，清廷中枢还达成过一项“五不议”的共识，具体内容是：军机处事不议，八旗事不议，内务府事不议，翰林院事不议，大（太）监事不议。[②] 即一切可能削弱君权及皇室利益的话题均被剥离出了讨论范围。

“丙午官制改革”以不了了之收场。在中央，各部的名称虽然有所改动，有了外务部、度支部、法部、陆军部等新名称，但其运作模式与传统的六部并没有多少区别，以至于日本《东京朝日新闻》刊文讽刺说“此等内阁组织，真各国所无有”。在地方，督抚的抵制破坏了慈禧的集权梦，尽管后来又采取了将张之洞、袁世凯调入朝中担任军机大臣的办法，来削弱地方督抚的势力，但同样效果有限。此外，“丙午官制改革”还造成了两种后果：1. 皇权与地方督抚的矛盾

① 梁义群、宫玉振：《袁世凯与丙午改制》，《中州学刊》1992 年第 3 期。

② 萧一山：《清代通史》四，台北商务印书馆 1962 年版，第 2400 页。

进一步激化；2. 新官制里的军机处和中央各部的十三名长官，满人七名，蒙古人与汉军旗各一名，汉人只有四名，悍然打破了行之已久的满汉并列堂官的传统。这种做法让许多汉人督抚寒心，也开了之后的满汉官员内斗之先河。[①]

三、谘议局造就士绅组织化

在“丙午官制改革”的前一年，也就是光绪三十一年（1905年），慈禧主导废除了科举制。

以科举为核心的传统功名体系是清廷重要的统治基础。没有这个东西，清廷很难将政治力量渗透到帝国的中下层。废除科举，意味着需要重塑统治基础，也就是寻找一种新事物来替代传统功名体系。

按照正常设计，新事物将是国会与地方议会。传统士绅将由举人、贡生转型为各级议会的议员，继续与体制保持一体，继续维持自己固有的地位与利益。但清廷与地方督抚围绕着权力分配问题展开的斗争旷日持久，士绅的身份转型也长期搁置，无法兑现。

① 李剑农：《中国近百年政治史》，上海人民出版社2015年版，第204—209页。

非但身份转型搁浅，这一时期清廷还与士绅群体频繁发生利益冲突。比如，慈禧于 1907 年 12 月下达懿旨，用十分严厉的口吻谴责“各省绅商士庶”干预政务。谕旨说，近年来各省绅商士庶遇有内外政事，动辄拿立宪说事，“相率干预，一唱百和，肆意簧鼓”，以此干预朝廷决策，着实可恶。谕旨还说，所谓君主立宪，“固非人人皆得言事，亦非事事皆可参预”，绝不是说士绅们对什么事都可以直接批评或干预，而是“大权统于朝廷，庶政公诸舆论……其开设议院专为采取舆论”，士绅的声音只能是一种舆论，供朝廷采纳或不采纳。[①]

这份懿旨的颁布与江浙士绅发起收回苏杭甬铁路修筑权运动有直接关系。运动的起因是朝廷在铁路修筑权问题上出尔反尔。江浙两省的士绅成立的商办铁路公司本已获准修筑苏杭甬铁路，且部分路段已经开工。可是英方以 1898 年与清廷订立过借款代筑苏杭甬铁路的草约为由，要求清廷禁止江浙士绅自办。1907 年 10 月，清廷颁布谕旨，将筑路权转移给英国，本国士绅只许“搭股”。[②]

---

① 《大清新法令 1901—1911》第一卷，商务印书馆 2010 年版，第 48—49 页。

② 赵晓红：《从反帝到反清：由浙路运动看辛亥革命之社会基础》，《浙江社会科学》2011 年第 11 期。

清廷此举严重损害了两省士绅的利益。保路运动中，士绅们强烈意识到立宪改革与自身权益之间存在密切关系。他们在《时报》上刊文说，收回苏杭甬铁路修筑权“非仅铁路问题，乃民权问题”，公开倡议“合二十二省开国会，以争还我民权”。《申报》也刊登了不少江浙士绅的文章，有文章一语道破玄机称“今日应急设议院，然后可保路矿”。《申报》的社论说得更为明白：只有国会成立，监督政府，才能阻止朝廷向英国借款，才不会发生士绅利益被朝廷夺取的事情。要想从根本上解决问题，“非国会不得其当”。[①]

江浙士绅的活动力量与利益诉求刺激了慈禧在该年十一月颁布懿旨禁止“各省绅商士庶”干预政务，也刺激了清廷在光绪三十四年（1908 年）初出台《大清报律》，宣布对所有报纸的内容实行报刊发行前的审查。大略同期出现的由士绅组织、发起的联名“请开国会运动”，刺激清廷出台了《结社集会律》。但最让地方督抚与士绅群寒心的仍要数光绪三十四年七月颁布的《钦定宪法大纲》，旨在重塑皇权的无远弗届和至高无上，条款中遍布各种“议院不得干预”“皆非议院所得干预”“不付议院议决”“议院不得置议”……

① 《申报》1907 年 11 月 19、28 日，见《百年政治风云》，中国经济出版社 2000 年版，第 49 页。

1909年，士绅群体千呼万唤的“谘议局”终于得到允许在各省以选举的方式成立（中央的相应机构名为“资政院”）。张朋园统计了15省谘议局议员的出身，发现他们与科举时代的传统士绅高度重合，“他们中的89.13%具有传统功名，相对的，只有10.87%不具功名背景”。21省的63位正、副议长中，无传统功名者只有5人。[①] 也就是说，新议员的主体正是那些渴盼身份转型已久的传统士绅。

然而，谘议局的成立并没有让士绅成为清廷的拥护者。因为，在清廷颁发的《各省谘议局章程》里，有一项规定是“谘议局仅为一省言论之汇归”，“其所谓民权者，不过言之权而非行之权也”[②]。意思是：谘议局只是一个舆论汇总之地，议员拥有的“民权”只是朝廷所允许的发牢骚之权，至于该出台什么政策，该发布什么文件，该收什么税，该征什么捐，仍由朝廷和地方衙门说了算，资政院和谘议局均不得干涉。

在谘议局里做牢骚客显然不符合士绅群体对新身份的期

① 张朋园：《中国民主政治的困境（1909—1949）：晚清以来历届议会选举述论》，吉林出版集团有限责任公司2008年版，第64页。

② 《宪政编查馆会奏各省谘议局章程及按语并选举章程折》（1908年7月22日），见《政治官报》光绪三十四年（1908年）六月二十六日。

望。他们在1907—1908年间频繁发起“请开国会”的签名请愿运动，绝不是为了得到这样一个结果。而且，为了分权制衡，朝廷本该赋予地方谘议局监督本省督抚的权力，如此则可以在中央、地方督抚与谘议局之间形成较为稳固的三角制衡关系。但朝廷担忧赋予谘议局监督权之后，资政院也会获得监督朝政的权力，于是反其道而行之，在谕旨中严令谘议局议员必须守规矩，必须接受本省督抚的监督，不可有任何逾越“一省言论之汇归”这一权限的行为。

慈禧去世后，以摄政王载沣为首的皇权集团似乎从未意识到如此设计谘议局是一件非常愚蠢的事情。谘议局的成立既没有能够安抚士绅群体，也没有能够制约地方督抚，反而将以前星散在各地的举子、生员聚集到了一起，为他们提供了合法的组织机构与合法的活动场所。谘议局横向可以与他省谘议局互通声气（他们成立了一个叫作“各省谘议局联合会”的组织），纵向上可联络资政院，下可沟通各州县的士绅。也就是说，原本影响力局限于本省、本县、本乡的士绅因为谘议局的出现，被统合成了一个有组织、有力量的全国性政治实体。

至此，清朝的灭亡已经只是时间问题。支撑清王朝的三大统治基础——官僚、士绅与军队，前两者与清廷离心离德，末者则实力有限，不堪大用。当宣统三年（1911 年）武昌起义的枪声响起，湖北谘议局议长汤化龙立即选择了与革命党人合作。他利用“各省谘议局联合会”这一政治资源，“通电告知各省谘议局以联络，内部订军事政治各条文，自是交战团之势成矣”[①]。汤成了稳固湖北革命局势的大功臣，其他各省也大体如此。比如，广西的谘议局议员与同盟会会员一道前往巡抚衙门劝说巡抚沈秉堃宣布独立，使广西不费一兵一卒倒向了共和。广东谘议局副议长丘逢甲率众游说总督张鸣岐不要与革命党人交战，张选择离开广州，让革命党人和平接手。福建虽有旗人将领朴寿率军抵抗，出现了流血冲突，但谘议局副议长刘崇佑召集议员开会，做出了与革命党人合作组织新政府、宣布独立的决议后，也成功劝说闽浙总督松寿接受了这一事实。浙江谘议局的议员则是在议长陈黻宸的带领下分头进行游说工作，使得浙江大体上和平宣布独立……[②]

也许，慈禧早已预料到了这样的结局。担任晚清宫廷史官十余年之久的恽毓鼎在日记中披露说，光绪三十四年十

① 张朋园:《立宪派与辛亥革命》，上海三联书店 2013 年版，第 117 页。

② 各省谘议局在辛亥年的详细活动，可参见张朋园《立宪派与辛亥革命》一书的第六章至第十章。

月廿二（1908年11月15日），慈禧于病危弥留之际，“忽叹曰：‘不当允彼等立宪。’少顷又曰：‘误矣！毕竟不当立宪。’”①

慈禧这番临终反思，道破了中国最后一个秦制王朝灭亡的玄机。

如本书开篇所言，秦制的两大基本特征是：1. 以官僚集团而非封建贵族作为政权的统治基础。追求普天之下“莫非王土”和“莫非王臣”；官僚集团既是秦制政权的统治基础，又是秦制政权时时防范压制的对象。2. 施政的核心诉求是尽可能提升人力与物力的汲取强度与总量。为此，必然致力于消灭一切有影响力的人与组织，消灭对象不但包括民间组织，也包括官僚集团的“朋党化”，简言之就是追求一种散沙化与原子化的扁平社会结构，为此不惜牺牲社会活力。

慈禧试图在“清末新政”中将已然有所松动的秦制，重新做一番强化，故一手抓立宪以强化皇权的至高无上，一手抓官制改革以削弱督抚的军权、财权、人事权。然而，现实却是：庚子年的“西狩”已让她的威望一落千丈，朝野对“一二人决策于深宫之中”的体制更是深恶痛绝。无论是督

① 恽毓鼎：《恽毓鼎澄斋日记》第二册，浙江古籍出版社2004年版，第561页。

抚还是士绅，均期望改走限制皇权的“英式立宪”之路，而非重塑皇权的“日式立宪”。亦即：众人皆以老太后及依附在她身上的决策体制为改革对象，老太后却拒绝转型，反要以众人为改革对象。这冲突可谓无可调和。

无法调和的结果，便是离心离德的地方督抚无意再维系清廷，已经组织化的谘议局士绅们则在辛亥年群起响应革命党人的起事，清廷亦随之土崩瓦解。